そこが知りたい

著作権 Q&A 100

—CRIC 著作権相談室から—

第 2 版

早稲田祐美子著

CRIC 著作権情報センター

装幀――DICE DESIGN 土橋公政
編集協力――――――(有) 麦人社

まえがき

【第２版 まえがき】

本書初版は、公益社団法人著作権情報センター（CRIC）が毎月１回会員向けに発行している著作権専門誌「月刊コピライト」の「読者のページ」に、2000年５月以降掲載されたQ&A（著作権相談から）を中心に100問を掲載したものです。

本書初版が出版されてから、９年余りが経過しましたが、この間、デジタル化・ネットワーク化はますます発展し、AI、IoT等社会経済を大きく変える技術が実用化されています。

著作権法もこの状況に合わせて改正が相次ぎましたが、特に平成24年(2012年)、平成30年（2018年)、令和２年（2020年）には著作権法及び社会経済にとって重要な改正が行われました。また、平成30年（2018年）12月30日付TPP11の発効に伴い、著作権の保護期間が著作者の死後あるいは公表後70年に延長されました。

そこで、本書第２版の刊行にあたっては、初版に掲載した100問に初版後の９年間に「月刊コピライト」に掲載された約100問を加え、その中から約100問のQ&Aを選んだうえで、令和２年（2020年）現在の著作権法等法令及び本書初版後に出た裁判例に従って解説を見直しました。

2020年は世界的な新型コロナウィルス感染拡大に伴い、テレワーク、Web会議、DX等、デジタル化・ネットワーク化が飛躍的に進んだ年になりました。このまえがきを執筆している時点でも、放送のインターネット同時配信等、及び、ネットワークを巡る図書館関係の権利制限規定等、重要な改正が文化審議会著作権分科会を中心に議論されており、著作権法の改正はまだ続くことでしょう。

本書第２版の出版にあたっては、CRICの片田江邦彦さんに大変にお世話になりました。厚く御礼申し上げます。

早稲田 祐美子

【初版 まえがき】

本書は、社団法人著作権情報センター（CRIC）が毎月1回会員向けに発行している著作権専門誌「月刊コピライト」の「読者のページ」に掲載されたQ&A（著作権相談から）を中心に、今日的な話題に合った新たな設問を追加して100問を掲載したものです。

CRICでは、1996年2月に著作権相談室を開設し、15年以上にわたり著作権に関する相談を無料で受けつけています。この相談は、著作権実務に携わる方々の生の疑問・質問を受け付けているもので、相談件数は電話相談を中心に、年間6,500件以上もあるということです。

そして、CRICの著作権相談室が、この多数の相談の中から、特に多くの方が興味・関心のあるテーマを厳選して設問としてアレンジし、その設問に毎月1問ずつ回答しているのが、この「月刊コピライト」の「読者のページ」のQ&Aです。ときどき、「月刊コピライト」のQ&Aをご覧になっている方から、「あの設問は著作権法の話題・論点を掲載するために人工的に作成したものですか」というご質問を受けることがありますが、そうではなく、実際の生の相談を基にしているものです。

私は、このQ&Aの回答を2000年5月から毎月1回担当し2011年現在に至っています。著作権相談室から頂く設問も、当初はオーソドックスなものが多かったのですが、この頃は回答に悩むものも多くなってきています。これは、インターネットをはじめとして一般の方々に著作権問題が身近になり関心が高まるとともに、著作権について社会的にも大きく論じられるようになり、皆様からのご質問が年々高度化してきたということではないかと思います。原則「月刊コピライト」の1頁にまとめるという字数制限がありますので、論文のように判例・学説を突っ込んで論述しているものではありませんが、それでも、現在の著作権法を巡る問題が一読してわかるようにすることを心がけています。

このほど、このQ&Aをまとめて一冊の本にするという機会に恵まれました。本書をまとめるにあたっては、これまでの10年にわたる約130問に及ぶQ&Aをジャンル別にまとめ、類似問題については適宜削除し、更に、冒頭申し上げましたとおり、今日的な話題の設問を加えて100問を選択しました。ジャンルによってはある程度偏りがあるかもしれませんが、これも著作権相談室に寄せられる皆様の興味が集中しているというようにご理解いただければと思います。本書発行にあたってはQ＆Aの原稿はすべて見直し、法改正あるいは新判例に適合するよう心がけました。また、1問を除いて見開きページに収めるため、多少、削除変更した点もあります。なお、各テーマについて更に深く学習したい方には、巻末の語句索引、条文、判例を参照していただきたいと思います。

本書は、私に「月刊コピライト」Q＆Aを担当するきっかけをつくっていただいた、CRICの射場俊郎前編集長、故原田文夫氏、毎号原稿を催促していただいた岡本弘美さん、杉村晃一現編集長、その他著作権相談室の皆様、本書製作を担当していただいた池田洋さん、(有) 麦人社の通山和義さん、(株) トービの皆様のお力添えがなければ、完成しませんでした。厚く御礼申し上げます。

また、著作権相談室に相談される、皆様のご相談がなければ、そもそも本書は成立しておりません。今後もCRICでは、この著作権相談を中心的な柱の一つとして行っていきますので、ぜひ、著作権相談室に日頃皆様が疑問に思っているご質問をお寄せいただきたいと存じます。

早稲田 祐美子

著作権に関する疑問・質問は、本書巻末の**「CRIC著作権相談室『著作権テレホンガイド』のご案内」**を参照のうえご利用ください。

もくじ

まえがき ………3

I そこが知りたい
著作権Q&A 100【応用編】

ホームページ・インターネット ………14

Q1 ホームページの著作権 ………14
Q2 ホームページの著作権侵害 ………16
Q3 歌詞のホームページへの掲載 ………18
Q4 広報誌のホームページへの掲載 ………20
Q5 商品画像のホームページへの掲載 ………22
Q6 ぬり絵サイトからダウンロードして作った作品のホームページへの掲載 ………24
Q7 Webのイラスト素材の体育祭での利用とホームページへの掲載 ………26
Q8 インターネット放送 ………28
Q9 違法録音・録画物のダウンロード ………30

言語・出版 ………32

Q10 出版の許諾と著作権の譲渡 ………32
Q11 ノンフィクションの類似 ………34
Q12 絵本の読み聞かせ ………36
Q13 哲学書の朗読CDの権利 ………38
Q14 印刷データの権利 ………40
Q15 出版物の撤回 ………42
Q16 電子書籍と著作権 ………44

翻案・翻訳・改変 ………46

Q17 脚本と小説の上演、二次的著作物 ………46
Q18 原作からイメージしたキャラクターの利用 ………48
Q19 続編と著作権 ………50
Q20 オマージュと著作権 ………52

美術・写真 ………54

Q21 デザインと著作権 ………54
Q22 ファッションデザインの保護 ………56
Q23 寄贈された絵画作品と写り込み ………58
Q24 インターネット取引における美術品の紹介 ………60
Q25 公開の美術の著作物の利用 ………62
Q26 著作権が消滅した絵画の利用 ………64
Q27 写真の著作物の創作性 ………66
Q28 絵画展での写真撮影 ………68

キャラクター ………70

Q29 キャラクターの保護 ………70
Q30 キャラクターの切り貼り ………72
Q31 イラストと著作権、商標権 ………74
Q32 キャラクター生地のハンドメイド作品の販売 ………76

音楽 ………78

Q33 楽曲の類似 ………78
Q34 替え歌と著作権 ………80
Q35 店舗における音楽の利用 ………82
Q36 文化祭でのミュージカル上演 ………84
Q37 卒業式で歌唱した歌詞の利用 ………86

映画・映像 ………88

Q38 映画の著作物の著作物性 ………88
Q39 委託製作のビデオの著作権 ………90
Q40 アニメの中の風景描写 ………92
Q41 映画製作会社の倒産 ………94

放送 ………96

Q42 スポーツ競技の放映権 ………96
Q43 スポーツ中継と伝達権 ………98
Q44 学校教育での TV 録画番組の上映 ………100
Q45 テレビ番組のスタイル、ノウハウをまねる ………102

建築 ………104

Q46 建築の著作物の著作権 ………104
Q47 建築物の内部仕様の変更 ………106

図面・図表・地図 ………108

Q48 図面の著作物の著作物性 ………108
Q49 図面、図表の著作物の利用 ………110
Q50 型紙と作品 ………112
Q51 地図の利用 ………114

プログラム ………116

Q52 プログラムの登録 ………116
Q53 他社が開発したプログラムのバージョンアップ ………118

データベース ………120

Q54 学術文献のデータベース化 ………120
Q55 編集物とデータベース ………122

実演 ………124

Q56 録音物に関する実演家の権利 ………124
Q57 実演家人格権と著作者人格権の違い ………126
Q58 ものまねと実演家の権利 ………128

肖像権・パブリシティ権 ………130

Q59 肖像権とパブリシティ権 ………130
Q60 アイドルの肖像写真の利用と肖像権、パブリシティ権 ………132
Q61 乗り物のイラスト画、写真の利用 ………134
One Point 01 ©（マルシーマーク）について ………136

II そこが知りたい 著作権Q&A 100【基礎編】

著作物 ………138

Q62 アイデアと表現 ………138
Q63 アイコンの著作物性 ………140
Q64 新聞記事の見出し・キャッチフレーズと著作権 ………142
Q65 キャッチフレーズの保護 ………144
Q66 題号、名称の利用 ………146
Q67 フォントの利用 ………148
Q68 広告チラシの著作物性 ………150
Q69 手芸品と著作物 ………152
Q70 ジオラマと著作権 ………154
Q71 人工知能（AI）と著作権 ………156
Q72 音声読み上げソフトと著作者、実演家の権利 ………158
Q73 振付の著作物 ………160

著作者・著作権者 ………162

Q74 複数人が関与した著作物の著作者 ………162
Q75 共同で執筆した研究報告書の公表 ………164
Q76 職務著作と外部への依頼 ………166
Q77 インタビュー記事の著作者 ………168

著作物の保護期間 ………170

Q78 保護期間経過後の著作物等の利用 ………170
Q79 保護期間経過後の映画の一場面の複製と実演家の権利 ………172
Q80 写真の著作物の保護期間変遷の経緯 ………174
Q81 著作者人格権の存続期間 ………176
Q82 著作権と時効 ………178

著作物の自由利用（権利制限） ………180

Q83 記録媒体の移し替え ………180
Q84 表現に含まれた「思想又は感情の享受を目的としない利用」 ………182
Q85 図書館資料の複製 ………184
Q86 図書館資料の複製割合と著作物 ………186
Q87 講演会での資料の利用 ………188
Q88 官公庁発行の資料の利用 ………190
Q89 試験問題と著作権 ………192
Q90 点字サークルにおける点字作業等 ………194
Q91 政治上の演説と内国民待遇 ………196
Q92 時事の事件の報道 ………198
Q93 図書館等の複写と42条（他の制限規定）との関係 ………200
Q94 特許公報のイントラネット掲載 ………202

著作権侵害 ………204

Q95 著作権侵害の救済および法的手続 ………204
Q96 社内LANと記事の掲載 ………208

Q97 ライセンスと無権限者 ………210
Q98 複製の主体 ………212
Q99 記事の名義と著作権侵害 ………214

その他 ………216

Q100 著作権者不明の場合の著作物の利用 ………216
Q101 未公表の日記の出版 ………218
Q102 著作物の管理と許諾 ………220
Q103 著作権の相続 ………222
Q104 寄贈を受けた著作物の廃棄と著作権 ………224
Q105 喫茶店での書籍の閲覧・貸与 ………226
Q106 海外からのオークションPRのための送信 ………228
Q107 メソッドと知的財産権 ………230
One Point 02 "All rights reserved." の表記について ………232
One Point 03 "Printed in Japan" の表記について ………233

そこが知りたい
著作権Q&A 100【巻末資料】

関係法令・判例一覧 ………236
関連団体・組織一覧 ………251

索引 ………255

●本文中で法令の条文を紹介する際、**著作権法の条文については法令名を省略して記載しています。**

●本文中に紹介している「リーチサイト対策」につきましては2020年10月1日から、「海賊版ダウンロードの違法化・刑事罰化の拡大」につきましては2021年1月1日から施行されています。

I

そこが知りたい
著作権 Q&A 100

【応用編】

ホームページ・インターネット｜14
言語・出版｜32
翻案・翻訳・改変｜46
美術・写真｜54
キャラクター｜70
音楽｜78
映画・映像｜88
放送｜96
建築｜104
図面・図表・地図｜108
プログラム｜116
データベース｜120
実演｜124
肖像権・パブリシティ権｜130

ホームページの著作権

Q1 このほど当社のホームページを刷新するにあたり、従来の業者ではなく、別の業者に制作を依頼したいと思います。従来のホームページに掲載していた「当社の理念」は、創業社長の口述を従前の業者がリライトしたものです。この文章をそのまま引き継いで新しいホームページに使用しても構わないでしょうか。

また、完成したホームページの更新は頻度も多いことから、制作業者に任せず、当社で行いたいと思っています。その際、どのようなことに気をつければよいでしょうか。

A ホームページへ著作権のあるコンテンツを掲載することは、**複製権**（21条）、**送信可能化権**（23条）が働くことになります。

業者に二次的著作物の著作権

まず、創業社長の口述をリライトした「当社の理念」の掲載について検討してみましょう。創業社長の口述は、創作性のある表現であるかぎり、**言語の著作物**（10条1項1号）といえるでしょう。**職務著作**（15条1項）の要件（会社の発意によること、職務上であること、業務に従事した者であること、会社名義で公表すること、別段の定めのないこと）を満たせば、会社が著作者となるでしょうし、そうでなければ、創業社長が著作者でしょう。

それでは、これをリライトした場合、別の権利が発生するでしょうか。リライトといっても、口述した文言をそのまま文章に起こして整えた程度であれば、創作性のある表現を追加したとはいえず、リライトした業者にはとくに権利は発生しないのではないかと思われます。しかし、口述した文言を読みやすいように表現を工夫してリライトしたのであれば、多くの場合、創作的な表現を加えたといえるのではないでしょうか。そうであれば、口述が原著作物、リライトした文章が**二次的著作物**（2条1項11号）であり、リライトした業者も二次的著作物の著作権を有しているものと思われます。

従前のホームページにリライトした文章を掲載する際に、二次的著作物の著作権を譲り受けていたのであれば問題ありませんが、そうでなければ、新しいホームページへの掲載について、別途許諾を得る必要があるでしょう。もっとも、従来の業者はリライトした部分に著作権を有するだけですから、創業社長の口述を新たにリライトすれば、新しいホームページに掲載することができるものと思われます。

HP 更新を自社で行う際の注意点

後半のご質問は、業者に発注して完成したホームページを発注者が自由に更新することができるかについてです。

ホームページは、その掲載した多数のコンテンツを編集して作成した著作物ですから**編集著作物**（12 条）、あるいは編集著作物類似の著作物といえるでしょう。

さて、ホームページの制作過程では、発注者がホームページ掲載のコンテンツの大部分を提供したり、ホームページ制作業者と内容やレイアウトを協議して決定する場合も多いでしょう。このような場合であっても、発注者がホームページを創作した、あるいは発注者と制作業者がホームページを共同で著作したということはなかなか難しいと思われます。

著作権法上、著作者と評価されるためには、実際に著作物を創作することが必要です。ホームページ掲載のコンテンツの大部分をあなたの会社が提供したとしても、それだけではホームページを創作したとはいえないでしょうし、掲載するコンテンツの内容やレイアウトを協議して決定したといっても、それは発注者としてアイデアを出したり、指示を行ったにすぎないと評価される場合が多いでしょう。

したがって、それぞれのコンテンツの著作権はあなたの会社が有しているといえるかもしれませんが、通常の場合、ホームページ全体の著作権は、ホームページ制作業者が有するものと思われます。

それでは、発注者が制作代金を支払ってそのホームページのデータを全部引き渡してもらえば、制作業者から発注者に対し、著作権の譲渡を受けたといえるでしょうか。制作代金は、ホームページ制作の対価であって、著作権の譲渡までは含まないと、一般に考えられているため、制作代金を支払ったからといって、著作権の譲渡を受けたとはいえません。

また、ホームページのデータを全部引き渡したことをもって、以後、発注者がそのデータを自由に改変してもよいという合意があると断定することも難しいと思われます。ホームページ制作業者は、制作代金だけでなく、今後の更新作業によって対価を得ることまで考えている場合も多いでしょう。したがって、当初から、自社で更新することを予定しているのであれば、発注の際に、ホームページの著作権の譲渡を明記するか、更新は自由とするという許諾を明確に得ておく必要があります。なお、ホームページの更新の場合、**同一性保持権**（20 条）との問題が生じる可能性がありますので、同一性保持権を行使しないという合意（不行使特約）をしておく必要もあります。

ホームページの著作権侵害

Q2 個人でホームページを開設していたところ、私のホームページをまねした企業のホームページを見つけました。これは著作権侵害だと思うので、やめさせたいのですが、どのようにすればよいでしょうか。

A ホームページには、文章、イラスト、写真、動画、音楽等いろいろなコンテンツが掲載されています。これら各コンテンツの全部またはその一部のコンテンツがよく似ているのでしょうか。それとも、コンテンツの配置方法やホームページの階層の方法が似ているのでしょうか。あるいは、ホームページのコンセプトやイメージ、または色彩が似ているのでしょうか。

「まねされたもの」を明確にする

ご存じのとおり、著作権法は、思想または感情を創作的に表現したものであって、文芸・学術・美術・音楽の範囲に属するものを著作物として保護する法律です（2条1項1号）。また、著作権法の**複製**（21条）または**翻案**（27条）に該当するためには、既存の著作物とこれに依拠して創作された著作物との同一性を有する部分が、著作権法による保護の対象となる思想または感情を創作的に表現したものであることが必要であって、同一性を有する部分が単なる事実やありふれた表現である場合には、著作権侵害にはなりません（「江差追分事件」最高裁平成13年6月28日判決）。

「まねされたもの」が文章であれば、キャッチコピーのように短い文章なのか、それとも長文なのでしょうか。キャッチコピーは、一般に表現の創作性の幅が狭いと考えられており、そもそも著作物性が否定される場合もあります。また、創作性の幅が狭いので、デッドコピー以外には、著作権侵害と認められないこともあります。これに対し、長文は創作性が認められやすく、この創作性のある表現において同一性が認められる場合には、著作権侵害であるといえるでしょう。ただし、長い文章であっても、ありふれた表現や事実を普通に表現した点が同一であるような場合には、著作権侵害とはいえないでしょう。また、そもそも、その文章はあなたのオリジナルなものかどうかも念のため確認してみなければならないでしょう。自分ではオリジナルであると思っていても、どこかで読んだ文章を無意識に掲載している場合もないわけではありません。

写真・イラストなどの場合

次に、写真の場合はどうでしょうか。スナップ写真であっても撮影者の創作性のある表現であるとされることが多いので、デッドコピーの場合には著作権侵害と判断される場合が多いと思われます。被写体が同じ場合、あるいはよく似た被写体を同じ構図で撮影した場合は、写真の創作性のある表現の要素として被写体や構図も含まれますので、その被写体や構図が特徴的であって、それが相手方の写真にも表れている場合には、複製権または翻案権の侵害になることがあります。

イラストはどうでしょうか。イラストも文章と同様、創作性の幅が狭い場合と広い場合があります。絵画的なイラストの場合は創作性の幅が広いため、これが同一であれば、著作権侵害になる場合が多いでしょう。それに比べて、アイコンのように、意味を表した図形や絵である場合には、創作性の幅が狭く、デッドコピーのような特殊なケース以外はありふれた表現として著作権侵害にならないのではないかと思われます。

コンテンツの配置や階層の場合

次に、「まねされたもの」が、各コンテンツの配置、あるいは階層を含んだ配置の場合、その配置が表現であるかが問題となります。配置方法あるいは階層を含んだ配置方法が同一にすぎない場合は、表現ではなく**アイデア**をまねしたにすぎず、基本的には著作権侵害とはいえないと思われます。もっとも、配置された各コンテンツ全体が表現であり、その表現に同一性があると認定される場合もあるので注意が必要です。

また、コンセプトやイメージあるいは色彩は一般的に「思想又は感情の創作性のある具体的な表現」とは解されませんので、これだけが同じであっても著作権侵害とはいえないものと思われます。

このように、著作権侵害に該当するか否かは、具体的な表現を対比しつつ種々の要素を考慮しなければならない場合もありますので、相手方に中止を請求する前に、弁護士等専門家に相談されたほうがよいでしょう。

著作権侵害の疑いが強い場合の対応

さて、検討した結果、著作権侵害の疑いが強い場合に、これをやめさせるにはどのような方法があるでしょうか。海賊版の製作・頒布のように、経済的利益の侵害が著しい場合を除いては、刑事的な手段ではなく、民事的手段をとる場合が一般的です。ホームページの侵害の場合、もっとも簡易迅速に行う方法は、相手方に電子メールを送って、著作権侵害である部分の掲載を中止してもらうことでしょう。もう少し強い方法としては、内容証明郵便によって中止を要求することが考えられます。

これら任意での請求で決着がつかない場合には、裁判所へ**仮処分訴訟**あるいは**訴訟**を提起することによって、紛争解決を図ることが考えられます。

ホーム ページ・インターネット

歌詞のホームページへの掲載

Q3 音楽のことを取り上げる個人のホームページを開設しています。好きな歌があるので、歌詞を引用してもよいでしょうか。

A この質問も相変わらず大変多い質問です。ご質問の内容では、ホームページへの具体的な掲載形態がわかりませんので、一般的な場合をお答えします。

著作権法で認められる「引用」の範囲

まず、歌詞は、**音楽の著作物**（10条1項2号）に含まれます（なお、詩だけの場合は**言語の著作物**（10条1項1号）にあたります）。したがって、著作権の保護期間（自然人の場合、作詞家の死後70年）内のものであれば、著作権法により保護されます。

ところで、保護期間内の著作物の使用であっても、場合によっては著作権者の許諾が不要なことがあります。

その代表的なものが「**引用**」（32条1項）です。

これは、社会的に著作物の引用が広く行われているという実態があること、著作物自体が先人の文化遺産を母体としてできあがっているため、文化の発展に寄与するという著作権法上の目的からも、一定の範囲内でその著作権者の許諾を受けずに他人の著作物を使用することを認めたものです。

ところで、現在、社会的に行われている「引用」には、必ずしも著作権法で認められている「引用」どおりではなく、往々にして、32条1項の範囲外であって本来であれば著作権者から許諾が必要である場合も多いので、注意が必要です。

それでは、著作権法上認められる引用とはどのようなものでしょうか。

まず、公表された著作物であることが必要です（32条1項前段）。

次に、引用方法として、「公正な慣行に合致するものであり、かつ、報道、批評、研究その他の引用の目的上正当な範囲内で行われるものでなければならない。」と規定されています（32条1項後段）。

この条文はやや抽象的な規定であるため、裁判所は、引用方法の具体的な基準を挙げています（旧著作権法の事案ではありますが「パロディ・モンタージュ写真事件」最高裁昭和55年3月28日判決。現行著作権法では、「藤田嗣治美術全集事件」東京高裁昭和60年10月17日判決等）。この具体的な基準は、裁判の事案によって多少異なっているのですが、「主従関係」と「明瞭区分」を必要としているものが多いようです。

主従関係とは、引用される著作物（他人の著作物）と自身の著作物では、引用される著作物が従で自身の著作物が主という関係でなければならないということです。著作権者の許諾なく著作物を利用するのですから、あくまでも自身の著作物が主でなければならないのです。

この主従性を判断するには分量も1つの要素ではありますが、それだけではありません。引用される著作物よりも自身の本文のほうが高い存在価値を持っていなければならないといわれています。2つ目は、「**明瞭区分**」です。引用される著作物と自身の著作物の区分を明確にする必要があります。たとえば、括弧等で区切るなどの方法です。

その他、「公正な慣行に合致する」「引用の目的上正当な範囲内」から導かれる基準として、引用する際に**引用する必然性**がなければならないとすることもあります（「中国詩引用小説事件」東京地裁平成16年5月31日判決）。

なお、これらの条件に従って引用される著作物には、合理的と認められる方法および程度によって**出所の明示**をする必要があります（48条）。この出所の明示は32条1項の「公正な慣行」の要件とする裁判例もあります（「絶対音感事件」東京高裁平成14年4月11日判決）。

どこで許諾を得ればよいか

それでは、ホームページ上での歌詞の掲載に戻って考えてみましょう。

まず、歌詞の大部分を掲載する行為は、主従性の点でも32条1項の引用には該当しない場合が多いでしょう。これに対し、歌詞の一部分を掲載し、それについてコメントするような場合には、同条による引用といえることもあるかと思われます。

さて、ホームページに歌詞を掲載する際に、著作権者の許諾を得なければならない場合には、どこで許諾を得ればよいのでしょうか。

音楽は、著作権等管理事業者が管理していることが多く、代表的な管理事業者として、**一般社団法人日本音楽著作権協会**（**JASRAC**）や**株式会社 NexTone** があります。たとえば、その歌詞が JASRAC の管理曲であれば、JASRAC が許諾の手続きをしていますので、詳しくは JASRAC のホームページをご覧ください（http://www.jasrac.or.jp）。使用料は、個人の趣味のために開設しているような、個人運営の非営利目的のホームページであれば、2020年8月現在、10曲以上を利用する場合、1ホームページにつき年額10,000円（ただし、10曲未満の場合は、1曲につき年間1,200円）と定められています。なお、ブログ運営事業者が JASRAC と包括許諾契約を締結しているブログサービスにおいて個人ユーザーが歌詞を掲載する場合には、JASRAC に対し個別に許諾を得る必要はありません。

ホームページ・インターネット

広報誌のホームページへの掲載

Q4 自治体の広報担当ですが、業者に委託して広報誌を作っています。こちらから出す原稿もありますが、一部の記事、写真、イラストなどは業者に作成させています。当自治体がホームページを開設したので、広報誌の誌面もここに掲載したところ、業者から使用料の請求がありました。そのようなことがあるのでしょうか。

A 業者と地方自治体との間での広報誌製作に関する契約の対象がはっきりしていない場合に起こりうるトラブルです。

著作権は製作した業者に残る

広報誌を業者に作成させ納品してもらう際、業者と自治体との間で、業者は広報誌を作成して決められた数だけ製作して決められた日までに納品する義務、自治体は当該納品された広報誌に対し決められた代金を支払う義務という程度のことしか取り決めないことがままあると思います。

この取り決めを法律的にいうと広報誌の**製作委託契約**を締結したということになります。ところで、広報誌の製作委託契約において、広報誌全体あるいは広報誌の中にある記事や写真、イラスト等の著作物の著作権について何ら取り決めがない場合には、著作権は広報誌を製作した業者に残ることになります。

すなわち、著作権法上、著作物を創作する者が著作者であり（2条1項）、著作者は著作者人格権および著作権を享有する（17条1項）と規定されているからです。なお、著作物を創作する者とは、実際に著作物を創作しなければならず、単に指示をしたとかアイデアを出しただけでは、著作者にはなりません。当然、広報誌の製作を委託し代金を支払っただけでは著作者にはならないのです。

したがって、広報誌の製作を委託しただけであり、当該広報誌に関する著作権について何ら規定がなかった場合には、広報誌を製作した業者に著作権が発生し、その著作権はそのまま業者に残ることになります。

なお、広報誌の中でも、個々の記事や写真、イラストをすべて業者が作成したものではなく、外部の執筆者や撮影者、画家を使った場合も多いと思います。このような場合には、個々の記事や写真、イラストを創作した者が原始的に著作者となります。そこで、前述した広報誌製作業者と自治体との問題と同様に、広報誌製作業者と当該著作者との間でどのような取り決めがあったかによって、個々の著作物の著作権が広報誌製作業者に譲渡されたかどうかが決まります。

ソフトウェアのような著作物とは異なり、雑誌掲載の記事、写真、イラストの著作物の帰属についてはとくに取り決めがなく、当該雑誌掲載に限り使用を許可するという場合が多いので、とくに取り決めがなければ、個々の著作物の著作者と当該広報誌製作業者との間で**著作権譲渡**はなされず、個々の著作物については当該著作者に著作権が残っている場合が多いでしょう。なお、個々の著作物を創作した者が広報誌製作業者の従業員の場合には、**職務著作**（15条）に該当する場合がほとんどでしょうから、当該著作権は原始的に広報誌製作業者が有することになると思います。

HP掲載は製作委託契約の範囲外

以上のように、広報誌製作業者と自治体との製作委託契約時において、著作権の譲渡を合意しておくことがなければ、広報誌製作業者あるいは個々の著作物の著作者に著作権が残ることになります。自治体は納品された広報誌を有償あるいは無償にて配布することはできますが、それはあくまでも広報誌という有体物を納品してもらい当該有体物に関する所有権が移転した結果、当該有体物を配布できる権限を得たにすぎません。

したがって、たとえば、広報誌が非常に評判がよく増刷することになった場合に、業者に頼むのが面倒あるいは費用がかかるとして自治体が勝手にフォトコピーをして複製した場合には、業者から広報誌の著作権を侵害したとしてクレームがつくことになるでしょう。

同様に、広報誌の誌面をホームページに掲載することも、有体物としての広報誌を納品するという製作委託契約の範囲外になりますので、広報誌製作業者からは著作権侵害による差止めあるいは損害賠償を請求されるか、ホームページ掲載用の料金を請求されるかということになるでしょう。

なお、このような事態を避けるためには、広報誌製作業者との間にあらかじめ著作権譲渡の合意をしておくか、あるいはホームページ掲載について許諾を得ておく必要があります。また、広報誌の中の個々の著作物について外部に著作者がいる場合には、広報誌製作業者に対しこれらの同意がとれているのか確認をする必要があるでしょう。

商品画像のホームページへの掲載

Q5 ネットオークションをするので、商品の現物の画像をホームページに掲載しようと考えています。商品が、ユニークな形をした文房具である場合、絵画である場合、キャラクター商品である場合において、それぞれ何か著作権に触れることはあるでしょうか。

A インターネットオークションやネット上でのレンタル等の業務を行う際には、対面取引ではないため、取引の際に商品の現物を確認することは困難です。そこで、このような場合には、商品を撮影した画像をアップロードし、購入希望者はその画像を見て商品の状態を確認するという方法が一般にとられています。

文房具・絵画の画像掲載の可否

それでは、商品がユニークな形をした文房具である場合、この商品現物をホームページに掲載することは、著作権法上問題になるでしょうか。商品の外形は、産業上のデザインである場合が多いので**意匠法**によって保護されることはありますが、**応用美術**のうち絵画や彫刻のような**純粋美術**と同様の美的鑑賞性が認められるような特殊な場合を除き、一般的には**美術の著作物**にはならないとされています。したがって、ユニークな形をした文房具であっても、美術の著作物には該当しないでしょうから、その外形を写真に撮ってホームページに掲載しても、著作権に触れることはないでしょう。

次に、商品が絵画の場合はどうでしょうか。絵画や彫刻等美術品や写真の場合には、画像をアップロードするということは、この美術品等を複製しそれを公衆送信することになるため、美術あるいは写真の著作物の**複製権**（21条）または**公衆送信権**（23条）の侵害になる可能性があります。インターネット上での作品の状態の確認としては、画素数の多い鮮明な画像のほうが望ましいのですが、他方、画素数の高い画像のアップロードを許諾すると、その画像自体が鑑賞用に使用あるいは転用されるおそれがあり、著作権者の権利が著しく侵害される可能性も生じます。

この点については、たとえば、引用（32条）の適用あるいは類推適用によって救済できないかという指摘もありましたが、平成21年著作権法改正により、立法的に解決が図られました。**美術の著作物または写真の著作物の原作品または複製物の譲渡または貸与の申し出に伴い、**これらの所有者あるいは譲渡または貸与の権原を有する者等は、著作権法施行令および施行規則で定めた大きさや精度等の条件に従った場合には、美術作品・写真の著作物を複製または公衆送信することができるようにしたものです（47条の2）。この具体的な基準については、著作権法施行令および施行規則によって、大きさ・画素数による制限、あるいは著作物の表示の大きさ・精度が、譲渡・貸与に係る著作物の原作品または複製物の大きさや取引の態様その他の事情に照らし、当該譲渡または貸与の申し出のために必要な最小限度のものであり、かつ公正な慣行に合致するもの等となっています（60頁、Q24参照）。

したがって、ネットオークションで絵画を販売する場合には、47条の2の規定に従えば、その絵画の画像をネット上に掲載することができます。

キャラクター商品のHP掲載の可否

次に、キャラクター商品の場合はどうでしょうか。いわゆるキャラクター商品の中で、漫画やアニメの登場人物や登場動物を人形やぬいぐるみ等玩具にしたり、文房具や衣服にプリントした商品があります。これらは、原作品である漫画やアニメの主人公その他の登場人物・登場動物の絵を複製、あるいは翻案したものであり、美術の著作物の**複製権**、あるいは**翻案権**が働くことになります（「たいやきくん事件」東京地裁昭和52年3月30日判決、「キン肉マン事件」東京地裁昭和61年9月19日判決、他多数）。

それでは、著作権者に許諾を受けて製作されたキャラクター商品をネットオークションのためにホームページに掲載することは、著作権侵害になるのでしょうか。確かに、ホームページに掲載することは、キャラクター商品の原作品である漫画やアニメの登場人物・登場動物の絵の複製物、あるいは翻案物をさらに複製および公衆送信することになります。しかしながら、このような場合には、絵画の場合と同様、美術の著作物の複製物・翻案物として47条の2の規定の適用、あるいは類推適用はないでしょうか。

また、47条の2の適用はなくても、ネットオークションの際にこのようなキャラクター商品の現物をホームページに掲載する行為は、あくまでも当該商品を販売するために掲載するにすぎず、しかも、購入者に対し商品状態を明示し商品を識別特定するための情報を与えるという意味で必要な行為であるため、利用目的や態様によっては、32条1項の**引用**に該当するという解釈も可能ではないかと思われます。ただし、これはあくまでも、ネットオークション販売に際し商品情報を提供するための必要な範囲に限られますので、必要以上にキャラクター商品を大きく掲載する行為や、商品情報提供とは何ら関係なくキャラクター商品を掲載する行為は、引用要件を具備せず、著作権侵害になる可能性が高いでしょう。

ホームページ・インターネット

ぬり絵サイトからダウンロードして作った作品のホームページへの掲載

Q6 最近、インターネット上でぬり絵が掲載されているサイト（以下、「ぬり絵サイト」）をよく見かけます。ぬり絵サイトに掲載されているぬり絵素材（以下、「線画」）をダウンロードして、これに色を塗って完成した絵を自分のサイトで掲示したり、販売したりしてもいいでしょうか。

A ご質問のように、最近インターネット上でいろいろな**ぬり絵サイト**を見かけます。これらのぬり絵サイトには、一般の人が自分の作成した絵の線画をインターネット上で公開しているもの、漫画・アニメの公式サイト上に、漫画・アニメのキャラクターの線画をぬり絵として公開しているもの、あるいは車や鉄道会社が自社の乗り物等の線画をぬり絵として自社サイト上に公開しているもの等、いろいろな種類があります。

それでは、これらの線画が著作物であるか否かを検討してみましょう。

自分で創作した絵の線画は、一般に、絵画、版画、彫刻その他の**美術の著作物**（10条1項4号）に該当するでしょう。また、漫画・アニメのキャラクターの絵も美術の著作物に該当するでしょう。もっとも、そのキャラクターの絵を単純に線画にしただけで、線画としての表現に創作性が加わったものでなければ、キャラクターの絵と独立した著作物とはいえず、二次的著作物にも該当しないのではないでしょうか。そうすると、キャラクターの絵の線画の著作権は、キャラクターの絵の著作権者が有するものと思われます。

新たに乗り物の線画を創作した場合も美術の著作物となり、線画を創作した人に著作権が生じると思われます。

乗り物の写真をトレースした線画は

それでは、乗り物の写真をトレースして乗り物の線画を作成した場合はどうなるのでしょうか。単に写真をトレースしただけであれば、そのトレース技術が高度なものであっても、線画の表現に創作性がないと思われ、独立した著作物、あるいは、写真の二次的著作物にはならないものと思われます。

なお、乗り物の写真自体は、被写体、構図、露光、シャッタースピード、用いるレンズの選択等によって表現されたものに創作性があると解されており、**写真の著作物**（10条1項8号）になることが多いでしょう。

線画に色を塗った絵と線画の関係

線画が著作物である場合、この線画に色を塗って完成した絵は、線画とどのような関係になるのでしょうか。

まず、ぬり絵サイトに完成の色見本が掲載され、その色見本のとおりに色を塗った場合を考えてみましょう。これは、見本どおりに色を塗っただけで、色の選択にも塗り方にも創作性がなく、見本の複製にすぎないものと思われます。

次に、ぬり絵サイトに色見本や色の塗り方の指示がなく、線画をダウンロードした人が自由に色を塗った場合には、着色した表現に創作性が認められることもあるでしょう。このようなぬり絵は、線画の**二次的著作物**になるものと思われます。

ネット上で掲載した場合の権利は

それでは、線画が著作物である場合、これに色を塗った絵をインターネット上で掲載する行為は、どうなるのでしょうか。インターネット上で著作物を掲載する行為は、**送信可能化**（2条1項9号の5）に該当するため、**公衆送信権**（23条）が働くことになります。そこで、ぬり絵が線画の二次的著作物となる場合であっても、線画の著作権者は、原著作物の著作権者として、二次的著作物の利用について、二次的著作物の著作権者と同様の権利を有するため（28条）、ぬり絵の著作物の公衆送信権を有します。

また、ぬり絵がぬり絵見本の複製にすぎない場合に、ぬり絵の複製を掲載する行為は、ぬり絵見本の著作権者の公衆送信権が働きます。したがって、いずれにしろ、自分のサイトにぬり絵を掲載するには、線画あるいはぬり絵見本の著作権者の許諾が必要になるでしょう。

では、乗り物写真からトレースしたように、線画に著作権が認められない場合は、どうでしょうか。まず、乗り物写真が著作物の場合には、乗り物写真の著作権者が原著作物の著作権者となりますから、その写真の著作権者にサイト掲載の許諾を得る必要があります。一方、乗り物写真に著作物性がない場合には、サイト上に掲載することについて、著作権法上の問題は生じません。

もっとも、ぬり絵サイトから線画をダウンロードする際に、「個人的利用のみ可」とか「商業利用不可」等といった使用条件が掲載されている場合がよくあります。このような使用条件を見たうえで、線画をダウンロードした場合には、この使用条件に同意したものと解されるでしょう。

したがって、そのサイトの使用条件に従わなければならず、「商業利用不可」と掲載されていた場合、商業利用ではない個人のサイトに掲載することは可能でしょうが、ぬり絵を販売することはできません。

ホームページ・インターネット

Web のイラスト素材の体育祭での利用とホームページへの掲載

Q7 高等学校の体育祭で、応援席のデモンストレーション用に、Web サイトのイラスト集の中から、生徒が素材を選択して使用しました。体育祭終了後、応援席の様子を当校 HP に掲載したところ、著作権を管理するという会社から、いきなり著作権侵害に基づく違約金ということで、高額な損害金の支払請求を受けました。

この会社の HP を見ると、各種イラストのサンプルとともに、使用注意や料金表が記載されていますが、最初に必要なイラスト名で検索すると、直接イラストが表示され、あたかも無料提供のように誤認してしまいます。

支払請求があってから直ちに当校 HP からは削除したのですが、このような場合でもいわれるままに応じなければ罰せられるのでしょうか。

A Web サイトのイラスト集の中から選択した素材は、「**絵画、版画、彫刻その他の美術の著作物**」(10条1項4号) に該当する可能性が高いでしょう。

学校教育での著作物利用

そこで、Web サイトのイラスト素材をダウンロードして拡大して使用したということであれば、**複製** (21条) に該当するものと思われます。

もっとも、学校教育での著作物利用については、35条1項 (学校その他の教育機関における複製等) による**権利制限**があります。この要件は、①学校その他の教育機関 (営利を目的として設置されているものを除く。) において、②教育を担任する者および授業を受ける者は、③その授業の過程における使用に供することを目的とする場合には、④必要と認められる限度において、⑤公表された著作物を複製、もしくは公衆送信 (送信可能化を含む) を行い、または公表された著作物であって公衆送信されるものを受信装置を用いて公に伝達することができる。⑥当該著作物の種類および用途並びにその複製の部数および態様、公衆送信または伝達の態様に照らし著作権者の利益を不当に害することのないこと、です。

高等学校の体育祭は、学校教育における特別教育活動ですから、その体育祭で使用するために Web 上で公表されていた素材を生徒がダウンロードして複製したものであれば、応援席のデモンストレーション用とはいえ、35条1項に該当して複製権が制限される可能性が高いでしょう。なお、同項に該当する場合であっても、48条1項3号により出所を明示する慣行がある場合は**出所表示**が必要ですが、体育祭での応援席のデモンストレーションでは、出所を明示する慣行があるとまではいえないのではないでしょうか。

しかし、運動会終了後、応援席の様子を学校のHPに掲載する行為は、「その授業の過程における使用に供することを目的とする場合」とはいえず、35条1項の適用はないと思われます。したがって、学校のHPに掲載した応援席の画像から当該イラスト素材を見ることができたのであれば、**公衆送信権**（23条）の侵害になる可能性が高いと思われます。

著作物利用の過失

ご質問では、そもそもイラスト素材を管理している会社のHPではイラスト検索結果において料金表示がなく、あたかも無料提供のように誤認してしまったということです。しかし、検索結果表示内容の詳細は不明ですが、基本的には、他人の著作物を利用する場合は、利用者側が著作権侵害にならないか、すなわち、いわゆるフリー素材のように無料で利用してよいかの調査義務があるものと思われますので、ご質問のような事情だけでは過失がなかったということは困難だと思われます。

ご質問の事案とはやや異なりますが、フリーサイトから写真を入手する際に、「識別情報のない著作物についてまで権利関係の調査を要するとすれば、表現の自由（憲法21条）が害される」と主張した被告に対し、裁判所は「識別情報や権利関係の不明な著作物の利用を控えるべきことは、著作権等を侵害する可能性がある以上当然であるし、警告を受けて削除しただけで、直ちに責任を免れると解すべき理由もない」と判示しています（「著作権フリー写真事件」東京地裁平成27年4月15日判決）。

よって、ご質問の事情において直ちに削除をしたとしても、著作権法に従えば、過失により著作権を侵害したものとして損害賠償金を支払う必要があるでしょう。

もっとも、著作権侵害による損害賠償金は、あくまでも実際に受けたであろう損害を基準として算定されますので、当該会社が高額な違約金を規定していても、それに従う必要はありません。本件利用態様が、体育祭での応援席での様子を学校HPに掲載したものであること、および支払請求後直ちに削除したことから、悪質な利用態様であるとは思われませんので、通常の使用料金を基本として損害賠償金を算定することになるものと思われます。

インターネット放送

Q8 インターネットラジオ放送を喫茶店で流してもよいでしょうか。これまでの放送は、営利目的の使用であっても、通常の受信機で聴取するのはよいと聞いていましたが。

A インターネットラジオ放送を喫茶店で流してよいかどうかを議論する前に、まず、従来の放送番組を喫茶店等飲食店内で流すことに関する著作権法上の問題点を検討してみましょう。

従来の放送と「公の伝達権」の関係

喫茶店でテレビ放送を映すこと、あるいは、ラジオ放送を流すということは、喫茶店に来店する客に放送番組を視聴させるということです。このような行為は、放送に含まれている著作物を公に伝達することであり、著作権者の**公の伝達権**(23条2項)が働きます。なお、実演、レコードおよび放送・有線放送に関する著作隣接権については、公の伝達権そのものの規定はありませんが、テレビジョン放送、あるいは有線テレビジョン放送を、**影像を拡大する特別の装置**を用いて公に伝達する場合には、放送事業者または有線放送事業者の権利が働き(100条、100条の5)、許諾が必要になります。

もっとも、放送され、または有線放送される著作物は、営利を目的とせず、かつ、聴衆または観衆から料金を受けない場合には、受信装置を用いて公に伝達することができます(38条3項1文)。さらに、営利目的または聴衆から料金を取る場合であっても、**通常の家庭用受信装置**を用いてする場合には、著作権者の許諾を得ずに行うことができます(同条3項2文)。なお、38条3項は「放送され、又は有線放送される」著作物と規定されているため、放送・有線放送と同時の伝達行為のみを対象とし、放送・有線放送を録画・録音して伝達することまでは認められていないと解されています。

喫茶店内で放送番組を流すことは、喫茶店の顧客サービスのために放送番組を利用することですので、間接的に営利につながるため、営利目的であると解されており、38条3項1文には該当せず、同条3項2文の要件を具備するかが問題となります。この公の伝達権の制限規定は、飲食店や喫茶店等で家庭用のテレビ受像機やラジオ受信機で番組を視聴させることは一般的によく行われているという実情、および、このような行為による著作権者の経済的利益の侵害は小さいと思われることが理由であるといわれています。

ここにいう「通常の家庭用受信装置」とはどのようなものでしょうか。ラジオ放送であれば一般のラジオ受信機、テレビ放送であれば家庭用のテレビ受像機であると思われますが、著作権法上、形式・サイズ等についての規定は設けられておりません。最近では、現行著作権法が成立した昭和 45 年当時とは異なり、家庭用テレビ受像機が高性能化・大型化しているため、どこまでが 38 条 3 項 2 文の「通常の家庭用受信装置」といえるかは問題となるでしょう。もっとも、喫茶店でラジオを聴かせるために、通常のラジオ受信機以外に店内の音響的効果を生かすようなスピーカー等の装置を設置して行うような場合には、一般には、「通常の家庭用受信装置を用いる」には該当しないものと考えられますので、公の伝達権が働くものと思われます。

インターネット放送の場合

次に、ご質問のインターネットラジオ放送の場合を検討しましょう。**インターネットラジオ放送**とは、一般に音楽番組等の音声放送を、インターネット回線を通じて配信するものをいいます。その放送内容は、ラジオで放送された番組をそのまま配信するものと、ラジオ放送とは異なり独自の番組を配信するもの（自主放送と呼ばれています。）の 2 通りがあります。

わが国著作権法では、インターネット放送に適用される著作権法の支分権は、放送（2 条 1 項 8 号）ではなく**自動公衆送信**（同項 9 号の 4）であると解されていますが、著作権者の公の伝達権（23 条 2 項）は、インターネット放送にも適用されます。

なお、IP マルチキャスト放送を主な対象とした平成 18 年の著作権法改正により、38 条 3 項の公の伝達権の制限規定の対象として、従来の「放送され、又は有線放送される著作物」に、「放送される著作物が自動公衆送信される場合の当該著作物」が追加されました。この場合も「放送される」著作物と規定されているため、放送番組の**同時再送信**の場合のみが該当するものと解されています。すなわち、インターネットラジオ放送のうち、放送の同時再送信の場合は「通常の家庭用受信装置」（38 条 3 項 2 文）を用いた場合には、従来の放送や有線放送と同様、公の伝達権が制限されることになります。

これに対し、インターネット放送であっても、放送の異時再送信、あるいは自主製作番組を送信する場合には 38 条 3 項の制限規定は適用にならず、公の伝達権が働くものと考えられます。

なお、2020 年現在、文化審議会著作権分科会において、テレビ放送を中心とした放送の同時配信等についても 38 条 3 項を含めた権利制限規定の適用を認めるか検討されています。

違法録音・録画物のダウンロード

Q9 動画投稿共有サイトやインターネット上のいわゆる「海賊版サイト」から、音楽や映像、漫画をダウンロードしてもよいでしょうか。
　また、権利侵害となる場合、法的制裁はどのようなものとなりますか。

A 従前、著作権・著作隣接権の侵害物（**侵害コンテンツ**）をインターネットのWebサイトや掲示板等、公衆によって直接受信させることを目的としてアップロードすることは、**公衆送信権**（**送信可能化**（2条1項9号の5））（23条）の侵害となっていました。この公衆送信権の侵害行為には、民事上の**差止請求**（112条）および**損害賠償請求**（民法709条、著作権法114条）、ならびに**10年以下の懲役もしくは1000万円以下の罰金**あるいは懲役と罰金の併科（119条1項）（法人の場合は3億円以下の罰金（124条））という厳しい処置が規定されています。

　そして、この規定を根拠に、侵害コンテンツの投稿を放置していた動画投稿共有サイトに対し、民事上の差止請求および損害賠償請求訴訟が認められ（「TVブレイク事件」知財高裁平成22年9月8日判決）、さらにはファイル共有ソフトや携帯電話の掲示板を通じて映画や音楽を権利者に無断でアップロードしていた者に対し、逮捕や有罪判決が下されています。

後を絶たない無断アップロード

　しかし、ブロードバンドの普及等ネットワーク社会はますます発展しており、それとともに侵害コンテンツの流通は一向に減る傾向にありません。この原因としては、ネットワーク社会が匿名性の強い技術によって支えられており、海外のサイト利用も多く、権利者にとってアップロード行為者を特定することは、労力・費用がかかり容易ではないこと、一方、利用者にとっては他人に見とがめられることなく、非常に簡易に権利侵害物のアップロードおよびダウンロードができるということが挙げられます。侵害コンテンツを掲載している海賊版サイトは、そのサイトのアクセスによる広告収入によって莫大な経済的利益を上げているといわれ、他方、出版社や著作者等への経済的被害も甚大なものとなっています。

ダウンロード違法化

　従前は、侵害コンテンツをアップロードする行為は違法でしたが、ダウンロードする行為については、著作権法上何ら規定はありませんでした。また、ダウンロード後、侵害コンテンツを自己のパソコンやスマホに保存する行為は、**私的使用のための複製**（30条1項）に該当するため、複製権（21条）の侵害にはならないと解されていました。

しかし、侵害コンテンツのダウンロードが膨大な数となっている状況では、アップロードのみを規制するということでは、もはや侵害コンテンツの流通の抑制としては限界にきています。

そのため、まず、侵害コンテンツの流通が多かった、音楽・放送・映画の分野における音楽・映像について、平成21年の著作権法改正により、侵害コンテンツをダウンロード（いわゆる「**違法ダウンロード**」）して録音・録画する行為を、30条1項の私的使用複製から除外することになりました（同項3号）。それでも、違法録音・録画のダウンロードが防止できなかったため、平成24年著作権法改正から、有償で提供される音楽・映像の違法ダウンロードについては**刑事罰**の適用となりました。

音楽・映像以外の著作物も

その後、「漫画村」等いわゆる**海賊版サイト**において、漫画その他の出版物やコンピュータソフト等、音楽・映像以外の著作物についても違法流通が多く見られるようになり、正規権利者への経済的な打撃も著しくなったことから、令和2年著作権法改正により、音楽・映像以外の著作物全般についても、違法ダウンロードを私的使用複製から除外するとともに、刑事罰を科すことになりました。

ただし、音楽・映像の違法ダウンロードにくらべ、文書等の違法ダウンロードを著作権侵害とすることは、市民生活に影響を及ぼす可能性が大きいため、情報収集等を過度に萎縮させないよう、民事上の規制対象は、違法にアップロードされたことを知りながらダウンロードする場合のみとするとともに、①軽微なもの（漫画の一コマ～数コマ等）や、②二次創作・パロディ等の二次的著作物（ただし、翻訳は除く）、③著作権者の利益を不当に害しないと認められる特別な事情がある場合のダウンロードは規制対象外とされました（30条1項4号）。

刑事罰が科されるのは、とくに悪質な行為に限定するため、上記のような民事上の違法ダウンロードのうち、正規版が有償で提供されている著作物のダウンロードであること、反復・継続してダウンロードを行うことが要件とされました（119条3項2号）。法定刑は、2年以下の懲役、200万円以下の罰金または併科です（同号）。また、刑事罰が濫用されないよう権利者からの告訴が必要な**親告罪**とされています（123条）。

言語・出版

出版の許諾と著作権の譲渡

Q10 出版社で作家の小説を出版していたところ、その人が小説の著作権を譲渡してしまい、その著作権を譲り受けた新しい著作権者は当社に対し、出版をやめてほしいといってきました。やはりやめないといけないのでしょうか。

また、出版許諾契約と出版権の設定では何か違いはあるのでしょうか。

A 小説を出版する場合には、通常、著作権者との間に出版許諾契約を締結するか、あるいは出版権の設定（79条）を行うことになります。

出版許諾契約と出版権の設定の違いをあまり意識せずに出版を行う場合も多いと思いますが、出版許諾契約と出版権の設定では、以下に見ていくように、その内容や効果が異なる点があります。

出版許諾契約の性質

出版許諾契約とは、著作物の出版という著作物利用行為を許諾する契約のことをいいます。63条1項は、著作権者が他人に対し、著作物の利用を許諾することができると規定しています。同項に基づき著作物を利用することを許諾した契約が著作物の**利用許諾契約**であり、**使用許諾契約**あるいは**ライセンス契約**とも呼ばれています。この利用許諾契約の性質は債権であると解されています。出版許諾契約も著作物利用許諾契約の一種です。

出版許諾契約の対象は、合意により、紙の本だけでも電子出版だけでも、あるいは紙と電子出版両方でも可能です。出版許諾契約の内容は契約自由の原則に従いさまざまですが、一般に、著作権者は出版社に対し出版を許諾するという義務が生じますし、出版社もその契約条件に従い、対価の支払いや出版を行うという義務が生じます。そして、契約当事者が契約条件に反した場合には、**契約不履行**という問題が生じます。

また、出版許諾契約の場合、1社にだけ独占的に許諾を与える独占的出版許諾契約と、非独占的な出版許諾契約の2つの種類があります。

ライセンシーの地位

ところで、ご質問のように、著作権者が当該著作物の著作権を第三者に譲渡した場合に、譲渡により新しく著作権者となった者に対し、ライセンシーである出版社は前著作権者との間の出版許諾契約に基づき出版を継続することができるでしょうか。

従前は、出版許諾契約は債権であり契約当事者間を拘束するだけであって、契約当事者ではない第三者である著作権を譲り受けた者には、対抗できないと考えられていました。

ところが、平成 23 年特許法改正により、特許の通常実施権（**ライセンス契約**）は登録せずとも対抗できるようになりました（特許法 99 条、実用新案、意匠の通常実施権も同様（実用新案法 19 条、意匠法 28 条)。ただし、商標の通常使用権の対抗は登録が必要（商標法 31 条 4 項))。

そして、令和 2 年著作権法改正により、「利用権は、当該利用権に係る著作物の著作権を取得した者その他の第三者に対抗することができる。」(63 条の 2）と規定され、著作権法のライセンシーも、著作権譲渡等で著作権を取得した者に対し、自己の利用権を当然に対抗することができるようになりました。

したがって、出版許諾契約であっても、新著作権者から出版をやめてほしいといわれても、出版を続けることができます。

なお、独占的な出版許諾を受けたライセンシーは著作権者でなくても、無断で出版を行った第三者に対し差止請求をすることは可能でしょうか。現時点では、独占的な出版許諾を受けたライセンシーであってもその権利は債権的な権利であるため、差止請求はできないと考えられています。これについては、令和 2 年現在、文化審議会著作権分科会で検討中です。

出版権とはどのような権利か

次に、出版権の設定の場合を考えてみましょう。従前、出版権は紙の出版のみを対象としていましたが、電子出版が盛んになったこと、および、紙の本をスキャンしてインターネット上に流通する違法著作物への対策として出版社が権利を有したほうがいいことから、平成 26 年著作権法改正により、電子出版についても出版権の範囲に入ることになりました。この内容については、**Q16**（44 頁、「電子書籍と著作権」）を参照してください。

出版権は、複製権または公衆送信権を有する者（著作者であることが多いでしょう）との間の設定により生じる排他的権利ですが（79 条 1 項、80 条)、第三者に対抗するためには、**出版権登録原簿**に登録しなければなりません（88 条 1 項 1 号)。上述のとおり、令和 2 年著作権法改正により利用許諾契約に当然対抗制度が認められましたが、出版権の対抗要件は変更されませんでしたので、第三者に対抗するには登録が必要です。ただし、出版権設定時に、当事者の合理的意思として、出版権とは別に出版許諾契約が存在すると考えることが可能であるという見解もあり、黙示の出版許諾による保護が期待できるといわれています。

なお、出版権は準物権的権利であるため、侵害者に対し、自らの出版権に基づき差止請求をすることができます（112 条)。

言語・出版

ノンフィクションの類似

Q11 郷土の偉人である人物の生涯について、数年かかって資料を検討するとともに関係者や子孫への取材を行い、これをノンフィクション作品にまとめて数年前に出版しました。私が取材した結果、初めて明らかになったエピソードもいくつか取り上げています。

このほど、同じ人物の伝記が別の執筆者の著作として大手出版社から出版されました。ところが、章立てが非常によく似ているだけでなく、私が取材して明らかになったエピソードも取り上げられています。また、記述自体も私の作品の表現にとてもよく似ていると思います。これは、明らかに私の作品の著作権侵害だと思うのですが、どうでしょうか。

A ある人物の生涯について記述した作品であれば、言語の著作物に該当します。言語の著作物どうしの記述内容が似ている場合には、複製（21条）あるいは翻案（27条）が問題となるでしょう。

著作権法の複製・翻案とは？

著作権法は、「思想又は感情を創作的に表現したもの」を著作物として保護することとしています（2条1項1号）。ここで、著作権法の**複製**とは、「既存の著作物に依拠し、その内容及び形式を覚知させるに足りるものを再製することをいう」（「ワン・レイニー・ナイト・イン・トーキョー事件」最高裁昭和53年9月7日判決）とされています。また、**翻案**とは、「既存の著作物に依拠し、かつ、その表現上の本質的な特徴の同一性を維持しつつ、具体的表現に修正、増減、変更等を加えて、新たに思想又は感情を創作的に表現することにより、これに接する者が既存の著作物の表現上の本質的な特徴を直接感得することのできる別の著作物を創作する行為をいう」（「江差追分事件」最高裁平成13年6月28日判決）とされています。

このように、著作権法上の複製あるいは翻案というためには、表現が実質的に同一である、あるいは表現上の本質的な特徴を直接感得することができなければなりません。そして、「著作権法は、思想又は感情の創作的な表現を保護するものであるから、……既存の著作物に依拠して創作された著作物が、思想、感情若しくはアイデア、事実若しくは事件など表現それ自体でない部分又は表現上の創作性がない部分において、既存の著作物と同一性を有するにすぎない場合には、複製にも翻案にも当たらないものと解するのが相当である」(前掲「江差追分事件」)と判示しています。

歴史的事実は保護されない

さて、このような著作権法による保護の特徴をご質問の事例に当てはめてみましょう。人物の生涯を対象としたノンフィクション作品の場合には、**歴史的事実**をもとに記述されているため、作品に取り上げられた歴史的事実やエピソードが同一であっても、その選択は**アイデア**であると解されています。

あくまでも、その歴史的事実の選択や配列など具体的な表現を比較して、複製または翻案に該当するかを判断する必要があるのですが、まったくそっくりの選択・配列である場合はともかく、違うエピソードが含まれていたり、配列が異なるような場合には、表現が実質的に同一、あるいは表現上の本質的特徴が直接感得できるとはいえず、複製または翻案に該当するということはなかなか難しいと思われます(「箱根富士屋ホテル物語事件」知財高裁平成22年7月14日判決)。章立てが非常によく似ているとしても、章立て自体はアイデアであると思われますから、やはりそれだけで著作権侵害というのは難しいでしょう。

また、「歴史的事実」を表現した結果であっても、単にその歴史的事実を一般的に記述しただけでは「**ありふれた表現**」であって創作的な表現ではないと解され、著作権法上保護されないことが多いと思われます(前掲「箱根富士屋ホテル物語事件」)。

なお、あなたが苦労して取材した結果、初めて世間に公開された事実があっても、それ自体は著作権法上保護されません。ノンフィクション作品の場合には、取材や資料検討に膨大な時間と労力、費用がかかることは往々にしてあり得ると思われますし、作品の価値としてもそれらの取材や資料検討の結果判明した歴史的事実自体の占める点は非常に大きいものと思われます。しかし、残念ながら、著作権法はそれらの時間や労力、費用など、いわゆる「額に汗」自体を直接保護する法律ではありません。著作権法の保護対象は、あくまでも「思想又は感情を創作的に表現したもの」であり、その部分の「創作的な表現」が似ていなければ、著作権侵害にはならないのです。

以上のように、同一の歴史的事実を記述したノンフィクション作品の場合には、その表現が似ていると感じられても、それは、「表現」そのものではなく、その表現の背後にある「事実」が同一であるからという場合が多いと思われ、著作権侵害が認められるのは、かなり難しいものと思われます。

言語・出版

絵本の読み聞かせ

Q12 子どもたちを集めて、絵本の読み聞かせをする行事を主催しています。著作権法上どういう問題がありますか。また、絵本を見せながらでは小さくてわからないので、その絵を紙に拡大模写した場合はどうでしょうか。あるいは、紙芝居風のものを作ってやることにした場合はどうでしょうか。

A 絵本に載っている話のうち、古い童話、昔話などは著作権法で保護されるでしょうか。

著作権の保護期間が切れている絵本

古い童話や昔話自体は、すでに**著作権の保護期間**が切れていることは明らかです。もっとも、古くからある童話や昔話であっても、その伝承された童話や昔話を新しく文章に構成し直したような場合には、新しく構成された文章に著作権が発生する可能性があるので、注意が必要です。

新しく構成された文章の中でその表現に創作性がある場合には、伝承された童話や昔話の**翻案**であって**二次的著作物**（2条1項11号）に該当するものと思われますから、新しく構成された文章自体が二次的著作物として著作権の保護を受けます。ただし、表現の創作性は、あくまでも新しく構成された文章自体になければなりません。単に古い童話や昔話をそのまま記述したにすぎないのであれば、新しく構成された文章の表現に創作性が認められる範囲は非常に狭く、ありふれた表現であって創作性がないと判断されることもあるでしょう。

なお、著作権の保護期間が切れているものであれば、当然ながら、これらの童話、昔話を読み聞かせることについて、だれからも許諾を得る必要はありません。

著作権の存続期間内の絵本

次に、新しく創作された絵本など、著作権の存続期間内のものを読み聞かせる場合について検討してみましょう。

絵本の文章は小説等**言語の著作物**に該当します（2条1項1号、10条1項1号）。そして、著作権の存続期間内の絵本の文章を読み聞かせることは、「朗読その他の方法により著作物を口頭で伝達すること」（2条1項18号）であり、**不特定**、あるいは、「**特定かつ多数の者**」（2条5項）が集まる行事において読み聞かせることは、「言語の著作物を公に口述する」ことになり、**口述権**（24条）が働くことになるでしょう。

もっとも、この口述権は一定の条件で制限され、その場合には著作権者の許諾が不要です。どのような場合かというと、①公表された著作物を、②営利を目的とせず、③聴衆または観衆から料金を受けず、かつ、実演家や口述者に報酬を支払わない場合（38条1項「営利を目的としない上演等」）です。

したがって、子どもたちを集めて絵本の読み聞かせをする行事を開催する場合にも、上記の要件をすべて満たせば、著作権者の許諾なく行うことができます。

絵本の絵を拡大模写した場合

それでは、絵本の読み聞かせの際に、その絵本をそのまま見せるのではなく、絵本の絵を拡大模写し、その拡大模写した絵を見せた場合はどうでしょうか。

絵本の絵をそのまま拡大模写するという行為は、創作性のある行為が付加されたものではありませんから**複製**（21条）に該当します。この場合には、たとえ、非営利・無料の読み聞かせをする行事に使用するための複製であっても、著作権者の許諾が必要となるでしょう。口述権と異なり、複製権あるいは翻案権の場合には、38条の**営利を目的としない上演等**のような著作権の制限規定がないためです。

なお、複製権の著作権制限としては、**「私的使用のための複製」**（30条）がありますが、ここでいう「私的使用」とは、「個人的に又は家庭内その他これに準ずる限られた範囲内において使用することを目的とする」（30条1項）ものとされていますので、子どもたちを集めての絵本の読み聞かせをする行事に使用するための複製を、「私的使用のための複製」ということは困難であると思われます。

絵本をもとに紙芝居を作成した場合

最後に、絵本のストーリーから紙芝居風のものを作成した場合の著作権法上の問題を考えてみましょう。

絵本のストーリーを忠実に紙芝居風に表現した場合には、**二次的著作物**に該当する可能性があると思われます。二次的著作物に該当する場合には、絵本の文章の著作者に**翻案**（27条）の許諾を得なければなりません。

また、絵本の絵をもとにして紙芝居風の画面を作成した場合には、絵本の文章と絵の双方の二次的著作物に該当する場合があるでしょう。双方の二次的著作物に該当する場合には、絵本の文章の著作者と絵の著作者の双方から翻案の許諾を得る必要があるでしょう。

なお、二次的著作物を作成する場合には、**同一性保持権**（20条）についても注意を払う必要があります。

言語・出版

哲学書の朗読 CD の権利

Q13 郷里の著名な哲学者の没後 80 周年記念として、県立博物館がプロダクションに哲学書の朗読 CD を製作委託しました。朗読は地元のアナウンサーです。この朗読 CD には、著作者の権利はあるでしょうか。

また、朗読者や製作したプロダクションに、何か権利は生じるのでしょうか。

A まず、哲学者の著書は著作物に該当し、哲学者は著作者になるものと思われます。そして、著作物を朗読する際には、著作権の1つである**口述権**（24条）が働きます。口述権とはあまりなじみのない権利かもしれませんが、「朗読その他の方法により著作物を口頭で伝達すること（実演に該当するものを除く。）」（2条1項18号）に関する権利です。

なお、同号の括弧書きにおいて、実演に該当するものが口述の権利から除かれていますが、著作物の実演自体は**上演権**（22条）として、著作者の権利の1つ（支分権）に含まれているため、著作物の口頭伝達あるいは口演は、いずれにしろ著作者に著作権が及ぶことになります。

もっとも、哲学者の没後 80 周年記念ということですから、その著作物はすでに著作者の**死後 70 年**という保護期間が満了していると考えられるでしょう（51条2項）。したがって、哲学者の人格的利益を侵害しないかぎり（60条、116条）、その著作物の口述や実演は、だれもが自由に行うことができますし、その口述や実演を複製することについても著作者の権利は及びません。

CD の朗読者の権利

次に、その CD の朗読者には、何か権利が発生するのでしょうか。上述のとおり、2条1項18号は、朗読その他の方法により著作物を口頭で伝達することについては括弧書きで「実演に該当するものを除く」と規定していますから、著作権法上、朗読は原則としては**実演**に該当しないということになります。また、実演とは、「著作物を、演劇的に演じ、舞い、演奏し、歌い、口演し、朗詠し、又はその他の方法により演ずること（これらに類する行為で、著作物を演じないが芸能的な性質を有するものを含む。）をいう。」（2条1項3号）と規定されています。

ここにいう「**口演**」については、著作権法上の定義はありませんが、口述の態様が演劇的なものであると解されており、講談の読み、落語の話し、漫才の掛け合い、漫談の語りなどが例として考えられています（加戸守行『著作権法逐条講義（六訂新版）』（CRIC、2013）26頁参照）。したがって、プロのアナウンサーが正確にわかりやすく朗読したとしても、哲学書の朗読は口演ではなく、実演には含まれず、朗読者には著作権法上の著作隣接権は働かないと思われます。なお、小説の朗読の場合には、口演として実演に該当することが多いでしょう。

CDの製作者の権利

それでは、この朗読を録音したCDの製作者の権利はどうでしょうか。

著作権法上、「レコード」に音を最初に固定した者を「**レコード製作者**」といいます（2条1項6号）。**レコード**とは、「蓄音機用音盤、録音テープその他の物に音を固定したものをいう」（2条1項5号）と規定されており、CDや録音テープ等も含まれます。さらに、ここでいう音とは、音楽のような著作物を歌唱・演奏した音（実演）だけでなく、自然音も含まれると解されていますので、実演には該当しない朗読も、ここでいう「音」に該当するのではないかと思われます。

プロダクションに朗読CDの製作委託を行い、プロダクションが自社でこのCDを製作したとすれば、プロダクションが「音を最初に固定した者」になることが多いでしょう。その場合は、プロダクションが著作権法上の「レコード製作者」に該当することになります。そして、レコード製作者は、当該CDの**複製権**（96条）、**送信可能化権**（96条の2）、**譲渡権**（97条の2）、**貸与権**（97条の3）を有しますし、**商業用レコードの二次使用料請求権**（97条）も有します。

よって、朗読CDを複製したり、インターネットで配信する等の行為をするには、プロダクションに個別の許諾を得なければならないでしょう。

なお、朗読CDの発注者である県立博物館は、このCDについて著作権法上何か権利はないのでしょうか。

プロダクションとの**製作委託契約**の内容次第であると思いますが、一般に、単に朗読CDの製作委託のみを規定していただけであれば、県立博物館は製作された朗読CDの納品を受ける権利はあるものの、「レコード製作者」にはならないものと思われます。

したがって、製作委託契約書に、プロダクションとの間で朗読CDのレコード製作者の権利の譲受を規定していたり、「レコード製作者は県立博物館である」という明記がないかぎりは、県立博物館がその朗読CDを複製したり、インターネット配信したりするためには、プロダクションの許諾がいると思われます。

印刷データの権利

Q14 出版社です。数年前に郷土の文化史を出版しました。原稿は当社の編集部員が執筆し、明治から平成にかけて当社の編集部員が撮影した写真をいくつか掲載しました。

今般、別の印刷会社で印刷を行いたいと思い、前回印刷を頼んだ印刷会社に印刷データの引き渡しをお願いしましたが、応じてもらえません。前回の印刷で、当社は出版物製作費一式として印刷会社へ費用を支払っているのですが、当社は、印刷データの権利を有していないのでしょうか。当社が著作権を有する場合と有しない場合とでは何か違いはあるでしょうか。

また、印刷会社は、当社に無断で印刷データを使用して、印刷物を作成したり、インターネット配信したりすることはできるのでしょうか。

A 出版物を作成する場合、出版対象の原稿・写真等は出版社側が用意しますが、それだけでは完成しません。それらの原稿・写真等を印刷して出版物にするには、出版社から印刷会社へ原稿・写真等を入稿し、印刷会社が**印刷データ**を作成し、それに基づいて印刷・製本する必要があります。

出版社の権利について

出版社は印刷会社に対し、この印刷データの引き渡しを請求する法的な権利があるのでしょうか。

出版物の製作に関する出版社と印刷会社との間の法律関係は、印刷会社が出版社へ出版物を納品する請負契約であると考えられています。すなわち、印刷会社は契約どおりに出版物を作成し出版社に引き渡せば、契約上の義務は履行されたことになります。そして、印刷データは、この請負業務の過程における**中間成果物**であって、印刷会社が出版社に引き渡す対象には通常入っていないと考えられています。したがって、あらかじめ請負契約の対象に中間成果物としての印刷データの引き渡しを規定していないかぎり、出版社は印刷会社に対し、請負契約に基づき印刷データを引き渡せということはできないでしょう。出版社が印刷会社に「出版物製作費一式」として代金を支払い、その中に印刷データ作成費が含まれていたとしても、それは出版物の製作過程に必要な中間成果物を作成するためのものであって、これをもって印刷データを使用・収益・処分する権利が出版社にあるとは考えられていません。また、印刷会社が印刷データを保存していたとしても、それは再版等新たに印刷する必要が生じた際に、製作費用を軽減するために自らの判断で保存しているものと考えられています。

では、出版社が出版物に対し著作権を有していた場合に、著作権に基づいて印刷データを引き渡せということはできるでしょうか。

著作物は、「思想又は感情を創作的に表現したもの」（2条1項前半）と規定されているように精神的所産であって、有体物のような物理的な存在ではありません。著作権者は、著作物に関し**複製権**（21条）・**公衆送信権**（23条）等、著作権法に規定されている権利を専有しますが、印刷データに関する権利は著作権法には規定されておらず、著作権の対象にはなっていないと考えられています。したがって、出版社が著作権を有していたとしても、印刷データを引き渡すよう請求することはできないでしょう。

印刷会社の権利について

それでは、印刷会社がこの印刷データを独自に使用して出版物を作成したり、インターネットで公開したりすることはできるでしょうか。

まず、印刷データの対象が著作物である場合はどうでしょうか。前述のとおり、著作権者は著作物を複製・公衆送信等著作権法に規定されている権利を専有しています。印刷データを使用して、出版物を作成したり、インターネットで公開したりすることは、それぞれ複製権、公衆送信権に該当するため、著作権者の許諾がないかぎりできません。

次に、印刷データの対象が著作物でない場合はどうでしょうか。たとえば、すでに著作権の保護期間が切れ、**パブリックドメイン**になったものであれば、著作権法の適用はありません。

しかし、もともと印刷データは、出版社から依頼された出版物の製作過程における中間成果物であり、この中間成果物の作成費用は、出版社が印刷会社に支払う請負代金に含まれています。そこで、前述のとおり、出版社が印刷会社に対し印刷データを引き渡せといった請求はできないものの、この印刷データを印刷会社が出版社の許諾なく自由に使用できるということも当事者は考えていなかったでしょう。このように、一般に、出版社と印刷会社との間では、出版社の許諾なく印刷データをほかの目的で再利用しない、といった**黙示の合意**ができていると考えられています（「柴田是真下絵・写生集事件」大阪地裁平成29年1月12日判決では、印刷会社は黙示の合意または信義則に基づき再利用できない義務を負っているとされました）。

したがって、印刷データの対象が著作権法上保護されない場合であっても、印刷会社は出版社の許諾なく自分で印刷データを再利用することはできないものと考えられます。

言語・出版

出版物の撤回

Q15 出版している本の内容が、今の自分の考え方と違ってきたので、出版をやめてもらいたいと思っていますが、やめさせることはできないでしょうか。とくに契約書などを取り交わさず著作を出版してもらっている場合は、どうでしょうか。

A 本の出版に関し、いわゆる「**撤回権**」と呼ばれている制度があります。これは、著作物の内容が自己の確信に適合しなくなったときに、出版を廃絶させる権利であり、諸外国の著作権法にも規定がある権利ですが、わが国の著作権法では**出版権**において規定されています（84条3項）。

出版を廃絶できる「撤回権」とは？

もともと、この「撤回権」は、**著作者人格権**から発生しているものであって、自己の確信に適合しなくなった著作物を世間に通用させることが、現在の著作者にとって精神的に耐えられないというような場合、これを引き続き出版させるということは著作者の人格的権利を著しく侵害するからだという解釈によるものです。

84条3項では、「複製権等保有者である著作者は、その著作物の内容が自己の確信に適合しなくなつたときは、その著作物の出版行為等を廃絶するために、出版権者に通知してその出版権を消滅させることができる。ただし、当該廃絶により出版権者に通常生ずべき損害をあらかじめ賠償しない場合は、この限りでない。」と規定されています。

したがって、まず請求者は**著作者**でなければなりません。本件の権利が著作者人格権から発生しているといわれる所以（ゆえん）です。

さらに、この著作者が複製権（21条）または公衆送信権（23条1項）を有する**複製権等保有者**である必要があります。この「撤回権」は出版権上の権利であるため、著作者であっても複製権者または公衆送信権者でなければ、出版権に関する権利を行使できないからです。

出版権消滅の理由としては、「自己の確信に適合しなくなった」ということが必要です。「自己の確信に適合しなくなった」か否かの立証は、複製権等保有者である著作者が行うことになりますが、主観的な要件であるため、特別な事情がないかぎり、出版権者がこの反証を行うことは難しいのではないかと思われます。

以上の要件が具備された場合、出版権者に通知することによって、出版権を消滅させることができます。この場合、複製権者である著作者の一方的な通知で足り、出版権者の同意は不要です。

ただし、「撤回権」を行使するためには、出版廃絶により出版権者に通常生ずべき損害を、あらかじめ賠償する必要があります。自己の確信に適合しなくなったための出版廃絶というのは、著作者の一方的な事情にすぎませんので、これにより出版権者が被る損害を賠償しなければ「撤回権」の行使はできないという規定になっています。

なお､ここでいう「**通常生ずべき損害**」に、在庫の廃棄等積極損害のほかに、将来本が売れることにより出版権者が得られるであろう利益も含まれるかどうかについては議論があります。出版の場合に、この「通常生ずべき損害」がどこまで該当するかについては、難しい問題であり、明確な裁判例も見当たりませんが、民法上の損害賠償理論と同様に考えれば、いわゆる逸失利益は、とくに予見される場合には、通常生ずべき損害に含まれると解するのではないかと思います。

「撤回権」の取り決めがない場合

なお、以上の「撤回権」は、**出版権設定**の場合であり、出版権を設定せず**出版許諾契約**によって本を出版したような場合には、84 条 3 項の直接の適用はありません。出版許諾契約の場合にも、同条同項を類推適用して契約の解除が認められるかどうかについては、意見が分かれています（積極説＝加戸守行『著作権法逐条講義（六訂新版）』(CRIC､2013) 535 頁等）。

出版許諾契約においては、あくまでも当事者がどのような契約を締結したかという契約内容の解釈の問題が中心となりますので、出版許諾契約において解約事由として「撤回権」の取り決めがない場合には、契約上明文での解約事由には該当しません。このような場合にも、出版権設定契約と同様に撤回権を認めるか否かについては、当該事案における著作者人格権の保護と出版社の利益の保護との利益衡量によるのではないかと思われます。

また、出版について明文の契約書を締結しなかった場合、当該出版に関する合意が出版権の設定であったのか、出版許諾契約であったのかについても、当該事情によって解釈すべきでありますが、一般的には、出版権設定という強い権利の合意ではなく、出版許諾契約にすぎなかったのではないかと思われます。この場合には、出版許諾契約における撤回権が認められるか否かという問題になるでしょう。

電子書籍と著作権

Q16 書籍や雑誌を電子化して端末機器で読むという、電子書籍が急速に普及していますが、著作権法上、どのような権利が働きますか。また、私が所有している本をスキャンして端末で読むことは問題ありませんか。スキャンを代行してくれる業者に頼むのはどうでしょうか。

A 2010年に米国Apple社が発表したiPadが大きな話題を呼んだことから本格的に電子書籍の時代が始まったといえるでしょう。(公社) 全国出版協会・出版科学研究所によれば、2019年には、わが国の電子書籍の市場は3072億円（うち、電子コミックが2593億円）となり、紙の出版物1兆2360億円の約4分の1となりました。

電子書籍をめぐる著作権

さて、著作権法上、書籍や雑誌を電子化する行為は、著作物の**複製**（21条）となります。また、この電子化した書籍や雑誌をインターネットや携帯電話によって配信する行為には、**公衆送信権（自動公衆送信権）**（23条）が働きます。したがって、これらの行為を行うには、書籍や雑誌の著作権者から許諾を得る必要があります。

なお、電子書籍の配信の場合、紙の本に比べ複製・改変あるいはネットワークを通じた拡散が容易であるため、複製防止等配信データに**技術的保護手段**（2条1項20号）を付加する場合が多いものと思われます。たとえ正規ユーザーであっても、このように技術的保護手段によって保護されている電子書籍の信号の除去あるいは改変等によって複製することは**複製権の侵害**（30条1項2号、21条）になります。

紙で印刷されることを前提に執筆あるいは掲載された文書や絵画・写真等を電子化する行為が**同一性保持権**（20条1項）の侵害になるでしょうか。これについては、通常の電子化であれば、ほぼ紙での印刷と同様の表現となり、多少異なってもそれは電子化にあたってのやむを得ない改変（20条2項4号）となるため、同一性保持権の侵害にはならないのではないかと思われます。もっとも、電子化するにあたって、大幅に表現を改変した場合には、同一性保持権の侵害になる可能性もあるでしょう。このような電子化にあたってのトラブルを避けるため、電子化に伴う改変についてはあらかじめ著作権者から許諾を得ておくべきでしょう。

出版権と電子書籍

次に、電子書籍に対する出版社の権利について検討しましょう。

作家（著作者）が原稿を書けばそれがそのまま書籍になることはほとんどなく、書籍の発行に関しては出版社の関与や功績が大きいといえます。そこで、わが国の著作権法は、出版社に対し排他的な権利である**出版権**を認めました。平成 26 年著作権法改正前までに出版社に認められていた出版権は、「頒布の目的をもつて、著作物を原作のまま印刷その他の機械的又は化学的方法により文書又は図画として複製する権利」（平成 26 年改正前 80 条 1 項）であって、紙媒体の本を対象としていましたが、上述のとおり、電子書籍が急速に普及したため、インターネット上の違法な電子書籍の流通を防止するためにも出版権を拡大してこれに対処できるようにすべきであるという意見が強くなり、平成 26 年著作権法改正により、出版権の中に電子書籍も含めることになりました。すなわち、改正前の権利に加え、著作物を電子ファイルの複製物により頒布すること（80 条 1 項 1 号）、および、この電子ファイルを公衆送信すること（同項 2 号）も出版権に含まれることになりました。

なお、改正前は出版権者が出版権を第三者に許諾することは認められていませんでしたが（平成 26 年改正前 80 条 3 項）、電子出版の場合には出版社自ら配信をする場合以外にも、プラットフォーマー等に配信を許諾することが多いため、出版権者は第三者への複製または公衆送信の許諾ができる旨改正されました（80 条 3 項）。

スキャンの代行は複製権の侵害

さて、あなたが所有している紙の本をスキャンして電子化する行為は、私的使用を目的としてあなたが使用するかぎりは**私的使用のための複製**（30 条 1 項）に該当しますので、著作権侵害にはなりません。また、他人が所有している本を借りてスキャンしても、やはり私的使用を目的とするのであれば、私的使用のための複製に該当します。私的使用のための複製においては、「所有」が要件にはなっていないからです。

それでは、スキャンサービスを行っている業者に、あなたの所有している本をスキャンしてもらう行為はどうでしょうか。30 条 1 項はその使用する者自身が複製することを条件としており、代行サービスを使用することは、この条件を具備しません。代行サービスにおいては、その業者が複製の主体であるから、30 条 1 項の適用はなく複製権の侵害になるものと解されています（「自炊代行事件」知財高裁平成 26 年 10 月 22 日判決）。代行サービスの場合、複製の規模が大きくなること、また、スキャンしたデータを他にも転用する蓋然性（がいぜんせい）がないとはいえないことが指摘されています。

翻案・翻訳・改変

脚本と小説の上演、二次的著作物

Q17 映画の脚本を、別の作家がノベライズした小説があります。台詞（せりふ）の多い小説なので、この小説から台詞部分だけを取り出して脚本とし、これを上演したいと思っています。アマチュアの演劇サークルが入場料を取らずに上演するのであれば、とくに著作権法上、許諾を得る必要はないでしょうか。

また、小説から台詞部分だけを取り出すのではなく、この小説をもとにさらに演劇用の新しい脚本を作り上演した場合はどうでしょうか。

A まず、映画の**脚本**とこれをノベライズした**小説**とはどのような関係になるかを検討してみましょう。脚本をノベライズするとは、脚本という形式の著作物を小説という形式に変更することです。通常、脚本の有する創作性のある表現の本質的特徴を維持しつつ、さらに、創作的な文章表現を加えて小説化するでしょうから、脚本が**原著作物**、ノベライズした小説は脚本の**二次的著作物**（2条1項11号）になるものと思われます。

もっとも、ご質問の場合、この小説の中の台詞部分だけを取り出して上演するということですから、小説全体とは別に、小説の台詞の部分が映画の脚本とどのような関係にあるのかを検討する必要があります。

小説中の台詞をめぐる著作権

小説から取り出した台詞が、映画の脚本の台詞の一部分とまったく同じ、あるいは多少違っていても創作性のある表現を加えたとまではいえない場合はほぼ同一の台詞であって創作性のある表現を加えたわけではありませんので、小説から取り出した台詞部分は、脚本の翻案（27条）ではなく一部分の**複製**（21条）ということになると思います。これに対し、小説の台詞が脚本の台詞と同じではなく創作性のある表現を加えているのであれば、複製ではなく**翻案**となるでしょう。

そこで、前者であれば、ノベライズした小説の台詞部分を取り出して上演するということは、結局、映画の脚本の一部分の**上演**（22条）ということになるでしょうし、後者であれば、原著作物である映画の脚本の二次的著作物である小説の一部分（台詞部分）の上演（22条、28条）ということになるでしょう。

それでは、この小説から台詞部分のみ

を取り出した行為は翻案に該当するでしょうか。すでに述べたように、翻案とは、もとの著作物の創作性のある表現の本質的特徴を維持しつつ、これに、創作的な表現を加えることですから、台詞部分のみを取り出した行為は、小説の一部分を利用したものにすぎず、創作性のある表現を加えたと評価することは難しいと思います。よって、複製に該当するものの翻案には該当しないのではないでしょうか。

なお、翻案に該当しなくても、台詞部分のみを取り出したことが、小説の**同一性保持権**（20条1項）の侵害にならないかが問題となります。同項は、「著作者は、その著作物及びその題号の同一性を保持する権利を有し、その意に反してこれらの変更、切除その他の改変を受けないものとする」と規定しています。

小説の台詞部分だけを取り出す行為は、台詞以外の他の文章を除去したものであって小説全体の同一性を侵害し、同項に規定する「改変」、「切除」に該当する可能性はあるものと思われます。そうであれば、台詞部分だけの取り出しが著作者の意に反している場合には、同一性保持権の侵害になる可能性があるでしょう。

小説から脚本を作る際の注意点

2番目のご質問についてですが、脚本をノベライズした小説から、さらに新しい脚本を作ることは、著作権法上どのような行為になるのかを検討しましょう。

小説から脚本を作る行為は、通常、小説という創作性のある表現の本質的特徴を維持しつつ、さらにそれに創作性のある表現を加えたものであると思われますから、**翻案**に該当するでしょう。また、前述したとおり、映画の脚本とノベライズした小説とは、原著作物と二次的著作物の関係になるものと考えられますので、この小説からさらに演劇用の脚本を作るということは、映画の脚本の創作性のある表現の本質的特徴が維持されているかぎりは、小説が演劇用の脚本の原著作物になるだけでなく、もとの映画の脚本も演劇用の脚本の原著作物になるものと思われます。そうであれば、その脚本には映画の脚本の著作者とノベライズした小説の著作者がそれぞれ原著作者になるものと思われますから、脚本家および小説家それぞれから、翻案の許諾を得る必要があるものと思われます。

以上のように、アマチュアの演劇サークルが入場料を取らずに上演するのであれば、上演自体は「**営利を目的としない上演等**」（38条1項）に該当し、許諾は不要であると思われますが、脚本を作る際には許諾が必要になるでしょう。

原作からイメージしたキャラクターの利用

Q18 童話の登場人物からイメージして、独自のキャラクターを創作して描きました。このキャラクターの利用には、原作が関係するのでしょうか。詩に触発されて付曲した場合や新聞小説等の挿絵(さしえ)はどうでしょう。

A 童話の登場人物から「イメージ」して創作された**キャラクター**と原作の関係については、創作されたキャラクターが、どのように原作を「イメージ」したかが、大きくかかわってきます。

原作とのかかわりで 3 タイプがある

著作権法では著作物を「**創作**」したというためには、単なるアドバイスやアイデアの提供では足りません。また、原作の持つ「雰囲気」や「印象」といった抽象的なものは、著作権法で保護する「表現」とはいえない場合がほとんどでしょう。

裁判例でも、イラストについて描くべきものを指示したり、作成されたイラストの一部修正の指示をしただけでは、当該イラストを「創作した」とはいえず、当該イラストを具体的に作成した者の単独の著作権であると判示したものがあります（「在宅介護事件」東京高裁平成 10 年 11 月 26 日判決）。

これに対し、同じ判決において、4 コマ漫画の基本的構成や吹き出し部分の台詞(せりふ)についての具体的な指示を与え、これを受けて絵を描いたものについては、指示を与えた者と絵を描いた者の互いの寄与を分離して個別に利用することができない態様で作成されたものであって、**共同著作**であるとしています（前掲「在宅介護事件」判決）。

また、連載漫画において、原作者が各回ごとの具体的なストーリーを創作し、これを 400 字詰め原稿用紙 30 枚から 50 枚程度の小説形式の原稿にし、漫画家が、漫画化にあたって使用できないと思われる部分を除き、おおむねその原稿に依拠して漫画を作成するという手順を繰り返すことにより制作されたという事実認定のもとで、当該連載漫画は原作者の原稿を原著作物とする**二次的著作物**であると判示しています（「キャンディ・キャンディ事件」最高裁平成 13 年 10 月 25 日判決）。

このように、原作と絵、あるいは指示した者と指示されて絵を描いた者との関係では、①著作物の創作行為とはいえない場合（絵の著作者の単独著作となる）、

②著作物の創作行為の一部であり、絵と分離できず共同著作となる場合、③絵は原作の**翻案**（27条）であり、原作の二次的著作物（2条1項11号）となる場合、の3通りの状況が考えられ、どれに該当するかは、それぞれの具体的な事情によるものといえます。

このような裁判例から考えると、あなたが創作したキャラクターが、童話において表現されている登場人物の個性的な特徴を具体的に備えているか否かが重要な判断要素となるものと思われます。すなわち、あなたが創作したキャラクターは、童話の主人公の個性的な特徴を具体的に備えている場合には、童話の雰囲気や印象を利用したものにすぎない、あるいは童話のイメージを利用したにすぎないとはいえず、童話の二次的著作物であるという可能性があります。

なお、童話の場合、昔話などすでに著作権保護期間が終了しているものについては、当然ですが原著作物の著作権の効力はありません。

詩に付曲した場合の著作権

次に、詩に触発されて付曲した場合を考えてみましょう。

詩に触発されて付曲した場合、確かに詩がなければ作曲はできなかったとはいえますが、詩をきっかけとして創作された曲は旋律・リズム・拍子・テンポ等において多様であり、詩の具体的な表現が曲に表れていると解するのは困難であると思われます。したがって、詩と曲の場合には、曲は二次的著作物とはいえないでしょう。

一般に、楽曲の場合、作詞と作曲は互いの寄与が分離できないとする共同著作物（2条1項12号）ではなく、それぞれ独立した著作物であり、いわゆる**結合著作物**であるといわれています。

小説と挿絵についても、一般的には、小説と絵が独立した著作物であって、共同著作物ではないといわれています。小説がなくても挿絵を独立した表現として鑑賞することは可能ですし、挿絵がなくても小説は独立した著作物として読むことは可能だからです。

ただし、挿絵が小説のある具体的な場面を絵として表現したような場合には、前掲の「キャンディ・キャンディ事件」のように、小説の翻案であって二次的著作物に該当するといえるのか、それとも前掲判決は、連載漫画における原作と漫画（絵）との関係であり、小説と挿絵の場合とは事情が異なり適用がないといえるのかはなかなか難しい問題です。

なお、挿絵と小説の紛争事例としては、旧著作権法における「大菩薩峠挿絵事件」があります（昭和9年）。これは、新聞連載小説の挿絵画家がその挿絵集を出版したことが、小説家の権利を侵害したかどうかが争いになったものですが、和解により解決をしており、結論が出ておりません。

続編と著作権

Q19 他人の小説の続編を無断で執筆出版するのは、原作者の著作権を侵害することになりますか。漫画の続編の場合はどうでしょうか。

A 米国の小説家 J.D.Sallinger が、自己の著作『ライ麦畑でつかまえて（原題＝ The Catcher in the Rye）』の続編と銘打った小説（題号＝ 60 Years Later : Coming Through the Rye）の著者などに対し、著作権侵害であると提訴した訴訟について、2010年4月30日、米国第2巡回区連邦控訴裁判所は、米国ニューヨーク南部地区連邦地方裁判所の米国内での出版の暫定的差止命令を取り消し、地裁へ差戻しをし、その後和解により解決したと報道されました。また、Margaret Mitchellの『風と共に去りぬ（原題＝ Gone with the Wind）』のパロディである Alice Randall 著『The Wind Done Gone』について、米国第11巡回区連邦控訴裁判所は、同著は**フェア・ユース**であるとして著作権侵害を否定しています。

それでは、わが国の著作権法上、第三者が小説の続編執筆作成をすることについて、どのような点が問題になるか検討してみましょう。

小説の続編は著作権侵害か

小説の続編執筆には、当該小説の**題号**、登場人物の**キャラクター**（名前・風貌（ふうぼう）・性格等）、背景事情等設定の全部または一部を使用することが多いと思われます。

まず、小説（著作物）の題号ですが、著作者は題号の**同一性保持権**は有するものの（20条1項）、題号自体には通常は著作物性はないと考えられています。したがって、第三者が題号そのもの、あるいはその一部を使用したとしても著作権侵害にはなりません。続編の題号が原作の題号を連想させるものであっても表現の侵害にはなりませんから、著作権侵害にはならないでしょう。

次に、登場人物のキャラクターを使用することはどうでしょうか。キャラクター（character）とは、一般に、小説、漫画、映画、アニメ、ゲームなどに登場する架空の人物や動物等の名称、姿態、容貌（ようぼう）、役柄等の総称による抽象的な概念であって、具体的表現そのものではないといわれています（漫画におけるキャラクターについて、「ポパイ事件」最高裁平成9年7月17日判決）。

小説における登場人物のキャラクターは文章によって表現されるものですが、そのキャラクターはある特定の文章表現で表されているものではなく、文章全体により表現された抽象的なイメージである場合が多いのではないでしょうか。このような抽象的なイメージであるとすると、著作権法上は**アイデア**であると考えられ、具体的な表現の使用と認めることが難しい場合が多いものと思われます。

ところで、わが国の著作権法上、「**複製**」（21条）とは既存の著作物に依拠し、その内容および形式を覚知させるに足りるものを再製すること（「ワン・レイニー・ナイト・イン・トーキョー事件」最高裁昭和53年9月7日判決）をいい、「**翻案**」（27条）とは既存の著作物に依拠し、かつ、その表現上の本質的な特徴を直接感得することのできる別の著作物を創作する行為をいう（「江差追分事件」最高裁平成13年6月28日判決）といわれています。

そこで、続編で登場人物のキャラクターを使用する場合に、著作権法上の複製、翻案に該当するためには、続編の文章上に、原作品の表現上の本質的な特徴を直接感得することのできる表現がなければならないと思われます。このように考えると、続編において原作品の登場人物のキャラクターを使用するとしても、そのキャラクターの抽象的なイメージを言語で表現するだけでは、原作品の表現上の本質的な特徴を直接感得することができるとはいえず、著作権侵害にはならないのではないかと思われます。

もっとも、そのキャラクターを表現する具体的な表現に創作性があり、かつ、続編においてその具体的な表現の本質的な特徴を、直接感得することができる場合もまったくないとはいえないと思われますので、そのような場合には著作権侵害になる場合もあるでしょう。

また、登場人物の名前を使用すること自体は、題号同様、名前そのものには通常著作物性はありませんので、名前を使用すること自体は著作権法上問題にはならないと考えられます。

このように考えると、小説の続編に原作品の登場人物を使用する場合、登場人物の名前を使用したり、そのキャラクターを使用することによって、著作権侵害に該当する場合はそれほどないのではないでしょうか。もっとも、原作品の創作性のある表現の一部をそのまま使用したような場合には、キャラクター使用の問題とは別に著作権侵害だとされることも考えられます。

漫画の続編は複製権・翻案権が問題

これに対し、漫画の続編の場合には、登場人物のキャラクターを主に絵で表すため、続編において原作品の登場人物のキャラクターを使用する場合には、原作品の登場人物の絵の本質的特徴を直接感得でき、複製権あるいは翻案権に該当する場合が多いのではないかと思われます。

翻案・翻訳・改変

オマージュと著作権

Q20 画家ですが、ある著名画家へのオマージュ作品を連作で描いてみました。このほど、このオマージュ作品を個展で発表することになりました。オマージュ対象作品は、著作権保護期間内の絵画です。オマージュによる制作は、著作権者の許諾はいらないと聞いたのですが、問題はないでしょうか。

もし、許諾が必要であれば、どのような許諾が必要になりますか。

A 「オマージュ」（仏語：hommage）とは、「敬意・尊敬」の意味です。ここから、尊敬する作家や作品に影響を受けて作品を創作することを**オマージュ**というようになりました。絵画、音楽、映画、小説等の芸術分野でよく用いられる言葉です。

原作品との関連がある形態として**パロディ**がありますが、パロディは原作品の特徴を生かしながら批評・風刺の観点が加わるのに対し、オマージュは原作品への批評・風刺はなく、尊敬・敬愛が加わるという点が異なるといえるでしょう。

もっとも、著作権法上パロディという用語の定義がないのと同様に、オマージュという用語の定義もありません。また、裁判例でもオマージュの定義が議論されたことはないでしょう。したがって、オマージュという言葉がどのような内容を指すかは、使う人によって異なってくるものと思われます。

原作品との表現上の関係は？

さて、ご質問のように、オマージュ作品であれば、著作権者の許諾が不要であるという規定は、著作権法上ありません。オマージュ作品は原作品の尊敬という意味合いがあるため、原作品の著作者がオマージュ作品に事実上クレームをつけないかもしれませんが、法的にこのような規定はありません。

著作権法上問題となるのは、あくまでも具体的な表現ですから、オマージュ作品と原作品の表現の関係を検討する必要があります。

まず、オマージュ作品は著作権法上の**複製**（2条1項15号）に該当するでしょうか。ここで「複製」とは、「写真、複写、録音、録画その他の方法により有形的に再製すること」と定義されており（同号）、「既存の著作物に依拠し、その内容及び形式を覚知させるに足りるものを再製することをいう」（「ワン・レイニー・ナイト・

イン・トーキョー事件」最高裁昭和 53 年 9 月 7 日判決）とされています。原作品の表現をそのまま再製しているものは、単なる原作品の複製であり、オマージュ作品とはいいません。したがって、オマージュ作品というものは、本来は、複製権（21 条）の侵害には該当しないでしょう。

次に、オマージュ作品は、**翻案**（27 条）に該当するでしょうか。著作権法上、翻案の定義はありませんが、最高裁は、言語の著作物の翻案について、「既存の著作物に依拠し、かつ、その表現上の本質的な特徴の同一性を維持しつつ、具体的表現に修正、増減、変更等を加えて、新たに思想又は感情を創作的に表現することにより、これに接する者が既存の著作物の表現上の本質的な特徴を直接感得することのできる別の著作物を創作する行為をいう」としています（「江差追分事件」最高裁平成 13 年 6 月 28 日判決）。

したがって、オマージュ作品が原作品の表現上の本質的な特徴の同一性を維持しつつ、具体的表現に修正、増減、変更等を加えたものであれば、原作品の翻案であって**二次的著作物**（2 条 1 項 11 号）になるものと思います。そうであれば、オマージュ作品を作るには原作品の著作者の許諾が必要ということになるでしょう。

原作品のモチーフの使用

では、オマージュ作品が原作品の**モチーフ**を使用しただけであればどうでしょうか。モチーフという言葉も抽象的ではありますが、オマージュ作品に原作品との具体的な表現の同一性の維持が認められないのであれば、著作権法上問題にはならないでしょう。また、オマージュ作品が原作品の画風に似ているだけという場合であれば、画風自体は具体的な表現とはいえませんので、やはり著作権侵害にはならないでしょう。

二次的著作物の展示権の許諾

なお、オマージュ作品が二次的著作物となる場合、翻案の許諾が必要なだけではありません。二次的著作物の原著作物の著作者は、当該二次的著作物の利用に関し、著作権法第 2 章第 3 節第 3 款に規定する権利で、当該二次的著作物の著作者が有するものと同一の種類の権利を専有します（28 条）。すなわち、21 条から 27 条までの権利を有するということになります。この中には、**展示権**（25 条）も含まれます。したがって、二次的著作物の原著作物の著作者は、二次的著作物の展示についても展示権を有することになります。

よって、あなたの作品が原作品の二次的著作物と判断されるのであれば、あなたの作品を個展で展示することに対しても、原著作物の著作者の許諾が必要になります。

デザインと著作権

Q21 せっかく開発した陶器のデザインを真似されて困っています。著作権侵害で押さえられないでしょうか。

A デザインを著作権法上保護できるかどうか検討するには、そのデザインが「**美術の著作物**」といえるかどうかを検討する必要があります。

実用品のデザインを保護する法律

絵画や彫刻など、いわゆる**純粋美術**が美術の著作物に該当することは問題ありませんが、**応用美術**と称される、実用品に供された美的創作物については、2条2項で「美術の著作物に美術工芸品が含まれる」という規定があるだけで、ほかに何も規定がありません。

じつは、現行著作権法制定時においても、応用美術の著作物が著作権法上保護されるのかどうか審議されましたが、結局、「図案その他量産品のひな型または実用品の模様として用いられることを目的とするものについては、著作権法においては特段の措置は講ぜず、原則として意匠法等工業所有権制度による保護に委ねるものとする。ただし、それが純粋美術としての性質をも有するものであるときは、美術の著作物として取り扱われるものとする。」（昭和41年著作権制度審議会答申）というように解されています。

そして、裁判例も、量産品・実用品に利用されているデザインについては、原則として**意匠法**等での保護としつつ、それが純粋美術としての性質をも併せ持つものについては著作権法での保護を認めています。

たとえば、紋様の原型からシリコンゴムで型枠をとり、その中にポリエステル樹脂を注入して大量生産された、仏壇内部の彫刻に対する保護が争いとなった「仏壇彫刻事件」（神戸地裁姫路支部昭和54年7月9日判決）では、「実用品に利用されていても、そこに表現された美的表象を美術的に鑑賞することに主目的があるものについては、純粋美術と同様に評価して、これに著作権を付与するのが相当であると解すべく、換言すれば、視覚を通じた美感の表象のうち、高度の美的表現を目的とするもののみ著作権法の保護の対象とされ、その余のものは意匠法（場合によっては実用新案法等）の保護の対象とされると解することが制度相互の調整および公平の原則にてらして相当である」として、著作権法上の保護を認めました。

他方、印刷した木目化粧紙の著作物

性が争われた「木目化粧紙事件」（東京高裁平成3年12月17日判決）においては、「応用美術のうち、例えば実用品の模様などとして用いられることのみを目的として製作されたものは、本来、工業上利用することができる意匠、すなわち工業的生産手段を用いて技術的に同一のものを多量に生産することができる意匠として意匠法によって保護されるべきであり」、「実用品の模様などとして用いられることのみを目的として製作されたものであっても、例えば著名な画家によって製作されたもののように、高度の芸術性（すなわち、思想又は感情の高度に創作的な表現）を有し、純粋美術としての性質をも肯認するのが社会通念に沿うものであるときは、これを著作権法にいう美術の著作物に該当すると解することもできるであろう」とし、この木目化粧紙の「原画の模様は、まさしく工業上利用することができる、物品に付せられた模様というべきもの」であり、「通常の工業上の図案（デザイン）とは質的に異なった高度の芸術性を感得し、純粋美術としての性質を肯認する者は極めて稀（まれ）であろうと考えざるを得ず、これをもって社会通念上純粋美術と同視し得るものと認めることはできない」として著作物性を否定しています。もっとも、この裁判例では、木目化粧紙をフォトコピーして製版した侵害者の侵害行為については、民法上の**不法行為**と捉えて損害賠償を認めて救済を図っています。

応用美術についての裁判例はQ22（56頁）の解説も参考にしてください。

不正競争防止法違反でも差止できる

以上のように、現行著作権法の制定過程および裁判例から考えれば、ご質問のような陶器のデザインについては、原則として著作物性は認められませんが、前述した裁判例のように、高度の芸術性を感得し、純粋美術としての性質を認められるのであれば、著作物性が認められる場合もあるでしょう。

また、もともとは純粋美術である絵画や彫刻であったものを、実用品である陶器のデザインに流用したものであれば、純粋美術として保護される絵画や彫刻の複製、あるいは翻案と考えることができるかもしれません。

なお、発売後3年以内に他人の商品の商品形態を模倣した商品を譲渡する等の行為については、不正競争防止法2条1項3号によって差止・損害賠償請求をすることができます。

美術・写真

ファッションデザインの保護

Q22 アパレルメーカーです。ビジューと刺繍による花のデザインを正面中央に施したカットソーを販売したところ、評判も上々です。ところが最近、他のメーカーから、同じようなビジューと刺繍による花のデザインを施したカットソーが販売されました。さらに、同じデザインの手提げ袋も販売されています。クレームをつけたいのですが、どのような方法があるでしょうか。

A ファッションデザインについては、著作権法、意匠法、不正競争防止法などによる保護が考えられます。

著作権法による保護

このデザインは、カットソーの装飾として施されているため、実用品に使用するための美的装飾物、いわゆる「**応用美術**」(applied art) に該当します。

絵画、版画、彫刻といった「純粋美術」(fine art) および「美術工芸品」(2条2項) と異なり、美術工芸品以外の応用美術について、立法者は意匠法による保護を念頭においており、著作権法上の保護の対象外であると考えていました。その後の裁判例を見ると、応用美術であっても純粋美術と同等の美的創作性があれば著作物として認められると判示するものが比較的多くなっています (「チョコエッグ事件」大阪高裁平成17年7月28日判決ほか多数)。また、条文上応用美術について区別する理由はないとして、他の著作物と同様に2条1項1号の要件を具備すれば著作物性が認められるという判決もあり (「TRIPP TRAPP事件」知財高裁平成27年4月14日判決)、美術工芸品以外の応用美術であっても著作権法の保護をまったく認めていないわけではありません。

このデザインは、カットソーの形態自体のデザインではなく、実用品に装飾物として付加される美的創作物であって創作性の自由度が高いため、よく似たデザインにする必然性はなく、模倣された可能性が高いでしょう。しかし、従前の多くの裁判例のように純粋美術と同等の美的創作性が必要とされるのであれば、同デザインの著作物性は認められず、著作権侵害は否定されるのではないでしょうか (例として、「婦人服デザイン事件」大阪地裁平成29年1月19日判決)。なお、著作権法は意匠法と異なり、物品を離れたデザインそれ自体を保護することができますので、デザインについて著作物性が認められた場合には、カットソーだけでなく手提げ袋に使われた同デザインについても著作権侵害といえる可能性があるでしょう。

意匠法による保護

カットソーのデザインは、**意匠法**によって保護することができますが、出願・登録が必要であり（意匠法20条）、ファッション衣料のようにライフサイクルが短い商品には使い勝手が悪く、出願数も多くありません。そのうえ、意匠権の効力は、同一物品および類似物品についてのみ及ぶため（同法2条、23条）、カットソー（区分としては衣服のうちのティーシャツ）のデザインとして登録された場合、手提げ袋は類似物品とはいえず、効力が及ばないでしょう。

不正競争防止法による保護

衣料品のようにライフサイクルの短い商品の保護のために平成5年に新設されたのが、**不正競争防止法2条1項3号（形態模倣）**です。形態模倣による侵害といえるためには、①他人の商品の形態に依拠して、これと実質的に同一の形態の商品を作り出すこと（同法2条5項）、②日本国内で発売してから3年以内であること（同法19条1項5号イ）が必要です。また、商品の機能を確保するために不可欠な形態は除かれます（同法2条1項3号括弧書）。

そこで、カットソーのデザインが実質的に同一であり、かつ、依拠性が認められ、さらに発売から3年以内であれば、同条による差止請求等が可能です。ただし、花のデザインのみが同じでカットソー全体のデザインが異なる場合には、商品の一部の形態が模倣されただけであって「商品の形態」とはいえないため、同条の適用が困難であると思われます（「マンホール用足掛具事件」東京地裁平成17年5月24日判決ほか）。手提げ袋についても同様です。

なお、ビジューと刺繍の花のデザインのカットソーが爆発的に流行し、このデザインがあなたの会社の商品であるということが周知になった場合には、同法2条1項1号の「**商品等表示**」として、差止・損害賠償の請求ができることもあります。本来、この商品形態は装飾性を高めて商品の購買意欲の誘因を目的としたものですが、商品形態自体が特定の出所を表示する**二次的意味（セカンダリー・ミーニング）**を有するに至る場合は、同号の「商品等表示」といえることもあります（「プリーツ・プリーズ事件」東京地裁平成11年6月29日判決）。もっとも、この場合、①特定の商品の形態が独自の特徴を有すること（**特別顕著性**）、②その形態が特定の者の商品であることを示す表示であると需要者の間で広く認識されるようになったこと（**周知性**）の2つの要件が必要とされ、かなりハードルが高いといわれています。

美術・写真

寄贈された絵画作品と写り込み

Q23 私の学校の講堂には、卒業生である画家が寄贈した絵画が飾ってあります。このほど、学校案内用のパンフレットに学校の建物を何枚か掲載することになり、講堂とともに、この講堂に飾ってある絵画も写真撮影して掲載することになりました。これは、著作権法上何か問題はあるでしょうか。また、レイアウト効果の都合上、色彩のある絵画をモノクロで印刷したいのですが、この場合はどうでしょうか。

A 寄贈された絵画の所有者である学校が、その絵画を講堂に飾って鑑賞させることは所有権（民法206条）の行使として一般的な行為でありますし、寄贈した画家の意思にも合うことでしょう。絵画のような美術の著作物においては、著作者が原作品の**展示権**を有する（25条）ものの、著作者の展示権が一部制限され、原作品の所有者は屋内において原作品を公に展示することができます（45条1項）。

このように、所有者である学校が講堂の中に絵画を展示することは著作権法上問題ありませんが、学校案内に講堂と一緒に飾ってある絵画も写真撮影して掲載することは所有権だけの問題では足りず、著作権法の**複製**（21条）について検討する必要があります。

絵画の創作性が認識できるか

著作権法上、複製とは、「印刷、写真、複写、録音、録画その他の方法により有形的に再製すること」（2条1項15号）をいいます。そして、判例において、「著作物の複製とは、既存の著作物に依拠し、その内容及び形式を覚知させるに足りるものを再製すること」（「ワン・レイニー・ナイト・イン・トーキョー事件」最高裁昭和53年9月7日判決）とされています。

したがって、学校案内用のパンフレットに掲載された講堂に飾られている絵画の写真が、その絵画の「**内容及び形式を覚知させるに足りるもの**」であれば、著作権法上複製に該当し、**複製権**が働くことになると思われます。絵画は、対象物、構図、色彩、絵の具等の材料、筆のタッチ等さまざまな要素が組み合わさって表現されたものです。どの程度の表現が再製されていれば、絵画の内容および形式を覚知させるに足りるということになるのかは、具体的な事案によって判断するしかないでしょう。

なお、照明器具のカタログの写真の中

で、和室の床の間に掛かっていた「書」が、著作権法上の複製に該当するかが争いになった裁判例があります（「雪月花事件」東京高裁平成14年2月18日判決）。この事案では、裁判所は、美術の著作物である「書」の著作物としての本質的な特徴は、文字の形の独創性、線の美しさと微妙さ、文字群と余白の構成美、運筆の緩急と抑揚、墨色の冴えと変化、筆の勢い等の美的要素であるとし、当該写真において、書の各文字が、縦が約5～8㎜、横が約3～5㎜程度の大きさで再現されているにすぎず、字体、書体や全体の構成は明確に認識することができるものの、墨の濃淡と潤渇等の表現形式までが再現されていると断定することは困難であるとして、複製に該当しないと判断しました。

ご質問の場合も、パンフレットに掲載されている絵画の写真があまり大きくなく絵画としての特徴がはっきりしないような場合には、上記「書」の裁判例と同じように、著作権法上の複製には該当しないと判断される可能性もあります。これに対し、パンフレットに掲載されている絵画がある程度大きくその創作性のある特徴もはっきりわかる場合には、著作権法上の複製に該当するといわざるを得ないのではないでしょうか。

いわゆる「写り込み」

もっとも、講堂と一緒に飾ってある絵画を撮影するように、主目的（複製伝達対象事物等）に付随して著作物が入り込むような場合を実務上「**写り込み**」と呼び、平成24年および令和2年著作権法改正により、このような写り込みの著作物（**付随対象著作物**）については、付随対象著作物の利用により利益を得る目的の有無、複製伝達対象事物等からの分離の困難性の程度、付随対象著作物が果たす役割その他の要素に照らし正当な範囲内において、複製伝達行為に伴って利用することができる（30条の2）として、著作権が制限されました。

そうすると、学校案内用パンフレットの中で、講堂と一緒に飾ってある絵画を写した写真は、30条の2により絵画の著作物の複製権侵害にならないのではないでしょうか。

カラーをモノクロにする問題点

次に、レイアウト効果の都合上、絵画をモノクロで掲載することは問題ないでしょうか。

絵画にとって、色は本質的な要素の1つだと思われますので、色彩のある絵画をモノクロで印刷する場合は、**同一性保持権**（20条1項）の侵害になる可能性があります。もっとも、印刷上やむを得ないような場合には、20条2項4号の「著作物の性質並びにその利用の目的及び態様に照らし**やむを得ないと認められる改変**」に該当し、同一性保持権侵害にならないかもしれませんが、単にレイアウトの都合だけではやむを得ない改変には該当しないでしょう。

美術・写真

インターネット取引における美術品の紹介

Q24 インターネットオークションやネット上で美術品のレンタル業務を行う場合、著作権法の改正により、対象となる作品を紹介・掲載できるようになったと聞きましたが、どのような内容ですか。

A インターネットオークションやネット上でのレンタル等の業務を行う際には、対面取引ではないため、取引の際に商品の現物を確認することは困難です。そこで、このような場合には、商品を撮影した画像をアップロードし、購入希望者はその画像を見て商品の状態を確認するという方法が一般にとられています。ことに、絵画・彫刻のような美術品、あるいは写真の場合には、その商品状態を確認するだけでなく、商品の特定のためにも、美術品や写真の画像のアップロードが必要になると思われます。

画像のアップロードと著作権

ところが、絵画や彫刻等美術品や写真の場合には、画像をアップロードするということは、この美術品等を複製しそれを公衆送信することになるため、美術あるいは写真の著作物の**複製権**（21条）または**公衆送信権**（23条）の侵害になる可能性があります。インターネット上での作品の状態の確認としては、画素数の多い鮮明な画像のほうが望ましいのですが、他方、画素数の高い画像のアップロードを許諾すると、その画像自体が鑑賞用に使用されるおそれがあり、著作権者の権利が著しく侵害される可能性も生じます。

この点については、引用（32条）の適用あるいは類推適用によって救済できないかという指摘もありましたが、引用の場合には引用する側も著作物でなければならないとして、引用の要件を具備しないという否定的な見解もありました。

そこで、取引の際の商品を画像にて確認するという必要性と、その画像が鑑賞性を有することによって、著作権者の権利を侵害する危険とのバランスをとるため、平成21年の著作権法改正により、美術の著作物・写真の著作物の原作品または複製物の譲渡等の申し出に伴い、著作権法施行令および施行規則で定めた、大きさや精度等の条件に従った場合には、美術作品・写真の著作物を複製または公衆送信することができるようになりました（47条の2）。

なお、この改正はインターネットオークションがきっかけになったものですが、条文の規定上、インターネット上の取引に限られてはいません。したがって、本条の条件に従えば、テレビショッピング等の放送における商品の掲載や、美術作品・写真の対面取引におけるカタログ等への掲載も可能になりました。

本条は美術・写真の著作物の譲渡または貸与に伴う規定ですので、これに伴って複製または公衆送信ができるのは、美術・写真の「著作物の原作品又は複製物の所有者その他のこれらの譲渡又は貸与の権原を有する者」、およびこれらの者から「委託を受けた者」（47条の2）に限られます。国や地方自治体が差し押さえた美術品等をインターネット上において公売を行うのは、「これらの譲渡の権原を有する者」に該当するため可能となります。

具体的な基準

なお、本条の具体的な基準は、複製の場合と公衆送信の場合として、**著作権法施行規則**に規定されています。著作権法ではなく施行規則での規定としたのは、技術の進歩や取引慣行等の変化に柔軟に対応できるようにしたものです。

さて、現在の**複製の基準**ですが、①図画として複製する場合には、**50平方センチメートル以下**（施行令7条の3第1項1号、施行規則4条の2第1項1号）、②インターネット掲載等デジタル方式による複製の場合には、**3万2400画素以下**（同項2号）、あるいは、③譲渡または貸与の申し出の際の複製物に係る著作物の表示の大きさ・精度が、譲渡・貸与に係る著作物の原作品または複製物の大きさや取引の態様その他の事情に照らし、当該譲渡または貸与の申し出のために必要な最小限度のものであり、かつ公正な慣行に合致するもの（同項3号）となっています。

次に、現在の**公衆送信の基準**としては、**(1)複製防止手段を用いない場合**には、①**3万2400画素以下**（施行令7条の3第1項2号イ、施行規則4条の2第2項1号）、②当該公衆送信を受信して行われる著作物の表示の精度が、譲渡・貸与に係る著作物の原作品または複製物の大きさや取引の態様その他の事情に照らし、当該譲渡または貸与の申し出のために必要最小限、かつ公正な慣行に合致するもの（同項2号）、**(2)複製防止手段を用いる場合**には、①**9万画素以下**（施行令7条の3第1項2号ロ、施行規則4条の2第3項1号）、②または当該公衆送信を受信して行われる著作物の表示の精度が譲渡・貸与に係る著作物の原作品または複製物の大きさや取引の態様その他の事情に照らし、当該譲渡または貸与の申し出のために必要と認められる限度のものであり、かつ公正な慣行に合致するもの（同項2号）とされています。

さらに、これらの条件に従って複製または公衆送信をする場合には、その著作物の**出所を明示する**ことが必要です（48条1項2号）。また、本条に従った複製物の目的外使用が21条の複製権の侵害になる点についても、従前の著作権の制限規定と同様です（49条1項1号）。

美術・写真

公開の美術の著作物の利用

Q25 屋外に恒常的に設置されている、生存する美術作家の壁画を写真に撮り、以下の利用をすることは可能でしょうか。
(1) まちおこしイベント用の非売品の絵ハガキに使用して配布すること
(2) ファッション雑誌の表紙として使用すること
(3) お菓子の包装紙に利用すること

A 壁画は**美術の著作物**（10条1項4号）に該当すると思われます。

美術の著作物の原作品を街路、公園、その他一般公衆に開放されている屋外の場所または建造物の外壁その他一般公衆の見やすい屋外に恒常的に設置する場合には、著作権者の許諾が必要となります（45条2項）。

45条2項の屋外に恒常的に設置されている美術の著作物については、一定の利用方法を除いては、著作権者の許諾を得ずに利用することができます（46条柱書）。なお、**建築の著作物**の場合も同様です。この趣旨は、設置者の意思および社会的慣行を考慮したもの（加戸守行『著作権法逐条講義（六訂新版）』（CRIC、2013）346頁）といわれています。

それでは、ご質問の事例に挙げられている利用方法が、著作権者の許諾を得ずに可能であるかどうかを検討してみましょう。

非売品の絵ハガキへの利用

(1) まちおこしイベント用の非売品の絵ハガキに使用して配布すること

46条4号は、「専ら美術の著作物の複製物の販売を目的として複製し、又はその複製物を販売する場合」は、著作権者の許諾が必要としています。

したがって、壁画を写真撮影し、その写真を絵ハガキにして販売することは、美術の著作物の複製物を経済的に利用していることになり、著作権者の経済的な権利を侵害することになりますし、著作権者の許諾を不要とする正当な理由もありません。

ところが、ご質問の事例は、もともと非売品として絵ハガキを作成するのであって、販売を目的としていません。絵ハガキの品質としては、非売品も市販品も変わりがないかもしれませんが、上記のように、46条4号は、「販売を目的として複製」「その複製物を販売する場合」という要件を規定しているため、非売品である絵ハガキに利用する場合は、この要件を具備していないものと思われます。なお、非売品である絵ハガキを販売した場合には、46条4号の後半に該当しますので、著作権者の許諾が必要になるでしょう。

雑誌の表紙への利用

(2) ファッション雑誌の表紙として使用すること

ファッション雑誌の表紙に壁画を写真撮影して掲載することは、その壁画を商業的に利用しているといえるかもしれませんが、あくまでもファッション雑誌の販売を目的としているものであって、その壁画の写真そのものを販売目的で使用しているわけではありません。

46条4号の「専ら」とは、「美術の著作物の複製物の販売を目的として複製」のすべてにかかると解されますから、ファッション雑誌の表紙として使用する行為は、その表紙だけを独立した観賞作品として販売していると解される場合は別として、一般にはこれに該当せず、著作権者の許諾は不要であると思われます。

これに対し、壁画の写真を画集に掲載することは、その画集の中の1枚であったとしても、「専ら美術の著作物の複製物の販売を目的として」に該当し、著作権者の許諾が必要であると思われます。

包装紙への利用

(3) お菓子の包装紙に利用すること

お菓子の包装紙に壁画の写真印刷を利用することも、お菓子の販売に付随する商業用的利用であるといえるかもしれませんが、上記(2)と同様、あくまでもお菓子の販売を目的としているものであって、その包装紙に印刷された壁画の複製物の販売を目的としているものではありません。したがって、46条4号には該当しないものと解され、著作権者の許諾は不要と思われます。

もっとも、著作権侵害にはならなくても、**著作者人格権**としては、どうでしょうか。

113条7項は、「著作者の名誉又は声望を害する方法によりその著作物を利用する行為は、その著作者人格権を侵害する行為とみなす」と規定しています。ここで、「名誉又は声望を害する」とは、社会的な評価を下げることといわれていますが、お菓子の包装紙に壁画を印刷して使用することは、その壁画が有する美術品としての名声を下げることであり、113条7項に該当するのではないかと思われます。

したがって、著作者人格権に基づき、差止請求（112条）および損害賠償として慰謝料の請求（民法710条）を行うことができるのではないでしょうか。

美術・写真

著作権が消滅した絵画の利用

Q26 玩具メーカーです。江戸時代の有名な浮世絵を、新商品のパッケージデザインに利用したいと思います。著作権はすでに消滅しているようですが、作品を所蔵する美術館の承諾は必要でしょうか。

また、浮世絵の画像データを、市販の画集から取り込んだり、浮世絵のネット画面をキャプチャーしたりする場合、出版社やネット運営者の許諾が必要ですか。さらに、この浮世絵を使用したパッケージを商標登録することはできるでしょうか。

A 江戸時代の浮世絵の著作者は浮世絵師であると思われますが、すでに**著作権保護期間満了**により、著作権は消滅しています。よって、仮にその浮世絵師の相続人がいたとしても、著作権に基づく差止請求（112条）や損害賠償請求（114条、民法709条）を行うことはできません。このように、著作権が消滅した作品は、**パブリックドメイン**としてだれもが自由に利用することができます。

もっとも、著作権が消滅したとしても、その浮世絵（絵画）を利用するには、その作品に関する他の権利について検討する必要があります。

所有権での差止めはできるか

絵画は通常、板やキャンバス、和紙等の支持体に描かれているもので**有体物**になります。そして、絵画の所有者は、有体物の**所有権**を有しています。民法206条は、「所有者は、法令の制限内において、自由にその所有物の使用、収益及び処分をする権利を有する。」と規定しています。このように、絵画の所有者は、所有物としての絵画を管理支配する権利を有しているため、その絵画をだれにも見せずに保管しておくこともできますし、第三者の依頼に応じて貸し出したり、美術館等会館内にて展覧させたり、写真撮影のために絵画を提示したりすることもできます。

そこで、浮世絵を所蔵している美術館にその絵画の写真撮影を申し込んだ場合、美術館は撮影に際し、対価を請求したり、撮影した写真の使用条件を付けたりすることがよくあります。その請求を断ったら、絵画の写真を撮影することができませんから、利用者は請求に応じることになります。

一方、あなたの会社がすでにどこから

か浮世絵の画像のデータを入手している場合には、美術館に頼んで写真撮影をする必要はありません。美術館の所有権はあくまでも有体物としての絵画の管理支配に及ぶだけであって、有体物を離れた絵画には及びません（「顔真卿自書建中告身帖事件」最高裁昭和59年1月20日判決）。したがって、美術館の承諾なく浮世絵のデータを使用することは可能です。

画集から利用する場合等

市販されている画集から写真撮影したり、インターネット画面をキャプチャーしたりしてデータを得る場合には、出版社やネット運営者から許諾を得る必要はあるでしょうか。

画集の奥付等に「**無断複製禁止**」と印刷されているものもありますが、その記載だけでは、画集の購入者と出版社との間に「複製しない」という契約は成立しないと思われます。また、出版社が美術館の撮影許可を得て画集を出版している場合には、美術館と出版社はその画像の第三者使用禁止という契約を結んでいることが多いと思われますが、それは美術館と出版社との契約であって、購入者である第三者にまで効力は及びません。したがって、画集に掲載された浮世絵を撮影してそれをデータとする場合には、出版社からの許諾は不要であると思われます。

Webページ上に「無断複製禁止」と文言が掲載されていた場合も同様に、Webページの閲覧者がその義務を負うわけではなく、キャプチャーすることについても運営者からの許諾は不要でしょう。

商標登録は可能か

浮世絵を商品パッケージに使用する場合、その浮世絵を**商標登録**することはできるでしょうか。

商品や役務（サービス）に付する**自他商品識別機能**のある標章は、商標として登録することができます（商標法3条1項）。もっとも、パブリックドメインとなっている絵画を商標登録して、自己の商品や役務に独占的に使用することは、問題になる可能性があります。

この点、商標法上直接の規定はありませんが、著名な絵画を商標登録することは、自他商品の識別標識として認識できず、「何人かの業務に係る商品又は役務であることを認識することができない」（同法3条1項6号）として、**登録拒絶事由**に該当する場合があります。また、当該絵画とは無関係の第三者が商標出願することは、「公の秩序又は善良の風俗を害するおそれがある」（同法4条1項7号）として、さらに、その絵画の作者の遺族や管理団体が存在する場合は、「混同を生ずるおそれがある」（同項15号）として、登録拒絶事由に該当する場合があります。

よって、その浮世絵がどの程度有名なものか、作者の子孫や関係者がはっきりしているかどうか等の事情により、商標登録が拒絶されることもあるでしょう。

写真の著作物の創作性

Q27 写真の著作物の創作性とは、どのような点に認められるのでしょうか。ほかの著作物と違いはありますか。また、被写体が同じであっても侵害が否定される場合と、被写体が同一でなくても侵害を認める判決があるようですが、この違いは何でしょうか。

A 著作権法で保護される著作物とは、「思想又は感情を創作的に表現したものであつて、文芸、学術、美術又は音楽の範囲に属するものをいう。」（2条1項1号）と規定されています。

この規定は、すべての著作物に適用される抽象的なものであり、著作物の種類によって、具体的な判断基準が多少異なってきます。

まず、ご質問の「**写真の著作物**」（10条1項8号）について検討しましょう。著作権法上、写真の定義はありませんが、一般的には、「物理的または化学的方法で、被写体をフィルムや印画紙等に影像として再現するものを指す」（中山信弘『著作権法（第3版）』（有斐閣、2020）123頁）といわれています。

このような写真の著作物の最大の特徴は、カメラという機械で被写体を写し撮るということであって、絵画や彫刻等の純粋美術と大きく異なる点です。

写真の創作性については、平面的な美術である絵画を忠実に再製するために撮影した写真は機械的な再製を行う技術やその労苦が必要であっても、それ自体には創作性がなく、写真の著作物ではないとされています（「版画写真事件」東京地裁平成10年11月30日判決）。同様に、固定式監視カメラで撮影された写真も創作性を認めることは困難でしょう。

写真の著作物の創作性とは

このように、写真の著作物には、写真の創作過程における写真家の思想または感情が創作的に表現されている必要がありますが、具体的な要素としては、判例・学説において、被写体の選定、撮影の構図、配置、シャッターチャンスの捉え方、シャッタースピード、レンズの選択、光線の照射方法、撮影後の処理等が挙げられています（「グルニエ・ダイン事件」大阪地裁平成15年10月30日判決等多数）。

なお、写真の創作性を認めるためにこれらの要素がすべて必要なわけではなく、事案によって、必要とされる要素が異なっています。

たとえば、プロの写真家ではない、一般人が撮影した家族写真であっても、被写体の構図やシャッターチャンスの捉え方に創作性があるとして、著作物性が認められた判例もあります（「東京アウトサイダーズ事件」東京地裁平成18年12月21日判決）。このように、一般人が自動焦点カメラを使用した写真であっても、通常の場合は被写体の構図やシャッターチャンスの点で創作性が認められ、写真の著作物であると判断されるでしょう。

もっとも、著作権法でいう「思想又は感情を創作的に表現したもの」とは、あくまでも自然人である必要があると考えられていますから、米国で話題になったサルの自撮り写真のように、その写真があくまでもサルがカメラを悪戯した結果、偶然に撮影されたものであれば、米国の判決同様、わが国でも著作物性は認められないと思われます。

被写体と創作性

次に、被写体について検討しましょう。類似の被写体を同じような**構図**で撮影した写真について著作権侵害かどうかが争いになった裁判で、東京高裁は、「被写体の決定自体について、すなわち、撮影の対象物の選択、組合せ、配置等において創作的な表現がなされ、それに著作権法上の保護に値する独自性が与えられることは、十分あり得ることであり、その場合には、被写体の決定自体における、創作的な表現部分に共通するところがあるか否かをも考慮しなければならないことは、当然である。」とし、当該写真の創作性において、被写体の決定が大きな影響を及ぼし、その創作性のある部分を侵害していると判示して、アイデアの類似は認めたものの著作権侵害を否定した一審判決を覆して、著作権侵害を認めました（「西瓜写真事件」東京高裁平成13年6月21日判決）。

これに対し、廃墟を撮影した写真の**翻案**による著作権侵害が争いになった事案では、問題になった写真それぞれについて、被写体の選択はアイデアであり、構図の選択や撮影方法は、原写真の本質的特徴とはいえないとして、著作権侵害を否定しています（「廃墟写真事件」東京地裁平成22年12月21日判決）。

この2つの判決は、後者の被写体が歴史的な建築物・風景であって所与の物であるのに対し、前者の被写体は撮影者が作成し配置した人工物という点に大きな違いがあります。著作権法上の複製または翻案とは、既存の著作物に依拠して同一あるいは類似のものを再製することと解されていますので（「ワン・レイニー・ナイト・イン・トーキョー事件」最高裁昭和53年9月7日判決）、同じ被写体・構図であれば、別々に撮影した場合であってもすべて侵害だとすると、先の写真を見てから撮影を行った者は同じ被写体・構図を用いることができない、ということになってしまうため、自然あるいは歴史的建物等の風景を被写体とする場合には、この点を考慮したものであると思われます。

美術・写真

絵画展での写真撮影

Q28 ある画廊で画学生の作品展を開催していたところ、この作品展に出品されていた絵画を入場者が撮影し、広告チラシに使用していたことが後日、判明しました。作品展の主催者として、どのような請求ができるでしょうか。また、その絵画を描いた画学生であればどのような請求ができるでしょうか。

なお、広告チラシに掲載された絵画が、作品展に出品した絵画そのものではなく、これを撮影した写真から模写したものであった場合はどうでしょうか。

A まず、作品展の主催者として、どのような請求ができるかを検討してみましょう。

主催者ができる請求

主催者は、画廊での作品展という物理的空間の占有を管理している権限があると考えられます。作品展への入場者は、この管理権限者が決めた条件を守るという契約をしたうえで、管理権限者から作品展という物理的空間への入場を許可されているということになります。

そして、画廊内では「無断撮影禁止」という掲示があった場合は明示的に、もし掲示がなかったとしても黙示的に絵画の無断撮影を禁止していると思われます。すなわち、入場者は無断撮影をしないという条件の契約を明示的あるいは黙示的に作品展の主催者と締結したと考えられます。したがって、作品展の主催者の許可を得ることなく絵画を写真撮影することは、作品展の主催者との契約に違反し、**債務不履行責任**（民法415条）に基づく損害賠償義務を負うものと思われます。

また、許可なく写真撮影することは主催者の作品展内の平穏な占有を侵害したという評価もできるのではないかと思います。そうであれば、主催者は無断で写真撮影をした者に対し、**不法行為**に基づく損害賠償（同法709条）を請求することもできるでしょう。

もっとも、作品展の主催者が、この無断撮影した写真の広告チラシへの掲載の中止や廃棄を請求することは困難であると思われます。このような民法上の契約違反や不法行為については、金銭賠償を請求することはできるのですが、一般的には差止請求権はないと考えられているからです。

著作権者ができる請求

それでは、絵画を描いた画学生からはどのような請求ができるでしょうか。画学生は、美術の著作物の著作者としてその絵画の著作権を有しています。著作権法における複製とは、「印刷、写真、複写、録音、録画その他の方法により有形的に再製すること」（2条1項15号）と規定されていますので、絵画を撮影した写真は、絵画の複製物であると考えられます。したがって、この写真を掲載する行為は画学生が有する**複製権**（21条）の侵害になります。

著作者は自己の著作権を侵害する者に対し、損害賠償請求だけでなく、侵害の停止または予防という**差止請求**を行うことができます（112条1項）。

さらに、著作権法では差止請求に際し侵害組成物あるいは侵害作成物の**廃棄請求**を行うことも認められておりますので（同条2項）、画学生はその広告チラシへの掲載の差止請求および当該絵画が掲載された広告チラシの廃棄請求、あるいは写真のフィルム、原版、データの廃棄等についても請求することができるでしょう。

絵画の模写も著作権侵害

次に、撮影した写真をそのまま使用するのではなく、この絵画が写っている写真を模写して広告チラシに使用する行為には、どのような問題があるでしょうか。

著作物の複製というためには、当該著作物の創作性のある部分を有形的に再製することが必要だと考えられています。そして、一般に、絵画を模写する行為についても当該絵画の創作性のある部分を有形的に再製しているのであれば、**複製権**の侵害であると思われます。これは、絵画を撮影した写真から模写した場合も同様です。

また、そっくりそのまま模写したわけではなく、原画に依拠し、その原画の表現の本質的な特徴の同一性を維持しつつ、その表現に修正、変更等を加えて新たに思想または感情を創作的に表現したと評価できる場合には、複製権の侵害ではなく**翻案権**（27条）の侵害になるでしょう。もっとも、複製権の侵害も翻案権の侵害も著作権の侵害ということでは同じであり、原画の著作者は翻案を行った者に対し、上記と同じように差止請求および損害賠償を請求することができるでしょう。

さらに、模写の際に、原画に改変が加えられていると評価できる場合には、著作権侵害だけでなく著作者人格権である**同一性保持権**（20条1項）の侵害にも該当し、同一性保持権侵害に基づいても差止請求および損害賠償請求をすることができるものと思われます。なお、同一性保持権侵害による損害賠償は、精神的損害に対する賠償となります。

キャラクター

キャラクターの保護

Q29 オリジナルの動物のキャラクターを創作しました。まもなく、これを主人公にした絵本も出すので、著作権を取っておこうとしましたが、著作権は自動的に保護されるといわれました。これで大丈夫でしょうか。

また、意匠権を取る場合はどうでしょうか。

A **キャラクター**は、わが国では法律上の定義はありませんが、一般に、「漫画やアニメ、小説などに登場する人物や動物などについて、その名称や姿態、容貌（ようぼう）、性格、役柄その他の特徴の総体として、読者や視聴者をして一定のイメージとして感得されるもの、また、そのようなイメージを喚起するものとして創作されたものを言う」（作花文雄『詳解著作権法 第5版』（ぎょうせい、2018）145頁）と考えられています。

そして、「キャラクターといわれるものは、漫画の具体的表現から昇華した登場人物の人格ともいうべき抽象的概念であって、具体的表現そのものではなく、それ自体が思想又は感情を創作的に表現したものということができない」（「ポパイ事件」最高裁平成9年7月17日判決）ので、キャラクターそのものは著作物にあたらず、具体的な表現を保護する法律である著作権法では保護することはできないと解されています。

もっとも、漫画のキャラクターの場合、そのキャラクターが描かれた各回の漫画自体は**美術の著作物**であって、著作権法上保護されることになります。

著作権は登録や届け出等が不要

ご質問のように、オリジナルな動物のキャラクターについて、その名称、姿態、容貌、性格等を絵本で表すのであれば、その絵本のそれぞれの絵自体は、美術の著作物として著作権法で保護されることになると思います。絵本の主人公である動物のキャラクターの場合には、そのキャラクターとしての特徴は絵によって表されるものであり、著作権法上、絵本の中のそれぞれの絵が美術の著作物として保護されるのであれば、キャラクターの保護としては一応足りるのではないかと思います。

そして、著作権法においては、著作権は著作物の創作時から自動的に取得され、何ら登録や届け出等の手続きをする必要はありません（51条1項、17条2項）ので、この点はご質問のとおりです。

なお、このオリジナルな動物のキャラクターを商品化することを考えているのであれば、著作権法による保護以外に商標登録および意匠登録を行うことも考えられます。

商標登録・意匠登録のメリット

商標登録は、商品やサービスの出所表示として当該キャラクターを使用するような場合に有意義だと思われます。「人の知覚によつて認識することができるもののうち、文字、図形、記号、立体的形状若しくは色彩又はこれらの結合、音その他政令で定めるもの」であって、商品やサービスについて出所表示等として使用するものを**商標**といい（商標法2条）、特許庁に対し所定の手続きによって出願し、審査後拒絶されなければ登録料を納付し、登録されることによって、当該登録商標を設定登録後**10年間**（更新可）独占的に使用することができることになります（同法3条、5条、19条など）。

たとえば、当該キャラクターに名前を付けた場合、一般的に著作権法の保護はキャラクターの名前には及ばないと解されますので、その名前を商標登録しておくことが考えられます。なお、著作権法と異なり、商標登録では、商品区分ごとに登録手続きを行う必要があり、たくさんの商品区分に登録しようとすると、登録費用がかさむことになります。したがって、通常は商品化を考えている分野にのみ商標出願を行います。

次に、そのオリジナルな動物のキャラクターをぬいぐるみ等にして販売する場合には、**意匠登録**をしておくこともあります。

「**意匠**」とは、「物品（部分を含む）の形状、模様若しくは色彩又はこれらの結合、建築物（略）の形状、画像（略）であつて、視覚を通じて美感を起こさせるもの」（意匠法2条）をいい、工業上利用することができる意匠の創作で、新規性・創作非容易性であれば、特許庁に対し所定の手続きによって意匠出願を行い、審査後拒絶されなければ登録料を納付すれば、出願後**25年間**（同法21条）の意匠登録を受けることができます（同法3条）。ここでいう、「工業上利用することができる」とは、工業的生産過程において同一物を量産することができることをいい、純粋美術の類は、著作権法による保護に委ねられ、意匠法では保護されません。

もっとも、キャラクターをぬいぐるみとして量産化する場合には、もとの絵があればその絵は著作権法で保護され、絵をもとにして製作されたぬいぐるみは当該絵の複製あるいは翻案として著作権法上も保護されると解されています（「たいやきくん事件」東京地裁昭和52年3月30日判決）。このような場合には、著作権法上の保護と意匠法上の保護が重畳的に適用されることになるといえます。

なお、意匠出願の場合も商標と同様、当該キャラクターを使用する物品ごとに出願することになります。

キャラクター

キャラクターの切り貼り

Q30 文房具店です。店の入り口に貼る子どもさん向けのポスターを手作りしようとしています。以下の場合、著作権等の問題はないでしょうか。

(1) アニメのキャラクターが掲載されている雑誌から、そのキャラクターを切り抜いてポスターに貼り付けること。

(2) 遊園地で私がアニメのキャラクターの着ぐるみと一緒に写った写真を印刷して、店のポスターに貼り付けること。

A アニメのキャラクターとは、アニメに登場する架空の人物や動物の姿態、容貌（ようぼう）、名称、役柄等の総称を指す抽象的な概念ですが、著作権法上は抽象的なキャラクターではなく、アニメに描かれた具体的な表現を絵画等の「**美術の著作物**」（10条1項4号）として保護することが一般的です。

キャラクターの切り貼り

雑誌に掲載されているアニメのキャラクターの絵をその外延から切り抜いてそのまま貼り付ける行為は、**複製権**（21条）の侵害にはなりません。切り貼り行為自体は、雑誌に掲載されているキャラクターの絵という著作物の複製物をそのまま使用しただけであって、印刷、複写その他の有形的な再製にはならないため、著作権法上の複製（2条1項15号）には該当しないからです。

また、店の入り口に貼るポスターに切り抜いたアニメのキャラクターの絵を貼っておいても、これは著作物の複製物を公に展示していることになりますが、美術の著作物の原作品を公に展示しているわけではありませんので、**展示権**（25条）の侵害にもなりません。

さらに、切り抜いてポスターに貼り付けた行為は、定型的で単純な行為であり、思想または感情が新たに表現されたとは言い難いため、キャラクターの絵を使用したポスターという新たな著作物の創作であるとして**翻案権**（27条）の侵害になると解することも困難でしょう（「アンダーカバー事件」東京地裁平成26年5月27日判決）。

もっとも、たとえばキャラクター全体ではなく上半身のみを切り抜くなど、雑誌に掲載されていたキャラクターの絵の一部のみを切り抜いた場合には、意に反する切除として、**同一性保持権の侵害**

（20条1項）に該当する可能性が高いものと思われます。

着ぐるみと一緒の写真

遊園地で来場者がアニメのキャラクターの着ぐるみと一緒に記念写真を撮ることは、よくありますね。アニメのキャラクターの着ぐるみは、美術の著作物の**複製**または**翻案**（27条）になります。そこで、その際キャラクターの着ぐるみと一緒に写った写真を印刷することは、著作権法上は複製となりますが、家族や友人と写真を見るために印刷するのであれば、**私的使用のための複製**（30条1項）に該当するため、複製権の侵害にはならないでしょう。

ところが、当初から、店のポスターに貼り付けるために印刷する場合には、私的使用のための複製とはいえませんので、複製権の侵害になるものと思われます。

また、当初は家族と見るために印刷した写真であっても、これを店のポスターに貼り付けて掲示した場合には、「私的使用のための複製」の目的以外の目的のために、「私的使用のための複製」の適用を受けて作成された著作物の複製物を公衆に提示したことになるでしょうから、49条1項1号により、21条の複製を行ったものとみなされるでしょう。

なお、遊園地で来場者と一緒にキャラクターの着ぐるみが写真撮影に応じることは、写真の方法で複製されることを承諾していたといえるかもしれません。しかし、この承諾は、あくまでも個人利用の範囲であって、商業目的での複製まで承諾していたとは考えられませんので、着ぐるみの写真を店のポスターに貼り付けることは、その承諾の範囲を超えるものと思われます。

では、来場者であるあなたと一緒に写ったキャラクターの着ぐるみの写真は、30条の2の付随対象著作物の利用、いわゆる「**写り込み**」として複製または翻案が可能でしょうか。令和2年著作権法改正により、30条の2の要件中、「分離することが困難であるため付随して対象となる」の代わりに、付随対象著作物の利用により利益を得る目的の有無、分離の困難性の程度、付随対象著作物が果たす役割その他の要素に照らし正当な範囲内であるかを判断することになりました。

あなたの店のポスターにあなたと一緒に写ったキャラクターの着ぐるみの写真を貼り付けるのは店の営業目的であって、キャラクターが果たす役割も大きいと思われ、正当な範囲内の利用ということは難しいのではないでしょうか。

したがって、30条の2による複製権の制限は働かず、美術の著作物の複製権の侵害になる可能性が高いと思われます。

キャラクター

イラストと著作権、商標権

Q31 あるイラストをもとに、Tシャツやハンカチ、ぬいぐるみ等の商品化を企画しているのですが、これは著作権で保護されますか。

また、これを他の業者が勝手に商標登録した場合、保護はどうなるのでしょうか。

A イラストを、ぬいぐるみやTシャツの図柄、あるいはキーホルダーなど量産品に使用することは一般によく行われています。これらの量産品は、絵画や彫刻といった純粋美術ではなく、美術を実用品に供したものであり、いわゆる**応用美術**であるといわれています。

イラストは著作権法で保護されるか

ところで、著作権法における**美術の著作物**（10条1項4号）のうち、純粋美術が対象になることは明らかですが、応用美術も対象になるのかどうかは条文上明確ではありませんでした。むしろ、現行著作権法の制定過程や「『美術の著作物』には、**美術工芸品**を含むものとする。」（2条2項）という条文の規定の仕方からは、美術工芸品以外の応用美術は意匠法等の工業所有権法で保護すべきであり、著作権法では保護しないというようにも読めます。

この点について、裁判所は純粋美術であるか応用美術であるかだけでは著作権法適用の有無の区別をしていません。

たとえば、Tシャツの図案として印刷複製された原画について、「応用美術を広く美術の著作物として保護するような立場は採りえないが、実用目的の図案、ひな型が客観的、外形的にみて純粋美術としての絵画、彫刻等と何ら質的に差異のない美的創作物である場合に、それが実用に供しあるいは産業上利用することを目的として制作されたというだけの理由で著作権法上の保護を一切否定するのは妥当でなく、応用美術については（中略）美術工芸品の外に実用目的の図案、ひな型で、客観的、外形的に絵画、彫刻等の純粋美術と同視しうる美的創作物が美術の著作物として保護されるものと解すべき」として、著作権法上の美術の著作物に該当するとしています（「アメリカTシャツ事件」東京地裁昭和56年4月20日判決）。

また、アニメの原画に著作物性を認め、このアニメをもとに無断でぬいぐるみを作成した業者に対し、この原画に依拠して変形して製造したものとして、これを原画の著作物の著作権侵害としています

(「たいやきくん事件」東京地裁昭和52年3月30日判決)。

以上のように、もともと実用品に使用することを目的として制作された原画であっても、それが純粋美術と同視し得るものであれば、著作権法の保護を受けるとされていますし、そもそも原画であるイラストが絵画の著作物として認められるのであれば、それをもとにぬいぐるみを作ったり、Tシャツのイラストに使用しても、その原画の著作物性が失われることはないと解されています。したがって、本件のように、イラストをもとにTシャツやハンカチ、ぬいぐるみ等の商品化を企画しても、このイラストの原画が著作権法によって保護されるため、Tシャツの図案やぬいぐるみも、第三者が無断で製作・複製することはできないことになります。

なお、漫画やアニメの登場人物や動物などの名称、姿態、容貌(ようぼう)、性格、役割などを**キャラクター**と呼び、これらの有する顧客吸引力を商品やサービスに使用することを**キャラクター権**ということがありますが、著作権法上保護されるのは、あくまでも絵画の著作物としてであって名称等には及びません(なお、名称等について商標法や不正競争防止法の保護が及ぶ可能性もあります)。

第三者は商標権の行使ができない

ところで、イラストを他人が勝手に**商標登録**することはできるのでしょうか。残念ながら、わが国の商標法は、商標登録の阻害事由(商標法4条)あるいは無効事由(同法46条)に、他人の著作物を無断登録する場合という規定がありません(ただし、著作権法上行使できない著作物を登録することは商標法4条1項7号の**公序良俗違反**に該当し、登録阻害事由に該当するという考え方もあります)。したがって、現在の商標法上では他人のイラストを無断で商標登録することも手続き的には可能です。もっとも、そのイラストがすでに商標として周知であるような場合には、商標登録阻害事由に該当します(同法4条1項10号、15号、19号等)。

このように、他人の著作物であるというだけでは登録の阻止、あるいは無効事由にはなりにくいため、商標法29条が著作権法と商標法の抵触の問題を規定しています。同条によれば、商標登録出願以前に創作された他人の著作物を商標登録した者は、その商標権を行使することはできません。したがって、第三者があなたのイラストを無断で商標登録した場合であっても、その商標権者はあなたやあなたからライセンスを受けた者に対し、そのイラストの商標的な使用を禁止することはできません。

キャラクター

キャラクター生地のハンドメイド作品の販売

Q32 コミック雑誌の有名キャラクターがプリントされた生地を手芸店で購入し、これを使って息子の通園バッグを作りました。周りの友人にも好評だったので、いくつか作ってインターネットやフリーマーケットで販売したところ、著作権を管理している会社から法律違反との注意を受けました。購入時、販売店からは何もいわれませんでしたし、生地をそのまま使用しただけですが、どういうことでしょうか。

A コミック雑誌の有名キャラクターの絵は、**美術の著作物**（10条1項4号）に該当します。

キャラクター生地を使用した製作

そのキャラクターがプリントされている生地を購入して通園バッグを作ることは、単に生地を縫い合わせただけですから、著作権法の**複製**（21条）には該当しません。製作時に、キャラクターの絵の一部が切られてしまうことがあるかもしれませんが、もともと生地にプリントされているのであれば、その一部が切られることも予想されており、20条2項4号の「**やむを得ない改変**」に該当し、**同一性保持権**（同条1項）の侵害にはならないでしょう。

次に、この通園バッグをフリーマーケットで販売することは著作権侵害になるでしょうか。**譲渡権**（26条の2）は、著作権者またはその許諾を得た者により公衆に譲渡された著作物の原作品またはその複製物には適用されません（同条2項1号）。キャラクターがプリントされた生地が市販された時点で、そのキャラクターの複製物は適法に公衆に譲渡されていると考えられるので、この生地を使って製作した通園バッグにも譲渡権の適用はないものと思われます。

インターネットでの画像の掲載

では、この通園バッグをインターネットで販売する場合に、キャラクターの絵柄がネット上ではっきりわかるようなことがあると、**公衆送信権**（23条）との関係で問題になるでしょうか。

美術の著作物または写真の著作物の原作品または複製物の所有者が譲渡権の侵害なく、その原作品または複製物を譲渡しようとする場合には、譲渡の申し出の用に供するため、政令で定める措置を講じた場合に限り、公衆送信することができるという規定があります（47条の2）。もともとこの規定は、美術品をネットオークション等で販売する際、その画像を掲載する必要があるために著作権者の権利を調整する目的で設けられた規定であって、通園バッグのキャラクターの絵柄を念頭においたものではありません。しかし、通園バッグのキャラクターの絵柄が美術の著作物として公衆送信権の侵害の問題が生じるのであれば、同様に美術の著作物の複製物の譲渡の申し出の用に供するための47条の2の適用あるいは類推適用はできないでしょうか。

また、インターネットでの販売のための画像掲載は、**引用**（32条1項）の適用あるいは類推適用があるという解釈も可能ではないかと思われます。

生地の商用利用禁止の効力

ところで、キャラクターがプリントされている生地の耳に「このプリントは契約により製品化して販売することは禁じられております」という文言が印刷されていることがあります。これは、著作権者が生地の製作・販売業者に対し、キャラクターのプリント（複製）を許諾する条件として、生地を購入したエンドユーザーが生地を使って製品化して販売すること（商用利用）を禁ずることとし、生地の製作・販売業者がその生地を販売する際には、エンドユーザーに対しその旨を守らせるように要求していることであって、著作権の直接の効力ではありません。この文言のプリントによって生地の製作・販売業者がエンドユーザーに対し、商用利用を禁止するという条件付きの販売契約を申し込み、エンドユーザーが当該生地を購入したことが、この条件付き契約に対する承諾とみなすことができれば、商用利用禁止の契約が成立したことになりますが、この契約の成立を認めることはなかなか難しいのではないかと思われます。

もっとも、そのキャラクターの絵柄がかばん類（第18類）で**商標登録**されていた場合は、商標権侵害の問題が生じます。通園バッグを販売する際に、その生地にプリントされているキャラクターが、商標的使用であるか、すなわち、自他商品識別機能、出所表示機能を示していると考えられる場合には**商標権侵害**になると思われます。

また、そのキャラクターがプリントされている生地を使用して製作・販売した通園バッグが、キャラクターの商品化権を有している者との間に、いわゆる親子会社や系列会社等の緊密な営業上の関係または同一の表示による商品化事業を営むグループに属する関係にある営業主の業務に係る商品である、または商品化権を有する者から使用許諾を受けた商品であると誤信されるおそれ（広義の混同）が認められる場合には、不正競争防止法2条1項1号（周知表示混同惹起行為）等の違反になる可能性もありますが、ご質問のように一般人の手作りの作品の場合には、混同のおそれは認められないのではないでしょうか。

音楽

楽曲の類似

Q33 作曲家です。私が最近発表したJ-POPが、10年前にヒットしたTVの主題歌に似ているので、著作権法上問題があるのではないか、といわれました。私はその主題歌を聴いたことはありますが、似ているといわれた部分は、一般的によくあるフレーズですし、メロディーやテンポもかなり違うので、曲全体としては似ていないと思います。著作権侵害になる基準はどのようなものでしょうか。

A 一般に、ある作品が他の作品の著作権を侵害したか否かが争われる場合には、著作権法上、複製（21条）または翻案（27条）が問題になります。**複製**とは、「印刷、写真、複写、録音、録画その他の方法により有形的に再製すること」（2条1項15号）と規定されており、最高裁は、複製とは、「既存の著作物に依拠し、その内容及び形式を覚知させるに足りるものを再製することをいう。」（「ワン・レイニー・ナイト・イン・トーキョー事件」最高裁昭和53年9月7日判決）としています。

また、著作権法には翻案の定義はありませんが、最高裁では、言語の著作物の**翻案**とは、「既存の著作物に依拠し、かつ、その表現上の本質的な特徴の同一性を維持しつつ、具体的表現に修正、増減、変更等を加えて、新たに思想又は感情を創作的に表現することにより、これに接する者が既存の著作物の表現上の本質的な特徴を直接感得することのできる別の著作物を創作する行為」（「江差追分事件」最高裁平成13年6月28日判決）であるとしています。

なお、音楽の著作物の場合には、27条のうち、翻案ではなく、**編曲**が問題になりますが、「記念樹事件」（東京高裁平成14年9月6日判決）において、東京高裁は、27条の編曲についても、「江差追分事件」と同じ基準を立てています。したがって、楽曲の著作権の複製または編曲とは、既存の楽曲に依拠し、その内容および形式を覚知させること、あるいは、その表現上の本質的な特徴を直接感得することのできる別の楽曲を創作することをいいます。

楽曲の表現とは

それでは、**楽曲の表現**とは何でしょうか。裁判例では、「楽曲の要素として、旋律（メロディー）、リズム及び和声（ハーモニー）をもって3要素といわれることがあり、また、場合によってはこれに形式等の要素を付け加えて、これら全体が楽曲に欠くことのできない重要な要素とされている」(前掲「記念樹事件」)、あるいは、「旋律、和声、節奏、形式の四要素からなる」(「ワン・レイニー・ナイト・イン・トーキョー事件」東京地裁昭和43年5月13日判決)と判示されています。

ところで、著作権法上保護される著作物は、「思想又は感情を創作的に表現したもの」(2条1項1号)であって、思想または感情やアイデアそのものは著作物ではありません。また、「創作的に表現したもの」でなければなりませんから、だれもが考えつくありふれた表現も著作物ではなく、著作権法上保護されません。

音楽の「表現の幅」は狭い

ここで問題になるのは、楽曲において、何が「創作的な表現」であり、「表現上の本質的な特徴」であるか、ということです。もともと、小説や美術の著作物と異なり、音楽の著作物は、音階、和声、コード等が限定されており、表現がそれほど多様ではないと一般的にはいわれています。とくにJ-POP等ポピュラー音楽の楽曲では、ときどき「どこかで聴いた曲に似ている」と思うことがあります。これは、現代音楽のような多様な表現が許される楽曲とは異なり、ポピュラー音楽の楽曲では、その成り立っている要素、すなわち旋律(メロディー)、リズム、和声(ハーモニー)、形式がそれほど多様ではなく、その長さも1曲数分と短いので、いわゆる「表現の幅」があまり広くないためです。とくにヒット曲では、「起承転結」による展開、Aメロ、Bメロ、サビなどの要素やコード進行も似たようになりがちです。先に述べたように、**ありふれた表現**や**アイデア**は著作権法では保護されず、これらが似ていても著作権侵害にはなりません。

楽曲の編曲権侵害を認めた前述の「記念樹事件」では、楽曲の本質的な要素は旋律(メロディー)、リズム、和声(ハーモニー)のような「多様なものを含み、また、それら諸要素が聴く者の情緒に一体的に作用するのであるから、それぞれの楽曲ごとに表現上の本質的な特徴を基礎付ける要素は当然異なる」とし、「具体的な事案を離れて『表現上の本質的な特徴の同一性』を論ずることは相当でない」としています。なお、同事案においては、当該「楽曲としての表現上の本質的な特徴は、和声や形式といった要素よりは、主として、その簡素で親しみやすい旋律にある」と判断しています。

以上のように、音楽の著作物における著作権侵害か否かは具体的な事案において判断することになりますが、「表現の幅」があまり広くないポピュラー音楽においては、ありふれたフレーズや一部分が似ているだけでは著作権侵害にはなりにくいのではないかと思われます。

音楽

替え歌と著作権

Q34 「替え歌」についてですが、歌詞の一部を改変する場合と、まったく異なる歌詞にしてしまう場合とでは、著作権法上の問題は異なるのでしょうか。

A **替え歌**のうち、元の歌詞の一部を変えたものについては、その歌詞について作詞者が有する**翻案権**（27条）および**同一性保持権**（20条）の侵害になるでしょうから、作詞者から元の歌詞の一部を変えることについて、許諾を得る必要があります。なお、元の歌詞の一部を変えるというのは、元の歌詞に別の歌詞を付加した場合も含まれると思われます。

元歌のパロディは著作権侵害か

それでは、替え歌に多い、いわゆる元歌の**パロディ**の場合はどうでしょうか。わが国の場合、パロディであるから直ちに著作者の権利が制限されると解するのは困難だといわれています。したがって、パロディの場合であっても、その替え歌が著作権法上の**翻案**であるか否か、すなわち、「表現上の本質的な特徴の同一性を維持しており、これに接する者が既存の著作物の表現上の本質的な特徴を直接感得することができるか」（「江差追分事件」最高裁平成13年6月28日判決）を検討することになります。

また、同一性保持権の侵害というのも、その歌詞の表現の一部が改変される場合です。表現の同一性が維持されずまったく別の表現になった場合には、もはや同一性保持権は及びません。したがって、替え歌に接した人が元歌をイメージできても表現上の本質的な特徴が直接感得できない場合には、歌詞の翻案権の侵害や同一性保持権の侵害には該当しないと思われます。もっとも、抽象的にはこのようにいえても実際には何が歌詞の表現上の本質的な特徴なのか、使用された量はどの程度なのか等の事情を総合的に考慮して判断していくしかないでしょう。

なお、元の歌詞とまったく別の表現であって独立した歌詞の場合には、作詞者から許諾を得る必要はありません。

作曲者の権利も侵害するか？

次に、歌詞と楽曲との関係はどうなるのでしょうか。一般に、歌詞と楽曲とは**「結合著作物」**であるといわれています。著作権法の条文には「結合著作物」の定義はありません。これは**「共同著作物」**（2条1項12号）との対比で用いられる概念であって、共同著作物が、「二人以上の者が共同して創作した著作物であつて、その各人の寄与を分離して個別的に利用することができない」のに対し、結合著作物は、「歌詞」と「楽曲」のように、独立した著作物が結合しているだけであり、結合した著作物どうしは別個独立したものであると解されています。

このように歌詞と楽曲が結合著作物であり、それぞれ独立した著作物であると解するのであれば、歌詞の一部を改変する場合や歌詞の全部を別の歌詞に置き換えることについては、楽曲の作曲者の許諾はいらないということになりそうです。

たとえば、歌詞が先行し楽曲が後から付けられた場合、あるいはその逆の場合、または作詞者と作曲者が協議・修正しながら作品を生み出した場合など、歌詞と楽曲の創作の順序や方法によって、結論に違いはあるでしょうか。

確かに、歌詞を念頭に楽曲が創作された場合には、作曲者の意図としては、その楽曲はその歌詞あってのものであり、まったく別の歌詞に置き換えられることは、歌詞と楽曲が一体となった「歌」全体の改変であると思われるかもしれません。逆に、楽曲が先に作られた場合には、作曲者からみれば、楽曲は歌詞から独立していると考えやすいかもしれません。また、作詞者と作曲者が協議し、互いに歌詞と楽曲をそれぞれ修正しながら1つの作品を作り上げた場合には、作詞者と作曲者は歌全体の共同著作者になると思われるかもしれません。

裁判例が見当たらないため断定はできませんが、歌詞と楽曲が創作過程で影響することは当然考えられるものであり、結果として創作された表現である歌詞と楽曲が互いに独立していると解されるのであれば、やはり全体として分離できない「歌」と解することは困難であるため、歌詞あるいは楽曲の片方をまったく別のものに変えて結合させても、他方の著作者の同一性保持権を侵害すると判断することは難しいのではないかと思われます。創作過程で協議・アドバイス・修正等をした場合であっても、「歌」全体が1つの著作物であり、かつ、各人の寄与が分離できないと判断されないかぎり、やはり作詞者と作曲者が共同著作者と解することはできないのではないでしょうか。

もっとも、取り替えた歌詞が下品な表現であるため、そのような歌詞と一緒に楽曲が歌われることが**「名誉又は声望を害する」**と判断される場合には、113条7項により、作曲家の**著作者人格権侵害**とみなされるでしょう。ただし、ここでいう「名誉又は声望を害する」とは、同一性保持権の侵害と異なり、作曲家の「意に反する」だけでは足りず、社会的な名誉または声望が客観的に害されることが必要であるため、別の歌詞で歌われることが作曲家の意思に反するだけでは、著作者人格権侵害にはなりません。

店舗における音楽の利用

Q35 レストランで音楽CDをかけたり、有線放送の音楽を流したりすることは、著作権に関係するのでしょうか。FM放送の音楽番組をラジオ受信機で流す場合はどうでしょうか。

A 音楽をBGMとしてレストラン等店舗内で流しているところは多いと思います。購入した音楽CDやテープなどをかけたり、有線放送の音楽を流す場合が多いでしょう。また、FM放送などの音楽番組をそのまま流す場合もあるかと思います。それでは、このような場合の著作権問題について考えてみましょう。

著作権法の演奏権が働く

まず、購入してきた音楽CDやテープをレストラン等店舗内にて**BGM**としてかける場合です。CDを購入した際に代金を支払っているのですから、その後店でこのCDをかけても著作権の問題は発生しないと思われるかもしれませんが、そうではありません。CD購入の対価とは別に、レストラン等店舗内にてBGMとして音楽CDをかける場合には、公衆に対する演奏として**演奏権**が働くのです（22条）。著作権法でいう**演奏**とは、生演奏だけでなく「録音録画されたものを再生することを含む」（2条7項）からです。

旧著作権法では、適法録音物を用いて顧客を集め、著作物を見せたり聴かせたりすることは、出所明示さえすれば著作権者の許諾なく行うことができたのですが、昭和45年制定の現行著作権法ではこのような著作権の制限を廃止しました。しかし、すぐに再生録音の演奏権の制度を導入すると社会的な影響が大きいため著作権法附則14条により、当分の間、音楽喫茶、ダンスホール等政令で指定された事業以外で適法に録音された音楽を再生使用する場合には、演奏権が制限され、著作権者の許諾なく音楽を使用することができるとされました。この附則14条は「当分の間」という規定にもかかわらず30年も続いていたのですが、平成11年の著作権法改正により廃止されました。

したがって、現在では22条に基づき、レストラン等店舗内でBGMとして音楽CDをかける場合には、著作権者の許諾が必要になります。もっとも、38条1項により、営利を目的とせず著作物の提供について対価を徴収しない演奏の場合には著作権が制限されますが、レストランでBGMとして音楽CDをかけるのは、店の雰囲気をよくする、あるいは、お客様にくつろいでもらうという顧客サービスを目的として行うのでしょうから**営利目的**となり、著作権者の許諾を得る必要があります。

有線・FM 放送は公衆送信の伝達権

次に、**有線音楽放送**を BGM としてお店で流す場合と **FM 放送**の音楽番組をラジオで流す場合について考えてみます。

有線放送も FM 放送も、著作権法上では**公衆送信**（23 条）となります。この公衆送信については、伝達権の規定があり、公衆送信される著作物を受信装置を用いて公に伝達する行為は、**公の伝達権**（同条 2 項）として著作権が働くことになります。なお、この伝達はあくまでも録音録画をしないでそのまま流すことを指し、録音録画をするのであれば、**複製権**（21 条）が働くことになります。

放送および有線放送の伝達権については、38 条 3 項により、営利目的ではなく、かつ対価を徴収しない場合と、通常の家庭用受信装置を用いる場合には、著作権が制限され許諾が不要であるとなっています。非営利無料の場合に著作権が制限されるのは、38 条 1 項と同じですが、**通常の家庭用受信装置**を用いてする場合にも著作権が制限されるというのは公衆送信の伝達権特有の規定です。これは、飲食店等でお客様へのサービスとしてテレビ番組を映していたり、ラジオをかけているようなことがよくあり、これに対して著作権が働くとするのは社会的な合意ができていないためでしょう。

したがって、有線音楽放送を BGM として店舗内で流す場合には、通常の家庭用受信装置を用いる場合とはいえないため公衆送信の伝達権が働くと解されています。これに対し、お店で FM 放送の音楽番組を流す場合も公衆送信の伝達権が働くのが原則ですが、FM 放送を通常の家庭用受信機であるラジオでそのまま流す場合には、38 条 3 項により著作権者の許諾を得ないで行うことができるでしょう。

なお、音楽の著作権を多数管理している一般社団法人日本音楽著作権協会（JASRAC）は、店舗内での有線音楽放送の BGM 使用が社会的行為としては音楽 CD の再生による BGM 使用と同じであることに配慮して、著作権法附則 14 条がある間は著作物使用料を徴収していませんでしたが、演奏権に関する附則 14 条が撤廃されたため、有線音楽放送の BGM 等としての音楽使用についても、音楽 CD 再生の場合と同じく平成 14 年 4 月 1 日から著作物使用料を徴収しています。

また、有線音楽放送業者や BGM 録音業者の中には、あらかじめ利用施設に代わって JASRAC に使用料を支払っている者もあり（いわゆる「元栓処理」）、この場合には利用施設が JASRAC へ使用料を支払う必要はありません。

音楽

文化祭でのミュージカル上演

Q36 高校の文化祭で演劇部が、ミュージカルを上演する予定です。時間の関係で原作のミュージカル台本を半分くらいに縮小脚色し、音楽は市販のCDから編集録音して使用しようと思います。

この場合、翻案として著作権者の許諾が必要でしょうか。また、同一性保持権との関連はどうなりますか。

A 演劇やミュージカルも著作物ですので、これらを公に上演するには、原則として22条（**上演権**および**演奏権**）により著作権者から許諾を得る必要があります。

ただし、38条1項は、**営利を目的としない上演等**として、公表された著作物を、①営利目的ではなく（**非営利**）、②観衆・聴衆から名目の如何（いかん）を問わず料金を取らず（**無料**）、③実演家・口述者に対し報酬を支払わない（**無報酬**）場合には、著作権者の許諾を得ることなく、公に上演、演奏、上映、口述することを認めています。高校の文化祭で演劇部がミュージカルを上演するのであれば、通常は、非営利・無料・無報酬でしょうから38条1項の適用を受けることになり、著作権者の許諾は不要となります。

翻案権・同一性保持権の問題がある

もっとも、ご質問の場合、ミュージカルをそのまま上演するのではなく、半分程度に縮小して脚色し直すようですので、このような場合にも、著作権法上問題がないかを検討する必要があります。47条の6は、著作権者の許諾を得ずに翻訳、編曲、変形または翻案することによって利用できる場合を規定していますが、ここには、先ほどの38条1項が含まれていません。したがって、条文の文言どおりに解釈すると、営利を目的としない上演の場合、原作を半分にするような大幅脚色を行うためには、ご質問のとおり、**翻案権**（27条）の許諾を受ける必要が生じ、許諾なしに大幅脚色して上演することはできないといわざるを得ません。

この結論に対しては、①文化祭や学芸会で演劇を上演する際には時間的な制約、演者および観衆を考慮すると、原作をそのまま上演することは現実的ではないこと、②著作権者の実質的な権利侵害はないのであるから、縮小脚色も認めるべきであるという批判があります。もっとも、この批判に対しては、上記のように47条の6には38条1項の場合が規定されておらず、かつ、縮小脚色することは原作をそのまま上演するよりも、著作権者の権利の侵害が大きいのではないかという反論もあります。明確な裁判例はないようですが、場合によっては、47条の6が準用あるいは類推適用される可能性もあるでしょう。

さらに、50条は「著作権の制限の規定は、著作者人格権に影響を及ぼすものと解釈してはならない。」と規定しており、ご質問のとおり、縮小脚色することが**同一性保持権**（20条1項）の侵害にならないかについても38条1項、47条の6とは別に検討する必要があります。

20条1項は、「著作者は、その著作物及びその題号の同一性を保持する権利を有し、その意に反してこれらの変更、切除その他の改変を受けない」と規定しており、半分くらいに縮小脚色する場合も表現を変更し改変することになるでしょうから、同一性保持権の問題が生じることになるでしょう。もっとも、20条1項がつねに適用されるとなると、著作物の公正な利用を妨げる場合があるため、同条2項には例外規定が設けられています。本件では、同項4号に規定する「著作物の性質並びにその利用の目的及び態様に照らしやむを得ないと認められる改変」に該当するか否かが問題になるでしょう。この点についても、47条の6の議論と同様、時間的な制約、演者または観衆等の事情から「**やむを得ないと認められる改変**」であるかを判断すべきであると思われます。

市販CDの編集録音は許諾不要

次に、音楽は市販CDを編集録音するということですが、市販CDを録音する行為には、**音楽の著作物の複製権**（21条）、**実演の録音権**（91条1項）、**レコードの複製権**（96条）がそれぞれ働くことになります。しかし、高校の文化祭は、特別教育活動である学校行事であり、また、演劇部の活動は学校の教育計画に基づいている部活動です。したがって、高校の文化祭での演劇部の活動に利用するための音楽の録音は、35条1項（学校その他の教育機関における複製等）の「**授業の過程における使用**」に該当するものと解されており、そのための録音であれば、必要と認められる限度であり、かつ著作権者等の利益を不当に害することにもならないでしょうから、著作権者・実演家・レコード製作者の許諾なく録音することができるでしょう（102条1項〔著作隣接権の制限〕、35条1項の準用）。

また、この編集録音した市販CDを文化祭のミュージカルの上演時に流すことについては、演奏権（22条）が問題になりますが、ミュージカルの上演と同様、38条1項に該当しますので、著作権者の許諾は不要となります。また、市販CDの実演家やレコード製作者は、著作権者と異なり録音物の再生等無形的使用については著作権法上の権利を有しておりませんので、実演家、レコード製作者からの許諾も不要です。

音楽

卒業式で歌唱した歌詞の利用

Q37 中学校の卒業式で、在校生と保護者が音楽の教科書に掲載されている30年前にヒットしたフォークソングを歌って卒業生を送ることになりました。その歌の歌詞を、

(1) 卒業式が行われる体育館内に掲示することは構わないでしょうか。

(2) 卒業式の出席者全員に配布する式次第の裏に印刷することはどうでしょうか。

(3) 保護者向けの学校便りにも掲載したいのですがどうでしょうか。

(4) 中学校のホームページで歌詞を掲載するとともに卒業式での歌唱を流すことはできるでしょうか。

A 卒業式で在校生や卒業生あるいは保護者が一緒に合唱をすることは、心に残るシーンの1つですね。まさに音楽の持つ素晴らしさだと思います。さて、著作権法の観点からご質問の行為を検討してみましょう。

まず、前提条件ですが、歌唱する歌が30年前にヒットしたフォークソングということであれば、おそらく作詞・作曲に著作権があり、保護期間の範囲内であると思われます。

ご質問にはありませんが、卒業式でその歌を歌うことについては、38条1項の営利を目的としない演奏の要件を満たしているので、著作権者の許諾なく歌唱することができると思われます。この要件は、①公表された著作物を、②営利を目的とせず、③聴衆または観衆から対価を受けず、④実演家にも報酬が支払われないというものです。なお、たとえば、プロの演奏家が卒業式に出席し、歌唱の伴奏をすることに対価を得ているような場合には、実演家に報酬を支払わないという要件を具備しませんので、許諾が必要になるでしょうが、通常、中学校の卒業式の場合にはそのようなことはほとんどないものと思われます。

著作権者の許諾が不要なケース

それでは、ご質問の(1)の場合を検討しましょう。この場合は、35条1項の「**学校その他の教育機関における複製等**」に該当するか否かが問題となります。まず、当該歌詞は①公表された著作物でしょう。中学校は、②非営利目的の教育機関です。次に、卒業式は、③授業の過程に該当するといえるかどうかです

が、同条１項の授業とは、学習指導要領等で定義されるものであって、クラスでの授業だけでなく、特別教育活動である学校行事や学校の教育計画に基づいて行われる活動も含まれると解されています。よって、卒業式も授業の過程に該当するものと思われます。

次に、卒業式に歌詞を掲示することは、学校の先生あるいは生徒が行うものでしょうから、④教育を担任する者および授業を受ける者による複製ということができるでしょう。体育館に歌詞を掲示する行為も、⑤必要と認められる限度であり、⑥著作権者の利益を不当に害するとはいえないと思われます。したがって、(1) の場合は、同条１項の要件を具備しており、著作権者の許諾は不要でしょう。

著作権者の許諾が必要なケース

次に、(2) の場合はどうでしょうか。(1) と異なるのは、歌詞を卒業式の出席者全員に配布する式次第に印刷することでしょう。卒業式の出席者は、教師・生徒のほかに保護者が含まれると思います。上記のとおり、35 条１項は、授業を担任する者および授業を受ける者が**授業の過程における使用**に供することを目的とする場合に限って複製することができると規定しています。一般に、授業参観における参観者等はこの要件に含まれないと解されており、卒業式に参列する保護者についても同じではないかと思います。したがって、同条１項をストレートに適用することはやや困難であって、基本的には著作権者からの複製の許諾が必要となるのではないでしょうか。

次に、ご質問の (3) の場合はどうでしょうか。保護者向けの学校便りの配布も学校の様子を知らせるためには不可欠であって、教育と密接なものと考えられるかもしれませんが、著作権者の許諾を得ることなく著作物の複製を行うことが必要であるほど、教育に必然であるとはいえないでしょうし、著作物の掲載の必然性も強くないでしょう。そこで、学校便りへの掲載は、「授業の過程における使用」には該当しないものと解されています。したがって、35 条１項の要件を具備せず、卒業式に歌唱された歌詞を学校便りに掲載することは、著作権者の許諾なしではできません。

最後に、(4) 学校のホームページに歌詞の掲載および卒業式での歌唱を流すことについてはどうでしょうか。いずれも、同条に規定する「授業の過程における使用」ということはできず、同条の要件を具備しないものと解されています。したがって、著作権者の許諾が必要となります。なお、一般社団法人日本音楽著作権協会（JASRAC）の管理楽曲である場合には、JASRAC において、非営利の教育機関のホームページにて歌詞を掲載したり楽曲を流すことについての使用料規程が定められておりますので、JASRAC に申し込んで許諾を得る必要があるでしょう。

映画・映像

映画の著作物の著作物性

Q38 映像制作会社です。注文を受けて、演奏会や講演会のDVD制作を行います。撮影は、概ね3面（正面、左右面）にカメラを固定して行います。後に3つのカメラで撮影した映像を編集して完成させます。このDVDの映像はカメラワーク等はほとんどないものですが、映画の著作物と理解していいですか。

A 映画の著作物の保護期間は、**公表から70年**と規定されています（54条1項）。これに対し、映画以外の著作物は、通常は著作者の死後70年（51条2項）、法人著作物の場合には公表から70年（53条1項）と規定されています。映画の著作物の場合は、監督ほか多数の著作者が関与するのが通例であり著作者の範囲が明確でなく、その結果、著作者の死後70年とすると保護期間の満了時も明確ではなくなるので、これを一律に画するため、公表時を起算としています。映画の著作物の保護期間は、平成15年著作権法改正により公表後70年とされましたが、その他の著作物についてもTPP11の発効により、平成30年12月30日より死後70年あるいは公表後70年となったため、法人著作物と保護期間は同じとなりました。

そのほかにも、映画の著作物は、**著作者**（16条）と**著作権者**（29条）の規定、あるいは譲渡権（26条の2）、貸与権（同条の3）ではなく**頒布権**（26条）が規定されている等、他の著作物とは異なる規定がおかれています。

映画の著作物とは何か

では、「**映画の著作物**」とは、具体的にどのようなものを指すのでしょうか。

2条3項は、「映画の効果に類似する視覚的又は視聴覚的効果を生じさせる方法で表現され、かつ、物に固定されている著作物を含むものとする」と規定されています。

ここでいう「映画」の定義は著作権法上ありませんが、現行著作権法の成立過程からみて、劇場用映画のことと考えられています。また、映画の著作物以外の著作物には固定要件がなく、即興の歌でも創作性のある表現であれば保護されますが、映画の著作物の場合には固定要件が必要とされています。

そして、現行法施行後に出現した、ビデオテープやDVDソフト等連続的映像収録物も、通常は、「映画の効果に類似する視覚的又は視聴覚的効果を生じさせる方法で表現され、かつ、物に固定されている」という要件を具備していると考えられています。

もっとも、「映画の効果に類似する視覚的又は視聴覚的効果を生じさせる方法で表現」というためには、一定の動きが必要になるでしょう。「パックマン事件」においては、ビデオゲーム上で動くコンピュータグラフィックについて映画の著作物を認めました（東京地裁昭和59年9月28日判決）。もっとも、ロールプレイングゲームソフトの映像について、静止画像が圧倒的に多いとして映画ないしこれに類似する著作物には該当しないとした判決もあります（「三國志Ⅲ事件」東京高裁平成11年3月18日判決）。

なお、映画の著作物であっても、一般の**著作物性**（2条1項1号）の要件は必要ですから、「**創作性**」がまったくない映像は映画の著作物ということはできません。そこで、定点観測カメラのような固定カメラで対象物の動きを捉えるだけのものに著作物性があるか、という問題が生じます。この点については、街頭に置かれている固定監視カメラの映像は、自動的に録画されているにすぎず、カメラワークやカット割り、編集の手法等、一般の映画の著作物に見られる創作性がないといわざるを得ないでしょう。したがって、このような場合には映画の著作物ではなく、単なる録画物であると考えられています（加戸守行『著作権法逐条講義（六訂新版）』（CRIC、2013）71頁）。

「創作性」のある固定カメラ映像

ご質問の場合、固定カメラは正面、左右面のそれぞれ3面に設置しており、舞台中央の被写体を写していると思われます。これらの固定カメラは、定点観測カメラや固定監視カメラと異なり、演奏会や講演会がよく撮れるような角度・配置を考えて設置され、その結果が映像になっているものと思われます。また、撮影後、それぞれの固定カメラから得られた映像を編集しているため、一定のカット割りはあるものと思われます。

このようにして作成された映像は、カメラワークの動きがあまりなくてもその表現に「創作性」が認められ、かつ、「映画の効果に類似する視覚的又は視聴覚的効果を生じさせる方法で表現され」ている、といえるのではないでしょうか。そうであれば、ご質問の映像は著作権法上、映画の著作物に該当するものと思われます。

映画・映像

委託製作のビデオの著作権

Q39 町を紹介する記録ビデオをプロダクションに委託して製作しましたが、少し古くなったので、現在の状況に合わせて改訂版を作りたいと思います。改訂版製作の業者を競争入札で決めるとすると、著作権法上何か問題はありますか。

A 国や地方自治体の場合、競争入札制度をとる場合が増えてきました。それにつれて、設問のような相談も増えているということです。

それでは、設問に答える前に、まず記録ビデオに関する著作権法上の問題を考えてみましょう。

記録ビデオの著作権法上の問題

記録ビデオは、**映画の著作物**（2条3項）に該当します。

一般の著作物では、著作物が創作された時点では著作者が著作者人格権と著作権を有し、その後、著作権が譲渡されれば（61条）、著作者と著作権者が異なることになるのですが、映画の著作物の場合には、特別の規定がおかれており、法人著作（15条1項）の場合を除いて、はじめから著作者と著作権者が異なっています。

まず映画の著作物の著作者ですが、原作、脚本、音楽などの著作者（これらを**クラシカル・オーサー**といいます）を除き、制作、監督、演出、撮影、美術等を担当して、その映画の著作物の全体的形成に創作的に寄与した者（これらを**モダン・オーサー**といいます）と規定されています（16条）。映画の著作物の全体的形成に創作的に寄与したというと、真っ先に映画監督を思い浮かべると思いますが、著作権法の規定では、映画監督以外にも、制作、演出、撮影、美術が例示として挙げられておりますので、これらの者で映画の著作物の全体的形成に創作的に寄与したと認められる者は、著作者になることになります。

このように、映画の著作物の著作者は全体的形成に創作的に寄与した者ですが、この著作者が映画製作者に対し当該映画の著作物の製作に参加することを約束しているときは、映画の著作物の著作権は、**映画製作者**に帰属する（29条1項）と規定されています。

映画の著作物の著作権がはじめから映画製作者に帰属するとしたのは、従来から映画の著作物の利用に関しては、映画製作者と著作者との契約によって映画製作者の権利行使に委ねられている実態であったこと、映画製作の目的・態様という点からみても、映画製作者が自己のリスクのもとに巨額の製作費を投資していること、多数の著作者すべてに権利行使を求めると映画の円滑な利用が阻害されること等が理由とされています（加戸守行『著作権法逐条講義（六訂新版）』（CRIC、2013）221頁）。

なお、映画を会社等法人著作で製作する場合には、一般の著作物と同じく、15条によりその法人に著作権と著作者人格権が帰属することになります（16条但書、29条1項括弧書）。

競争入札制度にはなじまない

競争入札によって改訂版の製作者を決めるとするのであれば、既存の記録ビデオを製作したプロダクション以外の者が落札する可能性があります。このような場合には、既存の記録ビデオの一部改変を行うことになるでしょうから、著作権者に対しては**翻案権**（27条）、著作者に対しては**同一性保持権**（20条）の問題が生じることになります。

町が映画製作者に記録ビデオを製作し納品することを依頼し、製作費用を支払っただけであれば、町が支払った費用に対するものは、記録ビデオの完成と納品にすぎません。記録ビデオの著作者は監督等であり、著作権は記録ビデオの製作者に帰属するのですから、町とビデオ製作者との間に何の取り決めもしない場合、著作権は当初から町に帰属することもなく、また町へ譲渡されたことにはなりません。

また、町がプロダクションと記録ビデオの著作権譲渡契約を締結していた場合には、翻案権の問題はクリアしますが、同一性保持権の問題は残ります。法人著作でないかぎり著作者人格権は監督等にありますので、彼らから同意を得なければ一部変更を行うことはできません。

したがって、このような場合は、競争入札制度になじまないものと思われます。**会計法29条の3第4項**においても、契約の性質または目的が競争を許さない場合には**随意契約**によるものと規定されており、設問のような場合もその一例であると考えられます。

なお、将来の一部改変の場合に備えて、監督等著作者と**著作者人格権の不行使**をあらかじめ特約しておくことも考えられますが、プログラムの著作物等著作者人格権があまり重視されない、あるいは当初から一定の改変が予定されている著作物と異なり、設問のような映画の著作物の場合には、あらかじめこのような特約が有効かどうかについては争いが生じる可能性があるでしょう。

映画・映像

アニメの中の風景描写

Q40 アニメ制作会社です。主人公が街並みを散策するシーンで、臨場感を出したいので、実際の街並みをそのままアニメ上で再現したいと考えています。その際、実際のビルや住宅、塔や橋、自動車、屋上にある特徴的な看板等が表現されます。何か問題はあるでしょうか。

A そもそも一般的な建物は、実用的な目的で建てられており、デザインに多少の工夫があっても、著作権法上の著作物とは認められにくいでしょう。塔や橋も同様です。「**建築の著作物**」（10条1項5号）というためには、2条1項1号の定義に照らして、知的・文化的精神活動の所産であって、美的な表現における創作性、すなわち造形美術としての美術性を有するものであることを要する（「ログハウス調木造住宅事件」東京地裁平成26年10月17日判決）、いわゆる**建築芸術**といい得る創作性を備えた場合（「グルニエ・ダイン事件」大阪地裁平成15年10月30日判決）等と解されています。したがって、建築芸術といえるものには著作物性が認められますが、そのような要素のないビルや住宅、塔や橋に著作物性は認められないでしょう。

次に、自動車はどうでしょうか。自動車のデザインでも創意工夫や外観の美しさがあるものはありますが、これらは工業製品における美的デザインであって、原則的には**意匠法**によって保護されます。著作権法では、いわゆる**応用美術**に該当します。応用美術については種々の見解があり、裁判例も一定していませんが、「純粋美術と同視し得る審美性・美的創作性を具備していなければならない」、「実用的機能を離れて美的鑑賞の対象となり得る美的特性を備えているか」等を基準としています。そうすると、自動車のデザインは、仮にそれが特徴的なものであっても、美術の著作物ではないでしょう。なお、自動車をアニメの1シーンで風景上描くことは意匠権の侵害にはなりません。

屋上にある看板はどうでしょうか。社名やビル名が通常の書体で書かれた看板には、著作物性は認められないでしょう。しかし、特殊なロゴやイラストが看板に描かれていた場合には、美術の著作物に該当する可能性があります。

なお、社名やビル名が**商標登録**されていたとしても、アニメの1シーンで風景上に再現することは、商標的使用とはいえず、商標権の侵害にはならないでしょうし、不正競争防止法の商品等表示にも該当しないものと思われます。

著作物性がある場合

もし仮に、上記のものに著作物性が認められた場合、アニメの1シーンの風景上にこれらの著作物を表現することが、**複製権**（21条）や**翻案権**（27条）の侵害になるでしょうか。複製権または翻案権の侵害というには、原著作物の創作性のある表現を再現する、あるいは創作性のある表現上の本質的な特徴を直接感得できなければなりません（「雪月花事件」東京高裁平成14年2月18日判決、「江差追分事件」最高裁平成13年6月28日判決等）。アニメにおける表現では、原著作物の創作性のある表現上の本質的特徴を直接感得できるとはいえず、複製または翻案ではない場合も多いと思われます。

仮に、複製または翻案に該当する場合であっても、建築の著作物や原作品が恒常的に屋外に設置されている美術の著作物は、46条1号から4号に該当する場合を除けば、自由に利用することができます。したがって、これらをアニメの1シーンで風景上再現することは、同条により著作権は働かないでしょう。

付随対象著作物といえるか

上記以外の原作品が恒常的に屋外に設置されていない美術の著作物を、アニメの風景描写として正確かつリアルに表現した場合には、30条の2（**付随対象著作物の利用**）、いわゆる**写り込み**の適用はないでしょうか。令和2年著作権法改正により、30条の2が変更になり、「写真の撮影、録音又は録画、放送その他これらと同様に事物の影像又は音を複製し、又は複製を伴うことなく伝達する行為を行うにあたり、付随対象著作物の利用による利益を得る目的の有無、分離の困難性の程度、付随対象著作物が果たす役割その他の要素に照らし正当な範囲内においては、付随対象著作物を利用することができる」と規定されました。アニメにおいても、現実の街並みの表現として付随対象著作物を利用することは正当な範囲内であると思われますから、同条の適用が可能となるでしょう。

また、著作権法以外で、有名な建物の外観や看板、自動車をアニメの風景描写として表現することは問題ないでしょうか。いわゆる「**物のパブリシティ**」の問題ですが、裁判所は物についてのパブリシティ権を認めていません（「ギャロップレーサー事件」最高裁平成16年2月13日判決）。この判決に倣(なら)えば、有名な建物の外観や看板をアニメの中でとくに強調するとか広告宣伝等に使用することがなければ、問題ないものと思われます。同様に、アニメの1シーンとして風景上描くことは、不法行為または不正競争防止法違反にもならないのではないでしょうか。

映画製作会社の倒産

Q41 地域の観光協会ですが、昔、当地の名所をフィルムで撮影した観光用PR映画を製作会社に委託して製作しました。近ごろはビデオやDVDのような媒体ができたので、この映画をこれらの媒体に入れ直して貸し出して利用したいと思います。ところが、製作会社が倒産していて連絡先も不明です。どうしたらよいでしょうか。

A はじめに、**映画の著作物**に関する著作権と著作者人格権について、簡単に復習しましょう。

映画の著作物の場合、著作者と著作権者との関係が、他の著作物とは異なる規定になっています。映画の著作物以外の著作物は、当初は著作者と著作権者が一緒であり、著作権の譲渡や相続があれば、著作者と著作権者が別になります。

ところが、映画の著作物の場合、当初から著作者と著作権者が異なる場合がほとんどです。映画の著作物の著作者は、制作、監督、演出、撮影、美術等を担当して、その映画の著作物の**全体的形成に創作的に寄与した者**とされています（16条）。通常、監督や演出家などは、全体的形成に創作的に寄与していると思われますので、映画の著作者になるでしょう。これに対し、映画の著作物の著作権は、上記のような映画の著作者が映画製作者に対し当該映画の著作物の製作に参加することを約束しているときは、当該**映画製作者**に帰属すると規定されており（29条1項）、通常、製作会社やプロデューサーに帰属する場合が多いと思いますので、以下は、製作会社が著作権を取得したものとして検討します。

交渉相手はだれか

まず、観光用PR映画をそのまま複製するだけなのか、それとも多少修正を加えるのかによって、著作権者だけと交渉すればいいのか、著作者人格権を有する著作者とも交渉しなければならないのかが異なってきます。

ビデオ化やDVD化のために、元の映画をトリミングする場合には、著作者人格権のうちの**同一性保持権**の侵害かどうかが問題になります。裁判例では、トリミングにより画面の一部を切除したことは20条2項4号の「**やむを得ないと認められる改変**」に該当すると判断したものもありますが（「スウィートホーム事件」東京高裁平成10年7月13日判決）、事案によっては同一性保持権の侵害にあたると判断される可能性もあります。また、ビデオ化や DVD 化する際に、ある場面をカットする場合には同一性保持権の侵害に該当する可能性が高いでしょう。したがって、このような場合には、映画の著作者である監督や演出家にもあらかじめ承諾をとる必要があります。

法的倒産か事実上の倒産かで異なる

次に、ビデオ化や DVD 化のうえ貸し出すのであれば、**複製・頒布**することになりますので、観光協会が観光用 PR 映画の製作を委託した際に著作権を譲り受けていないのであれば、まだ映画の著作権は製作会社にあると思われますから、その製作会社から複製・頒布の許諾を得る必要があります。ここで注意してほしいのは、観光協会が観光 PR 映画の製作代金を払ってフィルムを納品してもらっていても、これだけでは必ずしも著作権の譲り受けにはならないということです。あくまでも、製作費用として製作の対価を支払っているだけであって、著作権を譲り受けるのであれば、その旨の契約を締結しておく必要があります。

そこで、ご質問の場合にも著作権を譲り受けておらず、製作会社に映画の著作権が残っていたとして検討してみます。

まず**倒産**ということですが、一般に裁判所等の関与によって倒産手続きを行う法的倒産と、支払不能後事実上経営者も社員もいなくなったものの法的な清算手続は行われない事実上の倒産の２通りがあります。**法的倒産**の場合、通常、破産管財人等が債権者への配当に充てるため売却可能な財産を処分します。したがって、破産管財人がその観光用 PR 映画の著作権を売却しているかもしれません。この場合には、破産管財人であった弁護士に連絡をとれば処分の有無を教えてくれるでしょう。

しかし、観光用 PR 映画は通常の映画とは異なり、そうそう一般向けに著作権が売却できるものではありません。通常、破産管財人はもっとも利害関係のありそうなところに売却の話を持っていきますので、観光協会に話がなかったということは、そもそも著作権の処分をしないまま破産手続を終了した可能性もあります。このような場合には、その会社はすでに清算が終了し解散しているため、62 条 1 項 2 号により著作権は**消滅**しています。したがって、著作者人格権を侵害しないかぎり、だれもが自由に利用することができるため、観光協会が著作権者から複製の許諾を得る必要はありません。

次に、**事実上の倒産**、すなわち法的な清算手続を行っていない場合には、62 条 1 項 2 号の適用がありません。この場合、製作会社には法律上法人格がまだ残っていることになりますので、勝手にビデオ化・DVD 化することはできません。会社代表者を探して許諾を得るか、どうしても見つからない場合には、**著作権者不明の場合の裁定による利用**(67 条)しか方法がないでしょう。

映画・映像

放送

スポーツ競技の放映権

Q42 オリンピックやサッカーのワールドカップなど大きなスポーツ・イベントの中継放送には、放映権として高額な料金が支払われているようですが、このようなスポーツの放映権とはどのような権利なのでしょうか。

A 近年、オリンピックやサッカーのワールドカップなど世界的なスポーツ競技大会については放映料が高騰しています。これは衛星放送やCATVなど放送チャンネルが多角化し、良質なコンテンツが不足しているとともに、鍛えぬかれたスポーツ選手が行う競技が大きな感動を呼ぶために、スポーツ競技の中継放送が高視聴率を得ることができるためでしょう。

スポーツは基本的に著作物ではない

それでは、まずスポーツに関して、わが国の著作権法上何らかの権利が発生するかどうかを検討してみましょう。

著作権法上の著作物は、「思想又は感情を創作的に表現したもの」（2条1項1号）でなければなりませんが、フィギュアスケート等舞踊の著作物と解せられる可能性がある競技を除いて、試合や競技の展開や進行を「思想又は感情を創作的に表現したもの」と解することは困難です。したがって、どのような感動的なできごとがそのスポーツ競技中に起こったとしても、著作権法上の著作物には該当しません。

スポーツ競技自体が著作物にならない以上、競技者も著作隣接権者たる**実演家**にはなりません。実演家は実演を行う者あるいは実演を指揮または演出を行う者をいいますが（2条1項4号）、この**実演**とは、「著作物を演劇的に演じ、舞い、演奏し、歌い、口演し、朗詠し、又はその他の方法により演ずること（これらに類する行為で、著作物を演じないが芸能的な性質を有する者を含む。）」（2条1項3号）をいうからです。

このように、スポーツ競技自体、あるいは競技を行っている選手や監督については、著作権法による保護はいずれも及ばないことになるでしょう。

スポーツ競技の放映権とは何か

一方、ご質問にあるとおり、人気の高い競技会の中継放送には高額な放映料金が支払われていますが、これは、スポーツ競技の主催者と放送局との契約に基づいているものが一般的です。

このような契約が締結されるには、主催者が放送局に対して中継放送を許諾する何らかの権利を有している必要があるでしょう。その中心的なものが、主催者が有する、当該スポーツが行われている競技会場を管理する権限であるといわれています。

すなわち、スポーツ競技を放送するには、競技場等会場内に、放送機材の設営を行い、カメラマンやアナウンサー・キャスター等を配置し、カメラ撮影や実況あるいはインタビュー等を行うことが必須です。しかし、それらを行うためには、競技会場を物理的に管理している主催者から、競技会場への機材の搬入・配置や、カメラマン・アナウンサー・キャスター等が競技会場内において放送目的で活動することについて、許諾を受ける必要があるのです。

ちょうど、著作権の保護期間は満了しているものの、屋内に管理されている仏像や芸術作品を撮影するためには、その仏像や芸術作品を所有し管理している所有者の許可をとって敷地建物に入場して撮影を行うケースと同じです。

スポーツ選手の肖像権の扱い

なお、近年、プロ・アマを問わず、スポーツ選手の**肖像権**が話題になっていますが、一般にスポーツ中継においては、個々の選手が個別に肖像権の行使をすることはできないものとされています。スポーツ選手は、主催者や所属する団体との協約等によって、スポーツを中継する放送等においては肖像権を行使しない旨、事前に同意している場合が一般的です。スポーツ競技の中継の際に個々の選手の肖像権行使を認めれば、集団あるいは大勢で行われているスポーツ競技の中継を行うことが不可能になりますので、この取り決め自体は合理的であるといえるでしょう。

また、肖像権以外にも、競技大会主催者名や競技に関するマーク、あるいはユニフォームデザイン等に関しては、**商標登録**されている場合が多いため、これを品物やサービスに使用する場合には、商標権者の許可が必要な場合が多いでしょう。さらに、マークやネーム、デザイン等の許可のない使用には、商標権以外にも**不正競争防止法**等に基づく権利行使が行われることも考えられます。

なお、実際には、スポーツ競技の放映権については、主催者がスポーツ選手や選手の所属団体との団体協約や事前の契約等によって一括して管理行使し、放映を希望する放送事業者に対し許諾を与えている場合がほとんどのようです。

放送

スポーツ中継と伝達権

Q43 当社では、スポーツ活動に力を入れており、ラグビー、バレーボール、陸上競技等国内外の競技大会に、当社に所属する選手を送り出しています。これらのスポーツ活動は、社内一体感を醸成するとともに、地域の活性化にも貢献し、さらに当社の知名度・好感度アップにもつながっていると思います。

これらの試合がTVで中継されるときは、社内講堂に大型プロジェクターを設置して社をあげて観戦します。著作権法上、何か問題はあるでしょうか。

A 社内講堂に大型プロジェクターを設置して社をあげて観戦することは、特定多数の「**公衆**」（2条5項）に該当し、**公の伝達権**（23条2項）が問題となるでしょう。公の伝達権とは、「公衆送信されるその著作物を受信装置を用いて公に伝達する権利」をいいます。

まず、ラグビー、バレー、陸上等一般のスポーツの試合自体は「**著作物**」（2条1項1号）ではないと考えられます。スポーツの試合は、一定のルールに基づき勝敗のために行われるものであって、「思想又は感情を創作的に表現したもの」とはいえないと考えられるからです。同様に、スポーツ選手も著作隣接権における**実演家**には該当しないと思われます（96頁、Q42参照）。

スポーツ中継は著作物か

次に、スポーツの試合自体は著作物に該当しないとしても、**スポーツ中継**は著作物に該当するか否かを検討しましょう。著作物のうち、スポーツ中継が該当するかどうかが問題となるのは、「映画の著作物」（2条3項）でしょう。

映画の著作物は、①映画の効果に類似する視覚的または視聴覚的効果を生じさせる方法で表現されているか、②物に固定されているか、③内容的に著作物といえるかが要件となります。

録画中継の場合は、ビデオテープ等で録画されているため、②の固定性の要件は問題なく具備していると思われますが、生中継の場合はどうでしょうか。裁判例では、生中継の影像が同時に録画される場合には、「録画された物自体ではなく、創作的な表現である影像それ自体が固定されることによって著作物となる」として、固定性の要件を具備すると判断されています（「全米女子オープン事件」東京地裁平成6年3月30日判決、同控訴審＝東京高裁平成9年9月25日判決)。また、生中継、録画中継ともに、①の要件を具備することは明らかですし、③についても、カメラワークやカット等の工夫が凝らされ、これらは思想または感情の創作的な表現といえるため、映画の著作物に該当するとされています(録画中継について「総合格闘技“UFC”動画アップロード事件」東京地裁平成25年5月17日判決)。

営利目的か

もっとも、公の伝達権には38条3項前段により、「営利を目的とせず、聴衆又は観衆から料金を受けない」(**非営利・無料**)場合には、受信装置を用いて公に伝達することができます。ご質問の場合は、会社の講堂で自社のスポーツ選手の出場試合の中継を観るということですが、これが非営利・無料であるといえるでしょうか。同条における「**営利**」とは、直接・間接的に営利につながっていることをいい、たとえば、工場内におけるバックグラウンド・ミュージックの演奏も、「音楽を演奏することが工場職員の能率向上に役立つ結果として企業の生産性を向上させるもの」として、営利目的での演奏と解されるとされています(加戸守行『著作権法逐条講義(六訂新版)』(CRIC、2013) 301頁)。本件の場合も、企業スポーツ選手の競技のTV中継を、社内で集まって観戦・応援することは、会社の社内一体感を醸成するものであり、また、宣伝効果もゼロではないことから、営利目的であると解されるのではないでしょうか。

なお、**通常の家庭用受信装置**を用いる場合には、非営利・無料でなくても公の伝達権は及びません(38条3項後段)。ここでいう、「通常の家庭用受信装置」には定義がありませんので、どのようなものを指すのか明確ではありませんが、一般に市販されているTV等は通常の家庭用受信装置に該当するものといわれています。著作権法施行時と異なり、最近は、市販のTVも大型化してきていますが、ご質問のような大型プロジェクターは、「通常の家庭用受信装置」には該当しないと思われるため、結論として、同項前段も後段も適用がないでしょう。

また、放送事業者は、著作隣接権として、「**テレビジョン放送の伝達権**」(100条)を有しています。ここでは、「影像を拡大する特別の装置を用いてその放送を公に伝達する権利」と規定されています。この規定は、38条3項を準用していませんので、非営利・無料であっても、適用があります。

以上のとおり、企業スポーツ選手が出場しているスポーツ中継を大型プロジェクターを設置して社内講堂で観ることは、著作権者の公の伝達権および放送事業者のテレビジョン放送の伝達権が及ぶのではないかと思われます。

放送

学校教育での TV 録画番組の上映

Q44 歴史授業の補助教材として、TV 番組の録画を利用したいと思います。必要とする場面を適宜編集して短くまとめ、教室で上映する予定です。同僚の先生に相談したところ、TV 番組を勝手に編集することは、著作権法上許されないのではないかと意見されました。問題あるでしょうか。もし編集することに問題があるのなら、教室で全編を上映することは問題ありませんか。

A 学校教育目的での複製行為は、**「学校その他の教育機関における複製等」**（35 条 1 項）の要件を具備すれば、著作権者の許諾を得る必要がありません。同項は、①公表された著作物を、②学校その他の教育機関において、③教育を担任する者および授業を受ける者が、④授業の過程における使用に供することを目的とする場合、⑤必要と認められる限度において、⑥著作権者の利益を不当に害する場合を除き、複製することができると規定しています。ご質問のように、学校の先生が授業中に補助教材として教室で上映することを目的とした録画行為は、この要件を具備するでしょう。

さらに、適法に録画された TV 番組を授業中に教室で上映することも、**「営利を目的としない上演等」**（38 条 1 項）の要件を具備すれば、やはり著作権者の許諾を得る必要がありません。同項によれば、①公表された著作物を、②営利を目的とせず、③聴衆または観衆から対価を受けず、④上演等に関し実演家等に報酬が支払われない場合には、著作者の許諾を得ずに公に上演・演奏・上映・口述することができるとされていますので、この要件も具備するものと思われます。

したがって、授業の補助教材として使用することを目的として TV 番組を全編録画し、これを教室でそのまま上映することは著作者の許諾を得る必要はなく、著作権法上の問題はないでしょう。

編集のうえ上映する場合の規定

次に、もともとのご質問のように、録画した番組全編のままではなく適宜編集して短くまとめ、これを上映することは著作権法上問題があるでしょうか。

47 条の 6 は、著作権の制限規定により著作物を利用する際に、**翻訳**や**翻案**により利用できる場合を規定しています。そして、同条 1 項 1 号は前述した 35 条

１項（学校その他の教育機関における複製等）により著作物を利用することができる場合には、翻訳、編曲、変形または翻案による利用も可能である旨規定しているのですが、38条１項（営利を目的としない上演等）の規定はありません。条文をそのまま解釈すれば、47条の６第１項１号、35条１項により学校において先生が授業に使用する目的で翻案物を作成することはできても、授業中にこの翻案物を上映することは認められないということになるでしょう。

しかし、47条の６第１項１号、35条１項によって学校における授業に使用する目的で作成できる翻案物を授業中に上映する行為が、47条の６が38条１項を規定していないために認められないと解するのは、著作物の公正な利用として適当ではないように思えます。47条の６第１項１号、35条１項により学校その他の教育機関において翻案が認められた著作物を上映する行為は、著作権者の権利を不当に害するともいえず、認められると解すべきではないでしょうか。

同一性保持権の侵害にならないか

なお、35条１項、38条１項、47条の６第１項１号は著作権者の著作権行使に対する制限規定ですが、50条は「著作権の制限規定は著作者人格権に影響を及ぼすものと解釈してはならない。」と規定しており、**著作者人格権**については別に検討する必要があります。

20条１項（**同一性保持権**）は、「著作者は著作物及び題号の同一性を保持する権利を有し、著作者の意に反して変更、切除その他の改変を受けない」と規定しており、適宜編集する行為はTV番組の一部分の切除と解されるでしょうから、同項が適用されそうです。

もっとも、20条１項がつねに適用されるとなると著作物の公正な利用を妨げる場合があるため、同条２項には例外規定が設けられています。たとえば、同項１号は、教科用図書等への掲載等、33条１項・33条の２第１項・34条１項による著作物の利用行為において、用字または用語の変更その他の改変で、学校教育の目的上やむを得ないと認められるものは同一性保持権の侵害にはならないと規定していますが、この条項に35条は含まれていません。したがって、ご質問の場合には20条２項１号の例外規定の適用にはなりません。

しかし、47条の６第１項１号が学校教育目的で学校等における複製行為だけでなく翻訳、編曲、変形または翻案による利用を認めている以上、同号として通常認められる行為についてはつねに20条１項が問題になるのですから、このような行為は同条２項４号に規定する「著作物の性質並びにその利用の目的及び態様に照らしやむを得ないと認められる改変」であるとして、同一性保持権の侵害にはならないと解すべきでしょう。

放送

テレビ番組のスタイル、ノウハウをまねる

Q45 中学生が学園祭の企画で、テレビ番組の「ゲーム」「クイズ」「バラエティー」などのスタイルをまねたものを行うことに問題がありますか。近ごろ、放送局ではテレビ番組のフォーマット権を販売していると聞きますが、番組のスタイル、ノウハウが1つの権利・利益として保護されるにはどのような要素が必要ですか。

A

フォーマット権とは

フォーマット権の販売（フォーマットセールス）とは、主にクイズやゲーム、バラエティーショー等の放送番組について、番組の企画・コンセプトだけでなく、番組固有の約束事、セット等のデザイン、音楽・効果音、進行等の番組フォーマットをひとまとめとした権利として、ライセンス販売することをいいます。フォーマット権のライセンス販売は、主に海外の放送局間で行われています。

フォーマット権を購入したテレビ局は、この番組フォーマットをもとに自国の出演者によって自国の視聴者の好みに合うようにアレンジした番組を新たに制作します。番組そのものを購入して、そのまま放送するものではありません。最近では、欧米を中心とした海外の放送局へのフォーマット権の販売に力を入れている日本の放送局も増えています。逆に、海外の人気クイズ番組のフォーマット権を購入し制作されたクイズ番組が日本で人気となった例もあります。

このように、国際的にもフォーマット権の販売は盛んに行われておりますが、法律上「フォーマット権」という権利が規定されているわけではありません。したがって、フォーマット権の販売の根拠となる法律あるいは要件については、まだ明確になっているとはいえないようです。とくにライセンス当事者間においては契約に基づき権利義務が定まっていると思われますが、これをそのまま第三者に主張することができるのか、あるいは、第三者のどのような行為が、権利または法的に保護される利益の侵害になるのかという点については、なかなか難しい問題があるといえるでしょう。

ご質問のように、あるテレビ番組のスタイル、ノウハウを第三者がまねした場合を検討してみましょう。

番組フォーマットの保護

テレビ番組自体は、**映画の著作物**（10

条1項7号）として保護されることが多いと思いますが、番組のスタイル、ノウハウは、あくまで**アイデア**であって、著作権法上保護される表現とはいえないと思われます。したがって、スタイル、ノウハウをまねしただけでは、著作権の侵害にはならないでしょう。

もっとも、フォーマット権の販売のように、テレビ番組の企画・コンセプト、番組固有の約束事、セット等のデザイン、音楽・効果音、進行、撮影方法まで全体として似ている場合には、たとえテレビ番組を新たに作り直していたとしても、もとになったテレビ番組の表現の本質的特徴を感得できるものとして、**翻案権**（27条）の侵害であるといえる場合があるかもしれません。

また、番組フォーマットは、製作者が多額の費用と労力をかけて作り上げたアイデア・ノウハウが結集した知的成果物の固まりであり、かつ、現にフォーマット権が国際的にライセンス販売されているように、多大な経済的価値を有するものとして取引される業界慣行があるため、この番組フォーマットに酷似した番組を制作することは、製作者の法的に保護される利益を侵害したとして、民法の**不法行為**（民法709条）に基づく損害賠償請求が認められるでしょうか。「北朝鮮映画事件」（最高裁平成23年12月8日判決）以降、著作権法等知的財産権法の侵害が成立しない場合には、知的財産権法の保護対象となる利益とは異なる法的に保護された利益を侵害するなどの特段の事情がないかぎり、不法行為を構成しないとされるため、なかなか難しいと思われます。

なお、テレビ番組のノウハウは、不正競争防止法（不競法）上の**営業秘密**（不競法2条6項）といえるのでしょうか。不競法における営業秘密に該当するには、①秘密として管理されている（**秘密管理性**）、②生産方法、販売方法その他の事業活動に有用な技術上または営業上の情報（**有用性**）であって、③公然と知られていない（**非公知性**）という3つの要件を具備する必要があります。テレビ番組のノウハウといっても、番組のスタイルやアイデア・コンセプト等、番組を視聴してわかるようなものについては、秘密管理性、非公知性の2つの要件が具備されておりませんので、不競法による保護も難しいでしょう。もちろん、番組の画面には現れていない制作上の秘密のノウハウについては、不競法上の営業秘密の要件を具備している可能性がありますから、このノウハウを権限のない第三者が窃取（せっしゅ）したような場合には、不競法によって差止請求および損害賠償請求を行うこともできるかもしれません（同法2条1項4号、3条、4条等）。

中学校の学園祭の企画で、テレビ番組のクイズなどのスタイルをまねるというご質問については、テレビ番組のアイデアを流用しただけであって、著作権法上保護される表現を侵害したとはいえないものと思われます。

建築

建築の著作物の著作権

Q46 建築物が著作物に入るというのは、どういうものについてなのでしょうか。また、その権利はどんなときに働くのでしょうか。

A 10条1項5号には、著作物の例示として、「**建築の著作物**」が規定されています。したがって、ご質問のとおり、建築物が著作物に含まれることは間違いありません。

著作権法で保護される建築物とは

ところで、著作権法にはここでいう建築物がどのようなものをいうのかについて規定がありません。一般に見られる家や建物もここでいう建築の著作物に該当するのでしょうか。一般には、このようなごく普通の家屋や建物は、著作権法で保護される建築の著作物には該当しないと考えられています。絵画のような美術の著作物については、有名な芸術家が描いたものであっても子どもや一般人が描いたものであっても、芸術性の有無にはかかわりなく著作物性が認められると考えられていますが、建築の著作物の場合には、ごく普通の家屋や建物には「思想又は感情を創作的に表現したものであって、文芸、学術、美術又は音楽の範囲に属する」(2条1項1号)という著作物性が認められないため、建築物であっても建築の著作物ではないといわれています。したがって、建築の著作物として著作権法で保護されるものは、いわゆる**建築芸術**といわれるような芸術的な価値のあるものでなければならないと解されています(「グルニエ・ダイン事件」大阪地裁平成15年10月30日判決では、グッドデザイン賞をとった一般住宅について、通常の一般住宅が備える美的要素を超える美的な創作性を有し、建築芸術といえるような美術性、芸術性を有するとはいえないとして、建築の著作物性を否定しています)。

建築の著作権の特徴

次に、建築の著作物の場合の権利の働き方について検討します。まず、建築の著作物の場合、一般の著作物と異なり、**複製権**(21条)の**複製**に、「建築に関する図面に従って建築物を完成すること(2条1項15号ロ)」が含まれることが大きな特徴です。一般に、著作権法上の複製とは、「印刷、写真、複写、録音、録画その他の方法により有形的に再製すること」(2条1項15号本文)であるため、通常であれば、建築の著作物を見て同一の建築の著作物を建築することが複製に該当することになりますが、それだけではなく、**建築の図面**に従って建築物を完成することも建築の著作物の複製に該当することになります。建築の図面は建築物とは形態が異なり「有形的に再製する」とはいえないため、通常の複製の定義には該当しませんが、建築の著作物については設計図に従って建築物を完成すればまったく同じ建築物ができるため、建築の著作物に限り図面に従って建築物を完成することも複製と定義しているのです。

もっとも、建築の図面に従って複製物を完成すること以外に、建築の著作物について著作権が働くことはそれほど多くありません。それは、建築の著作物には著作権の**制限規定**が広く適用になるからです。

建築の著作権が働くケースは少ない

建築の著作物の場合に著作権が働くのは、「建築の著作物を建築により複製し、又はその複製物の譲渡により公衆に提供する場合」(46条2号) および「街路、公園その他一般公衆に開放されている屋外の場所その他一般公衆の見やすい屋外の場所に恒常的に設置するために複製する場合」(46条3号) だけです。それ以外は、いずれの方法によるかを問わず利用することができる (46条) と規定されています。したがって、たとえば、建築の著作物を写真撮影することによって複製したり、ビデオ撮影して放送したり映画に撮影したりしても、建築の著作物の**複製権** (21条) や**公衆送信権** (23条) あるいは**上映権** (22条の2) 等の侵害にはなりません。

これは、建築の著作物は屋外に恒常的に建っていることが一般的であるため、撮影等に利用されることが一般的な慣行になっており、また、それらの行為自体が著作権者の意思に反するとも思われないため、とくに著作権者の利益を侵害するおそれが高い場合を除き、自由に利用することを著作権法上も認めているからだといわれています。

なお、**美術の著作物**と評価できる建築物については、「屋外の場所に恒常的に設置されている」場合には、複製物の販売目的での複製、または複製物の販売もできないと思われます (46条4号)。

また、建築の著作物の場合、たとえ芸術的価値の高いものであっても、建築の本来的な目的は、その建築を建物として居住等実際に利用することにあるはずです。したがって、著作物一般に認められている**同一性保持権** (20条) をそのまま建築の著作物に認めてしまうと、増改築を行うことも著作物の改変にあたるため、著作者の意に反する増改築は一切できないことになりかねず、建築物の居住等建物の利用という本来の建築の趣旨に反することになってしまいます。そこで、20条2項2号は、「建築物の増築、改築、修繕又は模様替えによる改変」は同一性保持権の適用がない旨規定しています。

このように、建築の著作物は著作者人格権の点でも著作権 (財産権) の点でも、いろいろな例外規定がありますので注意する必要があります。

建築

建築物の内部仕様の変更

Q47 当美術館は、著名建築家により設計・施工された建築物です。今般、当美術館内に設けられているシアタースクリーンを撤去し、単にステージのみに改築する計画が出ています。建築物の変更に関しての契約等は一切ないので、あらためて建築家の許諾を得る必要はないと考えていますが、何か問題はあるでしょうか。

A 明治32年に施行された旧著作権法では、52条により「本法ハ建築ノ著作物ニハ適用セズ」と規定されていました。ところが、1908年のベルヌ条約ベルリン改正において、保護される著作物に「建築」が加えられたため、明治43年の旧著作権法改正により上記52条が削除され、かつ、旧著作権法1条「著作権ノ内容」に「建築」が加えられました。現行著作権法もこれを引き継いで、著作物の例示として**「建築の著作物」**を挙げています（10条1項5号）。

建築芸術でなければ保護されない

ただし、どの建築物であっても著作権法上の建築の著作物になるわけではなく、歴史的建築物に代表されるような知的活動によって創作された**建築芸術**と評価できるようなものでなくてはならない（加戸守行『著作権法逐条講義（六訂新版）』（CRIC、2013）123頁）といわれています。そもそも著作物というためには、「文芸、学術、美術又は音楽の範囲」でなければならず（2条1項1号）、著作権法上保護される「建築の著作物」というためには、建築物であっても、この著作物性を具備する必要があるからです。もともと、建築物は居住や使用といった実用目的が強いため、著作物性については**応用美術**と同様の指摘がなされています。

グッドデザイン賞を受賞した大手住宅メーカーの工業住宅が建築の著作物か否かが争いになった事案では、裁判所は、「一般住宅が……『建築の著作物』であるということができるのは、客観的、外形的に見て、それが一般住宅の建築において通常加味される程度の美的創作性を上回り、居住用建物としての実用性や機能性とは別に、独立して美的鑑賞の対象となり、建築家・設計者の思想又は感情といった文化的精神性を感得せしめるような造形芸術としての美術性を備えた場合と解するのが相当である」として、当該住宅は建築の著作物ではないと判示しています（「グルニエ・ダイン事件」大阪高裁平成16年9月29日判決［104頁、Q46掲載の控訴審判決］）。

ご質問の美術館の建物が建築の著作物に該当するか否かについては、具体的にその建物を検討しなければ断定することはできませんが、著名建築家が設計・施工した美術館ということですから、「文芸、学術、美術又は音楽の範囲」という要件を具備し、建築の著作物に該当する可能性が強いといえるでしょう。

建築物の内部も保護される

ところで、建築の著作物の場合、建築物の内部についても著作権法上保護されるのでしょうか。

ご質問では、美術館の内部仕様の変更とのことですが、著作権法は表現を保護する法律ですから、外観（デザイン）を保護し、目に見えない内部構造は保護しないものと考えられます。しかし、建築物の内部であっても、それが目に見えるもの、すなわち、**表現**といえるものであれば、建築の著作物ということができるものと思われます。階段・応接室等についても、建築著作物の一部として保護されるといわれています（中山信弘『著作権法（第3版）』（有斐閣、2020）105頁）。

そこで、ご質問のような美術館内に設けられているシアタースクリーンも、その外観が美術性を備えたものであれば、建築の著作物の一部として保護される可能性があるものと思われます。シアタースクリーンが建築の著作物の一部として保護されるのであれば、それを撤去して単にステージのみに改築することは、著作権法上の**改変**に該当するのでしょうか。この場合も、具体的にシアタースクリーンを撤去することによって外観がどのように変更になるかを検討しなければ断定できませんが、建築の著作物の改変になる可能性があるでしょう。

もっとも、建築の著作物の場合、**同一性保持権**（20条1項）について、特別な適用除外規定があります。その改変が「建築物の増築、改築、修繕又は模様替えによる改変」に該当する場合には、同一性保持権の侵害にはなりません（20条2項2号）。建築物は、居住あるいは使用目的で建てられるため、実用的・経済的見地から効用の増大を図るための建築著作物の改変を許した規定であるといわれています。

結論として、シアタースクリーンを撤去し廃止する目的が、美術館の実用的・経済的見地から効用の増大を図るためであれば、20条2項2号により同一性保持権の侵害にはならず、あらためて建築家の許諾を得る必要はないでしょう。なお、同号は、あくまでも、実用的・経済的見地から規定されていることから、個人的な嗜好（しこう）に基づく恣意（しい）的な改変や必要な範囲を超えた改変は、同号の適用がなく、同一性保持権の侵害になるといわれています（「ノグチ・ルーム移築事件」東京地裁平成15年6月11日決定［ただし、傍論］）。

図面・図表・地図

図面の著作物の著作物性

Q48 図面の著作物の著作権とはどういうものですか。創作家具の図面を作り、その図面を公表したところ、実際にその家具を作成し、販売した木工業者が現れたのですが、問題はないのでしょうか。

A 10条1項6号には、「地図又は学術的な性質を有する図面、図表、模型その他の図形の著作物」が著作物として例示されています。

このように、**図面**のうち**学術的な性質を有するもの**は、著作物に該当する場合があります。

なお、一般的な著作物性の要件については、図面の場合にも該当します。図面であっても、著作物性が認められるためには、①思想または感情を、②創作的に、③表現したもの、④文芸、学術、美術または音楽の範囲に属するもの（2条1項1号）でなければならないのです。したがって、だれが作成しても同じような表現となる単純な図面、図形は、創作性がないため、そもそも著作物性は認められないでしょう。

判例からみる図面の著作物性

裁判例では、冷蔵倉庫の設計図、ビルの設計図、マンションの設計図、住宅の設計図、丸棒矯正機械の設計図等について、学術的な性質を有する図面であり、かつ、創作的な表現であるとして、著作物であると認めています。

これに対し、工業的に量産されるスモーキングスタンド、ダストボックス等の商品の平面図、立面図、詳細図等からなる設計図について、設計図の表現方法に独創性、創作性は認められず、設計図から読み取ることのできる什器の具体的デザインは、表現の対象である思想またはアイデアであり、その具体的デザインを設計図として通常の方法で表そうとすると、本件設計図上に表現されている直線、曲線等からなる図形、補助線、寸法、数値、材質等の注記と大同小異のものにならざるを得ないものであるとし、設計図の著作物性を否定した判決もあります（「スモーキングスタンド等設計図事件」東京地裁平成9年4月25日判決）。

このような裁判例から考えると、ご質問の創作家具の場合、その図面が「学術的な性質を有する」図面と判断されるか否かは、その図面における表現に学術的な性質があると認められるか否かによるものであって、その創作家具のデザインがどのように図面に具体的に表現されているか、その図面が単純な図形やその組み合わせのようなものであるか否か等、ケース・バイ・ケースであると考えられます。

もっとも、学術的な性質を有する図面として著作物性が認められたとしても、著作権法で保護される対象は、あくまでもその**図面の表現**（図示された形状や寸法）であって、その図面において採用された機械や部屋の構造等は、技術的思想にすぎず、特許法や実用新案法、場合によっては意匠法で保護されるかもしれませんが、著作権法では保護されません。

保護されるのは図面の表現

このように、図面の著作物として保護される対象がその図面に図示された形状や寸法等の表現であるため、その図面そのものをデッドコピーしたり、インターネットにそのまま掲載したりするのであれば、**複製権**（21条）や**公衆送信権**（23条）の侵害になることは明らかです。ところが、裁判等紛争においては、その図面の表現それ自体ではなく、その図面に内包されている技術的思想やノウハウの保護を実際には求めている場合をよく見かけます。

しかし、前述のとおり、著作権法は図面の表現を保護するのであって、技術的思想やノウハウを直接保護するわけではありませんから、第三者が当該図面に示されている技術的思想やノウハウを使って、新たな図面を製作したとしても、図面の複製権侵害、または翻案権侵害となることは一般的にはないといってよいでしょう。

建築の著作物以外は問題にならない

それでは、学術性のある図面の著作物として著作物性が認められたとして、その図面をもとに創作家具を製作する場合、著作権法で何か問題になるでしょうか。

建築の著作物の場合には、その建築に関する図面に従って建築物を完成すれば、建築の著作物の複製となります（2条1項15号ロ）。これは、建築の著作物に限り、その建築図面に従って建築物を完成する場合にも有形的な再製と経済的に同視し得るものとして、著作権法の「複製」とした規定であり、建築の著作物以外の図面の場合にはこのような規定はありません。

ご質問の場合、創作家具は建築の著作物ではありませんから、仮に、その創作家具に非常に強い芸術性があった場合であっても、発表された創作家具の図面に従って創作家具を製作販売すること自体は、著作権法では問題にならないでしょう。

図面・図表・地図

図面、図表の著作物の利用

Q49 パワーポイントで作成したスライド教材を、インターネットで学外に発信しています。同教材に、以下の２つのスライドが含まれていた場合、元の研究者から許諾を得る必要があるでしょうか。

(1) Ａという研究者が研究集録の中で公表した実験データ（数値）を、Ｂという研究者がパソコンのグラフ作成ツールを使って折れ線グラフにして発表したもの。

(2) アメリカの学会誌の中のＣという研究者の論文中に記載されていた自然科学に属する事実関係を示す概念図を参考に、私が新たに作成した図面。

A まず、(1) のスライドについて検討してみましょう。

著作権法による保護の対象となる著作物は、「思想又は感情を創作的に表現したもの」（2条1項1号）ですから、単なる**事実**や**実験データ**などは、著作権法の保護の対象にはなりません。

Ａという研究者が、実験結果である数値を得るために、実験に工夫を凝らし費用をかけ、あるいは、その実験データを裏付けるための理論を構築するために多大な労力をかけたとしても、それらの工夫および費用、あるいは労力自体は著作権法上の保護対象にはなりません。いわゆる「額に汗」は、著作権法上では保護されないという理論です。

実験データは著作物ではない

それでは、Ａの著作権法上保護されない数値である実験データを、Ｂが市販されているパソコンソフトを使用して単純にグラフ化しただけの図表は、著作権法上保護の対象になるのでしょうか。

著作物として保護されるための要件である「**創作性**」は、あくまでも表現に存する必要があります。したがって、市販のパソコンソフトで数値を単純にグラフ化しただけであれば、そのグラフ化した表現に創作性があるとはいえず、Ｂ作成の図表も著作物性がないものと思われます。

もちろん、パソコンソフトを利用するのであっても、Ｂのグラフ化による表現に工夫があれば、そのグラフ化した図表に創作性が認められる可能性がないわけではありません。しかし、そうであっても、あくまでもグラフ化した表現に存する創作性が保護されるにすぎませんので、Ｂの図表をもとに、さらにあなたが図表を作成した場合には、デッドコピーのようにその創作性のある表現をそのまま使用するようなことがないかぎり、著作権侵害となる可能性は低いものと思われます。

なお、著作物の例として、「地図又は学術的な性質を有する図面、図表、模型その他の図形の著作物」(10条1項6号)が挙げられていますが、ここでいう「学術的な性質を有する図面、図表」とは、単に学術的な結果を表現したものであるだけでなく、図面や図表の表現自体にも創作性が必要となるでしょう。したがって、たとえ学術的な性質を有する図面、図表であっても、だれが描いても同じような表現になるものは創作性がなく、著作物とはいえないことになります。

結局、(1)のスライドでは、Aの許諾もBの許諾も不要の場合が多いのではないかと思われます。

学術論文中の図表の著作権

次に、(2)のスライドについて考えてみましょう。

自然科学に属する事実は、学術的な発見あるいは研究結果であると思いますが、(1)の数値と同様、この事実自体は著作権法上の保護の対象にはなりません。したがって、この自然科学に属する事実について学問的な発表を行う、あるいはこの事実について論述すること自体は、自由に行うことができます。もっとも、この自然科学に属する事実を発表あるいは論述するためには、口述、論文、あるいは概念図等、何らかの方法で表現する必要があるため、その口述、論文、あるいは概念図の表現で創作性のあるものについては、著作権法上の保護の対象になります。したがって、論文あるいは概念図の創作性のある表現部分をそのまま、あるいは翻案して使用する場合には、著作権侵害になる可能性が高いでしょう。

ただし、自然科学に属する事実についての論文あるいは概念図は、文学作品における表現と比べて創作性の幅があまり広くありません。

とくにご質問のような概念図の場合、その概念図が表現している自然科学に属する事実を他の概念図で表すとしても表現形式の選択の範囲が狭いため、似たような概念図になることも十分にあり得ると思われます。このような場合には、新たに作成した概念図が、Cが作成した元の概念図の創作性のある表現の内容および形式を覚知させるに足りるものを再製する(**複製**の場合)、あるいは、創作性のある表現の本質的な特徴の同一性を維持し、これを直接感得することができる(**翻案**の場合)ということはできないため、著作権侵害になる可能性は低く、Cの許諾は不要となる場合が多いのではないかと思われます。

図面・図表・地図

型紙と作品

Q50 インターネット上で、ペーパークラフトの型紙が、完成品の写真とともに公開されています。素敵な作品だったので、この型紙をダウンロードし、プリントアウトして組み立て、自分の店に飾りとして展示したいのですが、著作権法上の問題はありますか。

A まず、ペーパークラフトとペーパークラフトの型紙、それぞれに著作権法の適用があるか検討してみましょう。

ペーパークラフトと型紙の著作物性

ペーパークラフトが、思想または感情を創作的に表現したものであって、「美術」に属する（2条1項1号）といえる場合には、ペーパークラフト自体が**美術の著作物**（10条1項4号）として、著作権法の適用を受けるのではないかと思われます。もっとも、ペーパークラフトはその性質上、**純粋美術**と同様の高度の**審美性**があるといえるか、あるいは思想または感情を創作的に表現しているといえるか微妙な場合も多いと思われます。

したがって、すべてのペーパークラフトが美術の著作物として著作権法上保護されるとは言い切れず、個々の作品ごとに、思想または感情を創作的に表現したものであり、かつ、純粋美術同様、高度の美的鑑賞性を有するものであるかを判断し、これらの要件が備われば、美術の著作物として保護されると思われます。

次に、ペーパークラフトの型紙について検討しましょう。10条1項6号に、「地図又は学術的な性質を有する図面、図表、模型その他の図形の著作物」が著作物の例示として規定されています。また、思想または感情を創作的に表現したものであって、文芸・学術・美術または音楽の範囲に属するものでなければなりません。

したがって、ご質問のペーパークラフトの型紙が、「学術的な性質を有する図面あるいは模型その他の図形の著作物」であって、思想または感情を創作的に表現したもの、かつ、文芸・学術・美術または音楽の範囲に属するものであれば、著作権法の適用があるでしょう。

ネット上の図面を利用した作品

それでは、型紙に著作権があるとすると、インターネット上で公開されているこの型紙をダウンロードして、プリントアウトすることには何か問題があるでしょうか。インターネット上で型紙を公開しているのであれば、一般的にはその型紙を使用して作品を作ることを**黙示的に認めている**と考えてよいのではないでしょうか。よって、そのインターネット上で明示的に複製あるいは使用の禁止を示していない以上、その型紙をダウンロードしてプリントアウトしても、**複製権**の侵害にはならないものと思われます。なお、個人使用のためにプリントアウトする場合には、**私的使用のための複製**（30条1項）に該当するため複製権侵害にはなりません。

ご質問のように、型紙をプリントアウトして組み立てて、お店に飾りとして展示する目的の場合、「個人的に又は家庭内その他これに準ずる限られた範囲内において使用」（30条1項本文）とは言いにくく私的使用のための複製がストレートに適用されるとは言い難いと思います。しかし、黙示的に許諾があったとか、実質的に著作権侵害になるような違法性がないため、著作権者が著作権侵害を主張するのは権利の濫用になって認められない等という理由によって、プリントアウトが認められるのではないでしょうか。

もっとも、インターネット上で公開されているペーパークラフトの型紙であるからといって、この型紙を収録した書籍を販売したり、デジタルコンテンツ化して有償あるいは無償にて頒布する等の行為については、型紙の著作権者の許諾が必要になると思われます。インターネット上でペーパークラフトの型紙を公開したとしても、明示的に許諾がない以上、このような商業的利用あるいは大量の頒布までを許諾しているとは一般に考えられないからです。したがって、商業的・営利目的の使用禁止という禁止文言がなくても、これらの行為はできないと考えるべきでしょう。

「型紙」に著作権が働くか

次に、型紙に従ってペーパークラフトを組み立ててできあがった作品には、型紙の著作権が働くのでしょうか。

建築の著作物の場合には、建築に関する図面に従って建築物を完成することも、複製に該当します（2条1項15号ロ）。設計図に従って建築物を完成するというのは、設計図によって表現されている建築の著作物を複製することと同じであるからといわれています。

もっとも、これは建築の著作物の特例であって、建築の著作物の設計図以外の設計図に従って物を製造しても、設計図の著作権の侵害にはならないといわれています。したがって、ペーパークラフトの型紙に従って組み立てた作品が、型紙の複製権の侵害になることはないでしょう。そうであるならば、組み立てた作品を自分の店の飾りとして展示することは著作権侵害にはならないでしょう。

図面・図表・地図

地図の利用

Q51 国内名所の案内パンフレットに、国土地理院が明治41（1908）年に刊行した地図を利用したいと思います。著作権保護期間をすぎていますので問題はないと思っていましたが、念のため測量法を見たところ、国土地理院の承認が必要となっていました。測量法は著作権法に優先するのでしょうか。

A

地図の著作権とは

まず、**地図の権利**について検討してみましょう。10条1項6号は、「地図又は学術的な性質を有する図面、図表、模型その他の図形の著作物」を著作物の例示として挙げています。また、ベルヌ条約2条（保護を受ける著作物）(1) 項にも、地図が例示されています。

地図は現実の地形や地理的情報をもとに、あらかじめルール化された記号によって客観的に表現したものであるため、その表現の幅は狭いものの、どのような地形・地理的情報を選択し、どのように表現するかという点に**創作性**が発揮される余地があり、そこに創作性があれば著作物性を有するとされています。

したがって、地図の創作性のある部分の表現に依拠し、その内容および形式を覚知させたり、本質的特徴を直接感得できるものは、**複製権**（21条）あるいは**翻案権**（27条）の侵害となるでしょう（「富山市住宅地図事件」富山地裁昭和53年9月22日判決）。また、地理的情報をデフォルメ化した地図においては、より創作性のある表現の範囲が広いといえるでしょう（「新撰組史跡ガイドブック事件」東京地裁平成13年1月23日判決）。

もっとも、著作権法には**保護期間**があるため、将来にわたってずっと著作権を行使できるわけではありません。著作物を一定期間保護することで、著作者の権利を守るとともに、保護期間が満了した著作物は、**公有（パブリックドメイン）**として広く一般に利用できるようにすることによって、文化の発展に寄与することを目的としているからです。

旧著作権法と測量法の取り扱い方

ご質問の国土地理院は、国の機関ですが、明治41年ころは参謀本部陸地測量部と称しており、昭和35年に現在の名称に改称されました。明治41年の刊行となると、現行著作権法の施行前ですから、旧著作権法（明治32年7月15日施行）

の条文を検討する必要があります。

旧著作権法6条は、「官公衙学校社寺協会会社其ノ他団体ニ於テ著作ノ名義ヲ以テ発行又ハ興行シタル著作物ノ著作権ハ興行ノトキヨリ三十年間継続ス」と規定しており、団体名義の著作物の保護期間は、発行のときから30年間となっていました。したがって、明治41年刊行の地図であれば、翌年から30年経過後の昭和13年末に著作権は消滅しているはずです。

ところが、ご質問のとおり、国土地理院が刊行した基本測量成果の地図を利用することになると、**測量法**に示されるとおり、国土交通省令で定めるところにより**国土地理院の長の承認**が必要になります（測量法29条）。

測量法は、国・公共団体が費用負担あるいは補助をして実施する測量の正確さを確保し、各種測量の調整および測量制度の改善発達に資することを目的とした法律です（同法1条）。したがって、表現を保護する著作権法とは別に、行政目的上、地図の無断利用を禁じているものと考えられています。

測量法自体は、昭和24年に公布された法律ですが、同法附則5項に、「この法律施行前に陸地測量標条例に基いてした測量で、基本測量の範囲に属するものの測量成果、測量記録及び測量標は、この法律に基く基本測量の測量成果、測量記録及び測量標とみなす。」という規定があり、陸地測量標条例は明治23年3月26日に施行されていますので、それ以降の基本測量成果は、すべて測量法の承認の対象になります。したがって、ご質問のように、明治41年に当時の参謀本部陸地測量部が刊行した地図であっても、測量法上、国土地理院の承認が必要になります。

もっとも、平成19年に「地理空間情報活用推進基本法」が制定され、同時に測量法が改正されて、より地図の利用が促進されることになりました。そして、国土地理院の**「測量法29条の規定に基づく承認取扱要領」**（令和元年11月1日一部改正）**2条2項**によれば、複製品が測量成果としての正確さを要しないものは、国土地理院の承認が必要な複製から除くとしています。

そして、「測量法29条の規定に基づく承認取扱要領の運用及び解釈」によれば、複製品が測量成果としての正確性を要しないものとして、書籍およびパンフレットへの地図の挿入（地図帳および折込地図を除く。）が挙げられています。

したがって、ご質問の国内名所の案内パンフレットに地図を利用する場合も、承認が不要な場合に該当するかどうかを検討してください。なお、この場合も**出所の明示**は必要とされています。詳しくは、国土地理院のホームページを参照してください（http://www.gsi.go.jp/）。

プログラム

プログラムの登録

Q52 あるアプリケーションソフトを開発したので、著作権を取っておきたいのですが、どうすればよいのですか。個人で開発した場合と会社の業務として開発した場合で、何か違いがありますか。

A 技術系の会社や技術者の方々から、ときどき上記のようなご質問を受けます。

無方式主義の著作権

ご存知のとおり、特許・実用新案・意匠・商標という産業財産権は、特許庁に出願を行い、同庁の審査を受け、登録査定が出た後、登録料を納めて登録手続をとってはじめて権利化されます。これらの手続きをとらない場合、たとえ登録を受けた者より前に同じ発明を実施していたとしても、先使用権（特許法 79 条）等で保護される可能性があるにすぎません。

これに対し、著作権法は、「著作者人格権及び著作権の享有には、いかなる方式の履行をも要しない」という**無方式主義**を採用しており（17 条 2 項）、著作物を創作した著作者は、何ら登録や届出をすることなく、その創作行為のみによって創作時から著作権を取得します（51 条 1 項）。

したがって、ご質問のアプリケーションソフトが、著作権法による保護対象である**プログラムの著作物**（10 条 1 項 9 号）であるかぎり、あなた個人がそのアプリケーションソフトを開発した時点から著作権は発生しており、あなたがそのソフトの著作者となります。

著作権には対価請求権がない

なお、特許においては、近年、従業員の**職務発明の対価請求権**（平成 27 年改正前特許法 35 条 3 項）について話題になりましたが、著作権法にはこのような対価請求権が法律上は規定されていません。

改正前の特許法では、職務上の発明であっても発明者は従業員個人であり、会社はその従業員から特許を受ける権利や特許権を、契約や勤務規則等に規定することによって承継することができる（平成 27 年改正前特許法 35 条 2 項）にすぎず、その場合に会社は従業員に対し「相当」の対価を支払わなければならないと規定されていました（平成 27 年改正前特許法 35 条 3 項）。もっとも、平成 27 年改正により、契約、勤務規則その他の定めにおいてあらかじめ使用者等に特許を受ける権利を取得させることを定めたときは、その特許を受ける権利は、その発生したときから当該使用者等に帰属する（現行特許法 35 条 3 項）ことになり、従業員の権利も金銭その他の経済上の利益（現行特許法 35 条 4 項）となりました。

ところが、著作権法においては、著作権法上規定している要件さえ具備されていれば、従業員が**職務上作成した著作物**の著作者は、最初から会社となり（15 条 1 項、同 2 項）、また対価についての規定はありません。

したがって、あなたが会社の業務上作成したプログラムの著作物の著作者は、その作成時点から会社となり、やはり登録は不要です。

プログラムの著作権登録

さて、本題に戻り、それでは著作権法上はアプリケーションソフトの登録はまったくできないかというとそのようなことはありません。

もともと、著作権法における**著作物の登録**は、75 条から 78 条までに規定されていました。ただし、ここでの登録は、**実名の登録**（75 条）、**第一発行年月日等の登録**（76 条）、**著作権の移転・処分の制限・質権設定等**について第三者に対抗するための登録（77 条）のみであり、手続きとしては、文化庁の著作権登録原簿に記載して行うこととなります（78 条）。

ところが、プログラムの著作物の場合、社内で使用する等、未公表のまま使用されることも多いため、プログラムの著作物に限っては、以上の登録のほかに**創作年月日**を登録できるという規定を設けました（76 条の 2）。そして、「**プログラムの著作物に係る登録の特例に関する法律**」に基づき、現在、**一般財団法人ソフトウェア情報センター**（略称 SOFTIC）がその登録業務を行っています。

ただし、ここにおける登録は、特許法等と異なり、権利の付与等法律的な効果を直接導くものではありません。これは、先に述べたとおり、著作権法が無方式主義を採用していることからの要請であって、プログラムの著作物であっても例外ではありません。

すなわち、これらの登録規定は、第三者への対抗要件となる著作権の移転・処分の制限・質権設定等（77 条）以外はいずれも**推定規定**にすぎません。推定規定というのは、裁判手続上で相手方が登録と違う事実について立証すれば、推定が覆ることがあるというものです。

もっとも、重要なプログラムの場合には、創作年月日等を登録しておけば、自分が当該プログラムの著作者であると主張しやすいという事実上の効果を狙って登録することも多いようです。

プログラム

他社が開発したプログラムのバージョンアップ

Q53 ソフト開発会社ですが、ある企業からそこで使っているプログラムのバージョンアップの発注がありました。もともとその会社の注文で他の開発会社が作成したプログラムのようですが、当社でバージョンアップを引き受けても問題ないでしょうか。

A 特定のプログラムの開発を委託する場合、発注者と受注者（ソフト開発会社）との間で**ソフトウェア（プログラム）開発委託契約**を締結するのが一般的です。この契約は、受注者は発注者に対しプログラムを含むソフトウェアを開発したうえで、その開発したソフトウェアを発注者に納入する義務を負い、発注者は受注者に対し当該ソフトウェアの開発・納入の対価支払義務を負うという、請負契約であると解されています。

このようなプログラム開発において、開発されたプログラムの著作権は、通常の場合、原始的に**受注者に帰属する**と解されています。これは著作権法上、著作物の著作者は創作者であるため、単に代金を支払ったり、大まかな指示を行うにすぎない発注者は、プログラムの著作物の創作者とは認められないからです。

この開発委託契約において支払われる対価は、あくまでも当該ソフトウェアの開発・納入に対するものにすぎず、発注者に当該ソフトウェアの著作権の帰属が必要であるならば、発注者への**著作権の譲渡**を契約上明確にしておかなければなりません。

著作権譲渡の合意があるか

ソフト開発会社にとっては、プログラムは会社の非常に重要な技術であり財産ですから、そうそう簡単に著作権を譲渡するわけにはいきません。一方、発注者としても、開発委託費が多額に上るような場合には、単にソフトウェアが使用できるというだけでなく、著作権の譲渡を希望することもあります。なお、ソフト開発会社が発注者に著作権を譲渡する場合であっても、他のプログラムの開発に支障がないよう、開発委託された特定プログラム全体の著作権は発注者に譲渡しても、個々のモジュールやルーチンの著作権はソフト開発会社に留保しておき、他のプログラムの開発に使用できるようにしておくことが一般的です。また、発注者とソフト開発会社の歩み寄りの結果、開発したソフトウェアの著作権を共有にすることもあります。

なお、プログラムの著作権譲渡の合意

ができた場合には、通常、**翻案権**(27条)および**二次的著作物の利用に関する原著作者の権利**(28条)の譲渡も含めますし、同時に、ソフト開発会社は**著作者人格権**(とくに**同一性保持権**)**を行使しない**という**不行使特約**を締結することが一般的です。著作者人格権は**一身専属性**があり譲渡することができない(59条)ために不行使特約という方法が実務上考えられました。

後述するように、プログラムの著作物は**同一性保持権の例外規定**(20条2項3号)があるように、著作者人格権については文芸作品とやや異なる性質を有するため、このような不行使特約も有効であると解されています。また、この特約は、発注者と受注者間の債権債務関係にすぎず、直接的には第三者には効力を生じませんが、このような特約を締結しているソフト開発会社が、発注者以外の第三者に対し著作者人格権侵害の主張を行っても、権利の濫用等で請求が認められない可能性が高いと考えられます。

譲渡の合意がなければ翻案権の侵害

さて、本問を検討します。

まず、翻案権を含めた著作権を発注者に譲渡し、同時に著作者人格権の不行使特約を締結している場合です。プログラムのバージョンアップは**翻案**に該当すると考えられますが、発注者に翻案権が譲渡されており、かつ、開発会社から同一性保持権を行使しないという同意を得ていますので、発注者の許諾があれば、あなたの会社はプログラムのバージョンアップを行うことができます。

次に、発注者が開発会社からプログラムの著作権の譲渡を受けていない場合を検討します。プログラムの著作物の場合、他の著作物とは異なり、有効に利用するためには、バックアップやバージョンアップが不可避な場合があります。そこで、プログラムの著作物を著作権法に規定した昭和60年の著作権法改正において、プログラムの著作物についての著作権および著作者人格権に一定の制限を課しました(47条の3、および20条2項3号)。しかし、47条の3は、あくまでも、プログラムの著作物の複製物の**所有者**が自ら当該著作物をコンピュータで利用するために必要と認められる限度における複製・翻案を認めているにすぎません。

設問の場合、開発委託契約によって発注者が納品されたプログラムの所有権を有している場合には、あなたの会社が発注者の代わりに同条によるバージョンアップができるかが問題となります。この点、明確な見解はありませんが、著作権法上は「所有者」と明記されているため、あなたの会社が所有者である発注者から委託を受けて行うのは難しいのではないかと思われます。したがって、このような場合、あなたの会社がバージョンアップを行えば、**翻案権の侵害**になると思われます。

データベース

学術文献のデータベース化

Q54 研究者の参考のため、一定のジャンルの学術文献全文をデータベース化してインターネット上で無償公開してもよいでしょうか。また、学術文献全文ではなく、要約したものをデータベース化するのではどうでしょうか。それとも目次だけをデータベース化するのであれば、著作権法上問題はありませんか。あるいは、外部へ公開せず、社内のイントラネット上に置くだけならどうでしょうか。

A

学術文献をめぐる著作権

学術文献を**データベース化**するには、まず当該学術文献を電子計算機で検索できるように複製しなければなりません。学術文献は通常著作物に該当すると思われますので、その学術文献が著作権法の保護期間内のものであれば、**複製権**（21条）を有している著作権者の許諾が必要になります。

また、著作物をインターネット上で公開する行為には、著作権法の**公衆送信権**（23条）が働きますので、データベース化した学術文献をインターネット上で公開するのであれば、やはり著作権者の許諾が必要となります。

社内のイントラネットに置く場合には、プログラムの著作物ではありませんから、同一構内に設置されたイントラネット上であれば公衆送信権は働きません（2条1項7号の2)。しかし、社内利用のための複製は、著作権者の許諾が不要である**私的使用のための複製**（30条）には該当しないものと考えられていますので、複製について著作権者から許諾が必要になるでしょう。

要約版のデータベース化の問題

次に、学術文献全文をそのままデータベース化するのではなく、要約したものをデータベース化する場合にも著作権法上の問題があるでしょうか。

要約（ダイジェスト）とは、一般に原著作物の筋や構成がわかるように抜粋、あるいは簡略化したものであるといわれています。これに対し、**抄録（アブストラクト）**とは、一般に、著作物に何が書いてあるかを紹介する程度の記述であって、たとえば図書目録に記載するための要旨程度のことをいうとされています。

もっとも、要約も抄録も著作権法上の定義ではありませんので、著作権法上どのような評価を受けるのかは、原著作物の要約、抄録の態様を個別に判断する必要があります。

この場合、問題になるのは、「**翻案権**」(27条)です。著作権法上の**翻案**とは、原著作物の本質的な特徴の同一性を維持しつつ、創作性のある表現を加えることであるといわれており、代表的な例として小説の映画化が挙げられています。

本件においても、学術文献の構成・内容を要約し、その要約した文章を読めば当該学術文献の筋や構成がわかるのであれば、著作権法上の「翻案」に該当する可能性が高いでしょう。このような場合には、要約したものをデータベース化するのであっても、やはり、原著作物である学術文献の著作権者の許諾が必要になるものと考えられます。

なお、抄録については、昭和51年の著作権審議会第4小委員会において検討がされています。ここでは、著作物の題号や著作者名、出版社名、発行年など、当該著作物の内容にかかわらない事項をピックアップして、文献目録のような形態で利用することについては、著作権は及ばないが、内容を簡潔にまとめたもの、いわゆる抄録は、ものによっては二次的著作物に該当する場合も考えられるとしています。

そして、抄録には、文献の存在について指示を与えるだけであって、内容の把握については本文を必要とする程度のものである**指示的抄録**と、内容をある程度概括したものである**報知的抄録**があり、報知的抄録の場合は翻案に該当し得るが、指示的抄録であれば翻案に該当しない、という検討がなされています。

このことから、文献目録や指示的抄録をデータベース化した場合であれば、翻案にはならず、著作権者から許諾を得る必要がないものと考えられます。

目次は著作物といえるか

それでは、データベースに当該学術文献の**目次**をそのまま掲載する場合は著作権法上何か問題になるでしょうか。

この場合、目次そのものが著作物といえるかということが問題点となります。著作物とは、思想または感情を創作的に表現したものであって、文芸・学術・美術・音楽の範囲に属するもの(2条1項)でなければなりませんから、当該目次がこのような著作物の定義に該当するかによります。

簡単な章立てしか記載のない目次の場合には、思想または感情を創作的に表現しているものとは認められないと考えられますが、かなり詳しい目次の場合には、目次自体が思想または感情を創作的に表現しているものと認められる可能性がないとはいえません。

したがって、このように詳しい目次の場合であれば、これをデータベース化するには、著作権者の許諾が必要になる可能性があるものと思われます。

編集物とデータベース

Q55 編集物を編集著作物として保護する条件として、著作権法では、「素材の選択又は配列によつて創作性を有するもの」とありますが、データベースの保護は、「情報の選択又は体系的な構成によつて創作性を有するもの」となっています。この違いは何ですか。

A 編集物で「**素材の選択又は配列によつて創作性を有するもの**」は、著作物として保護されます（12条1項）。著作権法には編集物の定義はありませんが、雑誌、百科事典、新聞等のように個々の素材が著作物であるものを編集したものや、数値情報や事実等個々の素材は著作物ではないものを編集したものをいうとされています。そして、編集物で「素材の選択」または「素材の配列」に創作性のあるものは、個々の素材とは別個に、編集物全体について著作権法上の保護を与えるのです。「又は」となっていますので、**選択**、**配列**のどちらかに創作性がある場合には、**編集著作物**となります。

これに対し、「**データベース**」とは、「論文、数値、図形その他の情報の集合物であつて、それらの情報を電子計算機を用いて検索することができるように体系的に構成したものをいう」（2条1項10号の3）と定義されています。編集著作物と同様、データベースの個々の情報は、論文のように著作物であるもの（Literary Database）と、数値や事実のように著作物でないもの（Fact Database）に分類されます。

米国著作権法のように、著作権法上新たに規定を設けず、データベースを編集著作物として保護する国も多いのですが、わが国は昭和61年に著作権法を改正し、編集著作物とは別個に保護することにしています。そして、ご質問のとおり、データベースの著作物の著作権法の保護要件は、「**情報の選択又は体系的な構成によつて創作性を有するもの**」（12条の2）とされています。

編集著作物とデータベースの保護要件

編集著作物とデータベースの保護要件を比較すると、「**素材の選択**」、「**情報の選択**」という点、すなわち、選択に創作性が必要であるということでは、両者同じです。ところが、編集著作物では「**素材の配列**」となっているものが、データベースでは「**体系的な構成**」とされており、異なっています。

データベースは、コンピュータに当該

情報を検索し処理させることを目的として作られています。情報の検索処理という点が編集著作物と異なります。コンピュータが情報を高速で検索処理するためには、データ構造の設計、すなわち、データフォーマットを規定し、シソーラス（類義語辞書）・キーワード付け等の分類体系を立てること等が重要であるため、このようなデータの「体系的な構成」に創作性がある場合には、データベースの著作物として保護することにしたものです。

なお、著作権法上、編集著作物であってもデータベースであっても、保護を受けるためには、「選択」・「配列」・「体系的構成」という、それぞれの保護要件のいずれかに**創作性**があることが必要です。著作権法は、あくまでも「創作性のある表現」を保護する法律であるため、編集著作物であってもデータベースであっても、創作性のないものは保護することができないのです。

「創作性」と「表現」が必要

データベースの「創作性」について争われた判決としては、「翼システム事件」（東京地裁平成13年5月25日中間判決・同平成14年3月28日終局判決）があります。これは、自動車整備業務用に作成されたデータベースが、「情報の選択」性については実在の自動車および車検証に記載する必要のある項目と車種を選択しており、この種のデータベースとしては通常されるべき選択であるとされ、また、「体系的な構成」についても、形式指定・累計区分番号の古い自動車から順に並べたものであって、創作性がないものと判断された事案です。なお、この判決では、著作権法上のデータベースの著作物ではないとしても、その他の事情を勘案した結果、被告の行為は**不法行為**に該当するとして、民法709条の損害賠償を認めました。

最後に、編集著作物およびデータベースは、「**表現**」されているものであることが必要ですから、「配列」や「体系的な構成」が非常に優れたものであっても、その**アイデア**自体を著作権法で保護することはできません。たとえば、「配列」や「体系的な構成」を利用しても「素材」や「データ」をまったく入れ替えた場合、アイデアを利用しただけであるため、著作権侵害とするのは難しいのではないかと思われます。

なお、著作権法以外でこのようなアイデアの保護としては、自然法則を利用している場合には**特許法**、配列形態が物品の形状や構造であって独創性のある場合には**実用新案法**が適用になる可能性はありますが、これらの法律は、無方式主義である著作権法と異なり、あらかじめ特許庁への登録が必要であるという点が大きく異なります。いずれにしても、著作権法とは保護要件が異なりますので、それぞれの法律で保護されるかどうか、別途検討する必要があります。

実演

録音物に関する実演家の権利

Q56 クラシックのピアニストです。先日、知人・友人を招いて小規模の演奏会を開催しました。出入りのピアノ調律師さんに演奏の模様の録音を依頼し、調律師さんの機材とテープにて録音してもらいました。演奏会が好評だったので、何回か録音テープからダビングして希望者に配布したのですが、ダビングのつど、その調律師さんから実費と手数料を請求されます。私の演奏ですので、音源のテープを引き渡すよう依頼したのですが、録音したのは自分だと主張して応じてくれません。私にも演奏家としての権利があると思うのですが、録音テープの引き渡しは受けられないのでしょうか。

A **著作隣接権**については、一般の著作権よりもなじみが薄いのではないかと思います。

実演家とレコード製作者の権利

まず、著作権法上、あなたは「**実演家**」(2条1項4号)として「**実演**」(同項3号)を行ったことになります。

そして、**実演家の権利**として、「その実演を録音し、又は録画する権利を専有する。」(91条1項)と規定されており、あなたの実演を録音、録画するにはあなたの許諾が必要となります。ここでいう「**録音**」とは、「音を物に固定し、又はその固定物を増製することをいう。」(2条1項13号)とされていますので、実演を録音するだけでなく、録音物の複製についてもあなたの許諾が必要になります。あなたは、ご自分の演奏会をピアノの調律師さんに録音してもらったということですから、調律師さんが行った録音はあなたの許諾を得て行ったことになるでしょう。

また、著作権法では、「蓄音機用音盤、録音テープその他の物に音を固定したもの(音を専ら影像とともに再生することを目的とするものを除く。)」を「**レコード**」と定義していますので(2条1項5号)、実演の音を固定した録音テープも著作権法上「レコード」となります。

さらに、「レコードに固定されている音を最初に固定した者」が「**レコード製作者**」と規定されています(同項6号)ので、あなたの依頼を受け、あなたの演奏を録音した調律師さんは、録音テープという固定物に最初に音を固定した者として著作権法上の「レコード製作者」に該当するものと思われます。このレコード製作者は、「そのレコードを複製する権利を専有する」（96条）と規定されていますので、調律師さんもレコード製作者として、あなたの演奏を録音した録音テープを複製する権利を有していることになりそうです。

録音テープ引き渡しの請求は可能か

それでは、あなたは実演家として、あなたの実演の音が録音されている、この録音テープを自分に引き渡せといえるのでしょうか。

本来であれば、調律師さんに録音を依頼する際に、演奏を録音した録音テープの取り扱いについても取り決めていればよかったのですが、ご質問内容からすると、録音を依頼する際にはこのような取り決めはしていなかったと思われます。そうであれば、あなたは調律師さんに対し契約上の請求をすることはできませんから、あなたが録音テープの引き渡しを要求する権利が著作権法その他の法律上あるかどうかを検討しましょう。

実演の音源を固定した録音テープは**有体物**であり、ご質問からすると、その録音テープは調律師さんが所有しているようです。

すでに述べたとおり、著作権法が実演家の録音権として認めているのは、あくまでも実演した音の録音を許諾したり無断で録音させないという権利であって、それ以上の規定はありません。したがって、実演家であっても許諾録音された有体物である録音テープの引き渡しを請求することはできないのではないかと思われます。

もちろん、あなたの許諾を得ず無断で録音されたテープについては、実演家としての録音権に基づく「**差止請求権**」（112条1項）に伴う「**廃棄請求権**」（同条2項）によって、侵害組成物としての録音テープの廃棄を請求することができます。しかし、実演家の許諾を受けて録音された録音テープは著作隣接権の侵害組成物ではありませんので、廃棄せよという廃棄請求権も及びません。さらに、違法録音物であっても廃棄請求すれば足りるのであって、一般にその録音テープの引渡請求までは認められないものと考えられています。

また、録音テープの引渡請求ではなく、その録音テープから演奏の音源のみをあなたが持っている別のテープに録音せよという請求は可能でしょうか。実演家の権利として、許諾された録音物から音源を録音請求することについての規定はありませんし、調律師さんがレコード製作者であれば、その録音テープの複製については調律師さんも権利を有するため、調律師さんの許諾を得ずに録音テープから演奏音源を録音せよという請求はできないのではないかと思われます。

実演

実演家人格権と著作者人格権の違い

Q57 著作者（著作権）と実演家（著作隣接権）の人格権にはどのような違いがあるでしょうか。

A **著作者人格権**のうち、氏名表示権（19条）、同一性保持権（20条）は、旧著作権法時からあり（旧法18条）、公表権も現行著作権法成立時から規定されていましたが、**実演家の人格権**である氏名表示権（90条の2）および同一性保持権（90条の3）は、平成14年の著作権法改正によって創設されました。

実演家人格権の創設趣旨

実演家、レコード製作者、放送事業者、有線放送事業者は著作者ではないため、著作権はありません。しかし、これらの者は、著作物の創作活動に準じた創作的な活動を行い、かつ、著作物の伝達に一定の役割を担っていることから、著作隣接権者としての権利を与えられています。そして、これらの**著作隣接権**（neighboring rights）の中で、実演家のみが人格権的な権利を与えられています。これは、著作者人格権が著作者の精神的な権利を守るのと同様、実演家人格権は実演家の精神的な権利を守るものであるからといわれています。

なお、実演家人格権において**公表権**はありません。

著作者人格権と実演家人格権との違い

さて、著作者と実演家双方の**氏名表示権**の権利内容には、違いがあるのでしょうか。

いずれも、公衆への提供または提示に際し、著作者名あるいは実演家名を表示し、または表示しない権利と規定されています。氏名表示の原則としては、ほぼ同じ権利内容といえるでしょう。

もっとも、氏名表示を省略できる場合については、著作者と実演家では少し異なっています。著作者の氏名の省略は、「著作者が創作者であることを主張する利益を害するおそれがないと認められるとき」であり、かつ、「公正な慣行に反しない」ことが必要（19条3項）ですが、実演家の氏名の省略は、「実演の実演家であることを主張する利益を害するおそれがないと認められるとき」または「公正な慣行に反しないと認められるとき」（90条の2第3項）と規定されています。実演は、多数の実演家が関与する場合が多く、全部の実演家の氏名表示が義務付けられると、実演の円滑な利用が妨げられるおそれが強いことから、著作者の氏名表示権よりも実演家の氏名表示権の例外のほうが広く規定されているといわれています。

次に、**同一性保持権**の権利内容はどうでしょうか。

著作者の同一性保持権は、著作者の「意に反して」変更、切除その他の改変を受けないと規定されています（20条1項）。これに対し、実演家の同一性保持権は、「自己の名誉又は声望を害する」実演の変更、切除その他の改変を受けないと規定されています（90条の3第1項）。

ベルヌ条約上では、著作者の同一性保持権は「自己の名誉又は声望を害するおそれのあるもの」（ベルヌ条約6条の2第(1)項）と規定されていますが、わが国の著作権法上の著作者の同一性保持権はそれよりも強力で、客観的な名誉・声望を害する改変だけでなく、著作者の主観的に意に反する改変も禁止されていると解されています。

一方、実演家の同一性保持権は、「自己の名誉又は声望を害する」すなわち、客観的な名誉・声望を害する改変の禁止ですから、「意に反する」改変を禁止する著作者の同一性保持権よりも効力が弱いといえるでしょう。その理由として、実演は録音または録画の際に編集されたり、多くの実演家が関与したりする場合も多く、実演家の主観を重視する「意に反する」改変を禁止すると、実演の円滑な利用が妨げられるおそれが強いからだといわれています。

また、同一性保持権の例外としても、著作者の場合は、①学校教育の目的上、やむを得ないと認められる利用（20条2項1号）、②建築物の増改築等の改変（同項2号）、③コンピュータ・プログラムの利用上の改変（同項3号）のほか、④著作物の性質並びにその利用の目的および態様に照らしやむを得ないと認められる改変（同項4号）が規定されているのに対し、実演家の場合は、氏名表示権の例外と同様、「実演の性質並びにその利用の目的及び態様に照らしやむを得ないと認められる改変」または「公正な慣行に反しないと認められる改変」（90条の3第2項）と規定されています。これについても、実演は、編集して利用する場合や部分的に利用する場合が多いことから、実演の円滑な利用を妨げないように著作者の同一性保持権の例外よりも広く規定しているといわれています。

なお、著作者人格権も実演家人格権も**一身専属**で譲渡できないことは同様です（59条、101条の2）。また、**死後における人格的利益の保護**についても、著作者と実演家は同様です（60条、101条の3）。

実演

ものまねと実演家の権利

Q58 芸能人の歌唱のものまねは、その音楽作品の著作権の利用にあたるということはわかるのですが、芸能人の声色やものまねをすることは、まねされた芸能人の著作隣接権を侵害することになりますか。

A 著作権法上、芸能人について直接規定した条文はありません。ただし、「**実演**」とは「著作物を、演劇的に演じ、舞い、演奏し、歌い、口演し、朗詠し、又はその他の方法により演ずること（これらに類する行為で、著作物を演じないが芸能的な性質を有するものを含む。）をいう。」（2条1項3号）と定義されており、「**実演家**」とは「俳優、舞踊家、演奏家、歌手その他実演を行う者及び実演を指揮し、又は演出する者をいう。」（2条1項4号）と定義されています。

したがって、芸能人の歌唱や演技その他芸能的な行為は、著作権法上、実演家が行う実演に該当することになるでしょう。

実演家の権利

実演家は著作物の創作者ではありませんが、著作物の伝達において重要な役割を果たしており、また、著作物の創作に応じた準創作的な活動を行っているため、著作権法第4章の「**著作隣接権**」において、法的保護を与えられています。もっとも、実演家の権利は、著作者の権利とまったく同一ではありません。実演家の権利を分類すると、次の3種類になります。

①**実演家人格権**……実演家の氏名表示権（90条の2)、実演家の同一性保持権（90条の3)

②**著作隣接権**……録音権および録画権（91条1項)、放送権および有線放送権（92条1項)、送信可能化権（92条の2第1項)、譲渡権(95条の2第1項)、貸与権（95条の3第1項)

③**報酬請求権**……商業用レコードの二次使用権（95条1項)、貸与権のうち期間経過商業用レコードによる貸与に基づく報酬請求権（95条の3第3項)

「模倣」は実演家の権利を侵害するか

ところで、ご質問のような、芸能人の声色（こわいろ）やものまねを行うことは著作権法上、実演家の権利を侵害することになるのでしょうか。

絵画の模写は原画の複製（21条）であると判断されることが多いと思いますが、書における書風や絵画の画風は、著作物の表現それ自体を再現するものではないという理由で、一般には保護されません。同様に、第三者が実演家の実演を**模倣**することも、実演そのものの再現には該当しないものと考えられます。

また、著作物であれば、原著作物を改変した二次的著作物を創作することは著作権者の**翻案権**（27条）の侵害になりますが、実演の場合は元の実演に依拠した新たな実演について規定した条項は著作権法にはありません。

なお、第三者が行う「模倣」であっても、通常人が視聴して実質的に同一であると判断されるような場合があるかもしれません。このような場合、「**複製**」といえないかが問題となることがありますが、仮にこのような場合であっても、著作権法においては実演の有形的あるいは無形的な複製に関しては、当該実演を録音・録画すること（91条1項）、当該実演を放送･有線放送すること（92条1項）、当該実演を送信可能化すること（92条の2第1項）を禁止するにとどまりますので、第三者が行う「模倣」をこれらの規定で制限することはできないでしょう。

名誉や声望を害する模倣の場合

次に、実演家の名誉または声望を害するような態様で第三者が声色やものまねを行った場合には、**実演家人格権**の侵害にはならないのでしょうか。実演家人格権は平成14年の著作権法改正により追加された権利であり、「実演家は、その実演の同一性を保持する権利を有し、自己の名誉又は声望を害するその実演の変更、切除その他の改変を受けないものとする」（90条の3第1項）と規定されています。この実演家の同一性保持権も、当該実演自体の変更、切除その他の改変を予定しており、第三者の模倣行為までは想定していないのではないかと思われます。

したがって、実演の模倣により実演家の名誉または声望を害するような場合には、民法の名誉毀損等**不法行為**（民法710条）、あるいは芸能人等が有するとされる人格権に基づく**「パブリシティ権」侵害**として対処することになるのではないでしょうか。

以上のように、実演の模倣は著作権法において規定されている実演家の権利の侵害にはならないものと考えられます。

ところで、実演家の実演は著作物ではありませんが、**舞踊**は著作物として保護されています（10条1項3号）。よって、舞踊の振付を行った**振付家**は舞踊の著作物の著作者であり、複製権（21条）、上演権（22条）、公衆送信権（23条）、翻案権（27条）等を有しますし、著作者人格権（公表権、氏名表示権、同一性保持権）も有することになります。したがって、舞踊の振付を勝手に変更した場合には、著作権侵害になることがあります。

肖像権とパブリシティ権

Q59 肖像権やパブリシティ権という言葉を聞くことがありますが、これらは同じものですか。何に基づくどのような権利なのでしょうか。

A

肖像権とは

肖像権とは、文字どおり、人の肖像に対する権利のことをいいます。一口に肖像権といっても、2通りの種類があるといわれています。

1つは、**狭義の肖像権**といわれているもので、人であればだれもが有するものです。もう1つは、**パブリシティ権**ともいわれるもので、芸能人、プロスポーツ選手等著名人のみが有する権利です。

だれもが有する狭義の肖像権は、自己の氏名・肖像等をみだりに他人に公開されないという**プライバシー権**の一種だといわれています。わが国においては肖像権を明文で規定している法律はありませんが、人（自然人）が有する人格権的な権利であって、憲法13条（幸福追求権）に基づくものと考えられています（「京都府学連事件」最高裁昭和44年12月24日判決、「和歌山毒物混入カレー事件」最高裁平成17年11月10日判決）。

たとえば、写真週刊誌に勝手に自己の肖像を掲載された場合には、その人の私生活や社会生活に大きな影響を与えるでしょう。人は、肖像権に基づきこのような掲載の禁止や損害賠償請求を行うことができることになります。ただし、政治家等**公人**と呼ばれる人々は、プライバシー権が一部制限されているのと同様、狭義の肖像権は制限されているといわれています。これは、民主主義において公人の行動を報道その他で伝えることは、国民の公的な利益に合致するものであり、その分、公人の肖像権が制限されることもやむを得ないものと考えられているからです。

パブリシティ権とは

一方、固有の名声、社会的評価、知名度等を獲得した、芸能人やプロスポーツ選手等著名人の氏名、肖像を商品の宣伝・広告に使用したり、商品そのものに付した場合には、当該商品の宣伝、販売促進に効果をもたらす（これを**顧客吸引力**といいます。）ことになりますが、この顧客吸引力が有する経済的利益ないし価値を**パブリシティ価値**といい、当該著名人はこのパブリシティ価値を排他的に有するとされています。この著名人が有する権利は、狭義の肖像権と区別するため、パブリシティ権と呼ばれています

(「ピンク・レディー事件」最高裁平成24年2月2日判決等)。

パブリシティ権はもともと、アメリカ合衆国等において早くから認められていたものでした。わが国では、肖像権同様、パブリシティ権を明文で規定している法律や直接の根拠条文はありませんが、「マーク・レスター事件」(東京地裁昭和51年6月29日判決)において「肖像権」として認められて以降、すでに多くの判決において認められており、最高裁においても認められました(前掲「ピンク・レディー事件」)。

このように、パブリシティ権の中心は、顧客吸引力であると考えられておりますが、パブリシティ権の法的な根拠は、単なる財産権からだけではなく、狭義の肖像権と同様、人格権に由来するとされています(前掲「ピンク・レディー事件」)。もっとも、わが国における現在の状況は、パブリシティ権の内容・効果・範囲・期間等についてまだ明確になっているとはいえません。

物にもパブリシティ権があるか

ところで、パブリシティ権の法的根拠を顧客吸引力に求めると、何も自然人だけに限る必要はなく、たとえば、競走馬やブランド品等、顧客吸引力を有する物にも認めることができるのではないかということになってしまいます。ゲーム中に使用された実在の競走馬の名称についてパブリシティ権が認められるか否かについては、名古屋高裁と東京高裁とで判断が分かれていましたが、最高裁判所はこれを否定する判決を出しました(「ギャロップレーサー事件」最高裁平成16年2月13日判決)。

この判決は、「競走馬の名称等が顧客吸引力を有するとしても、物の無体物としての面の利用の一態様である競走馬の名称等の使用につき、法令等の根拠もなく競走馬の所有者に対し排他的な使用権等を認めることは相当ではなく、また、競走馬の名称等の無断利用行為に関する不法行為の成否については、違法とされる行為の範囲、態様等が法令等により明確になっているとはいえない現時点において、これを肯定することはできない。」としています。前述のとおり、「パブリシティ権」が人格権に由来するという最高裁判決に従えば、**物のパブリシティ権**を認めることは困難でしょう。

なお、芸能人やプロスポーツ選手等著名人は、マスコミに登場することによって社会的評価や知名度を上げていることもあるため、一般の人に比べて狭義の肖像権は制限されているといわれていますが、まったくないわけではありません。完全な私生活上の行為の写真を無断で撮ることは狭義の肖像権の侵害になる可能性が高いのです。このように著名人は、狭義の肖像権とパブリシティ権の両方を有していることになります。

アイドルの肖像写真の利用と肖像権、パブリシティ権

Q60 平成時代の社会・文化の変遷をテーマにしたノンフィクションを執筆しています。文章との関連であるアイドルの肖像写真を掲載しようとしたところ、もはや芸能界を引退しているのでやめてほしいといわれました。また、別のアイドルの肖像写真を掲載しようとしたところ、パブリシティ権があるので、使用料を支払ってほしいといわれました。これらの写真は、過去にプロダクションの許可を得て撮影されたものですが、このような要求に従わなければいけないのでしょうか。

A 人の肖像に対する権利を一般に**肖像権**といいます。この肖像権には、2通りの種類があるといわれています。1つは、**狭義の肖像権**（以下、「肖像権」）といわれているもので、だれもが有するものです。もう1つは、**パブリシティ権**といわれるもので、芸能人、プロスポーツ選手等著名人のみが有する権利です。

肖像権とパブリシティ権

だれもが有する肖像権とは、プライバシーの一種で、自分の肖像等はみだりに他人に公開されない権利、あるいは承諾なしにその容貌（ようぼう）等を撮影されないという法律上保護される人格的利益である（「和歌山毒物混入カレー事件」最高裁平成17年11月10日判決）といわれています。肖像権を明文で規定している法律はありませんが、自然人が有する人格権的権利であって、憲法13条（幸福追求権）に基づくものと考えられています。

これに対し、固有の名声、社会的評価、知名度等を獲得した、芸能人やプロスポーツ選手等著名人の氏名、肖像が持つ**顧客吸引力**の経済的利益ないし価値を排他的に有する権利をパブリシティ権と呼んでいます（「ピンク・レディー事件」最高裁平成24年2月2日判決）。わが国では、パブリシティ権についての直接の根拠条文はありませんが、すでに多数の判決において認められています。その法的な根拠は、肖像権と同様、**人格権**に由来する権利の一内容とされています（前掲「ピンク・レディー事件」）。芸能人がプロダクションに所属している場合には、プロダクションがその肖像を管理している場合が多いと思われますが、パブリシティ権といえども人格から発生しているため、裁判例では、プロダクションが、芸能人からパブリシティ権を譲り受けたり、パ

ブリシティ権侵害の裁判主体になることはできないとされています。

また、芸能人等著名人であっても、一般人と比べてプライバシーの権利が制限されていると解されているものの、これをすべて放棄しているものではありませんから、私生活の写真等まったくプライベートな肖像であれば、肖像権の問題になることもあります。

肖像権・パブリシティ権侵害の判断

さて、ご質問のように、過去にプロダクションの許可を得て撮影されたアイドルの肖像写真は、撮影時点ではパブリシティ権および肖像権の侵害にはならないでしょう。それでは、今、使用するのであれば、権利侵害になるのでしょうか。

まず、すでに芸能界を引退したので掲載をやめてほしいという要求については、パブリシティ権よりも肖像権が問題になってくるでしょう。確かに、芸能界を引退した現在、当時の肖像を掲載されることは、その人にとっては自己の平穏な生活を乱されると思われるかもしれません。もっとも、肖像権については、これが他人に公開されることが**不法行為**となるかどうかは、撮影あるいは公開目的・態様・必要性等を総合考慮して、社会生活上受忍の限度を超えるといえるかどうかを判断して決すべきであるとされています（前掲「和歌山毒物混入カレー事件」）。本件の場合、過去の肖像写真の内容にもよりますが、通常の内容を通常の方法で掲載するだけであれば、現時点においても社会生活上受忍限度の範囲内であり、不法行為にはならないと判断されるのではないでしょうか。もちろん、過去の肖像写真だけでなく現在住んでいる住居の写真等を併せて掲載した場合には、平穏な私生活を乱す行為としてプライバシー権の侵害になるでしょう。

次に、パブリシティ権の侵害であるから使用料を支払ってほしいという主張についてはどうでしょうか。パブリシティ権といえども表現の自由との関係で一定の制限を受けることがあります。前掲「ピンク・レディー事件」最高裁判決では、肖像等に顧客吸引力を有する者は、①ポスター等独立した鑑賞とすること、②商品の差別化を図るために商品に付すこと、③広告に利用すること等、「専ら肖像等の有する顧客吸引力の利用を目的とする場合」以外は、社会の耳目を集めるなどして、その肖像等を時事報道、論説、創作物等に使用されることもあるのであって、その使用を正当な表現行為等として受忍すべき場合もあるというべきと判断しました。

本件の場合も、肖像写真の大きさや使用方法等を含めて考慮する必要がありますが、グラビア写真のように大きなものではなく、文章との関係で掲載の必要性が認められる場合には、パブリシティ権の侵害にはならないのではないかと思われます。

乗り物のイラスト画、写真の利用

Q61 子どもの好きな車や列車等の乗り物のイラスト画と写真を掲載した絵本を出版する計画があります。イラスト画の作成および写真の撮影を進めていますが、ある会社から、その会社の車両を写真撮影して掲載することについて、印税を求められています。

これらの乗り物に関する権利処理は必要なのでしょうか。また、その会社はどのような権利を持っているのでしょうか。

A まず、車や列車をイラスト画として描いたり、写真撮影する場合に、車や列車の外観が非常に独創的あるいは美的なものは、著作権法上、**美術の著作物**（10条1項4号）であるといえるでしょうか。

知的財産権は認められない

この場合は、たとえ、その外観自体が非常に独創的あるいは美的なものであっても、車や列車の外観は工業製品のデザインであり、純粋美術と同様の美的鑑賞の対象となるものではなく、美術の著作物ということはできないものと思われます。したがって、車や列車をイラスト画として描いても、イラスト画自体が美術の著作物として保護されることはあっても、そのイラスト画は車や列車の外観の**複製**（21条）あるいは**翻案**（27条）にはならないでしょう。その車や列車を写真撮影する場合も同じです。

それでは、**意匠法**の適用はないのでしょうか。**意匠**とは、「物品（物品の部分を含む）の形状、模様若しくは色彩又はこれらの結合、建築物（略）の形状又は画像（略）であつて、視覚を通じて美観を起こさせるもの」をいいます（意匠法2条1項）。なお、著作権と異なり、意匠権は特許庁へ出願し、審査を経て設定登録されなければ発生しません（同法20条1項）。また、**意匠権**が及ぶ対象は、意匠登録した物品区分ごとであり、かつ、意匠の「実施」、すなわち、意匠にかかわる物品を製造し、使用し、譲渡し、貸渡し、輸出し、もしくは輸入し、またはその譲渡もしくは貸渡しの申し出をする行為等には及びます（同法2条2項）が、単にイラストを描いたり、写真撮影する行為は、意匠の実施に該当しないため、意匠権の侵害にもならないものと思われます。

さらに、車や列車の車体を印刷物の分類で**商標登録**していた場合はどうでしょうか。車体を印刷物の分類で図形商標として商標登録していた場合であり、かつ、絵本に掲載したイラスト画がその図形商標と同一または類似であっても、絵本にイラスト画を掲載する行為は、商標の自他商品識別機能を有しておらず、実質的な商標の「使用」（商標法２条）に該当しないものと思われます。したがって、**商標権**を侵害することにはなりません。

それでは、**不正競争防止法**の適用はどうでしょうか。車や列車の形状が非常に独特であって、当該形状自体が商品等表示（不正競争防止法２条１項１号）と解される場合であっても、絵本のイラスト画や写真掲載行為が他人の商品または営業と混同を生じさせる行為ということは困難でしょう。また、絵本は、車や列車と商品が異なりますので、他人の商品の形態を模倣した商品（同法２条１項３号）ということもできません。したがって、不正競争防止法上の権利侵害にもならないと思われます。

「物のパブリシティ権」はあるか

最後に、絵本にその車や列車のイラストや写真を掲載する行為は、車や列車が有する**顧客吸引力**、いわゆる**パブリシティ**を利用する行為であるとして、車の製造メーカーあるいは鉄道会社が対価を請求することはできないのでしょうか。おそらく、ご質問の会社も、自社の車両が子どもに人気があるからこそ、そのイラスト画や写真が絵本に掲載されるのであるから、第三者がこれを無償で絵本に利用するのはおかしいと思って印税を請求してきたのではないかと思われます。

このように、物の名称や外観が有する顧客吸引力を根拠として、その物の所有者等が有する経済的な価値を保護する権利は「**物のパブリシティ権**」と呼ばれています。そして、自然人が有するパブリシティ権と同様に、物の所有者等が何らかの権利を有するかどうかが議論されてきました。

この点、古くは、物の所有者の所有権を理由とした排他的権利を根拠に、物の名称や外観にまで何らかの権利を認めるかのような裁判例もありましたが、最高裁判所は、実在の競走馬の名前を使った競馬ゲームソフトに関する判決において、知的財産権関係の各法律に規定がない権利について、法令等の根拠もなく競走馬の所有者に対し排他的な使用権等を認めることは相当ではなく、また、無断利用行為についても不法行為の成立は認められないと判示しました（「ギャロップレーサー事件」最高裁平成16年２月13日判決）。

したがって、上記のとおり、知的財産権としての権利が認められない以上、一般には、車の製造メーカーや鉄道会社が何らかの権利の対価として印税を請求することは困難ではないかと思われます。もっとも、イラスト画を描いたり、写真撮影を円滑に遂行させるために、製造メーカーや所有者へ事前の許諾を求めたり、何らかの対価的なものを支払うことも実務上ないわけではありません。

One Point 01

©（マルシーマーク）について

マルシーマークの**C**は、Copyright（コピライト）のCです。©の後に、著作権者名、第一発行年（なお、著作権者名、第一発行年の記載の順番は逆になっているものも多く見受けられます）の記載があるのが一般的です。これを**©表示**といいます。

ベルヌ条約第5条(2)項は、「著作者の権利の享有及び行使には、いかなる方式の履行をも要求しない。」と規定しており、日本も同様です（17条2項）（**無方式主義**）。ところが、著作権の享有や行使に、登録、納入、表示、手数料の支払い等何らかの方式を必要とする**方式主義**を採用している国もあります。そこで、万国著作権条約3条1項により、方式主義の国と無方式主義の国との橋渡しの表示とされたのが、この©表示です。

とくに1989年3月まではアメリカ合衆国がベルヌ条約に加盟しておらず方式主義を採用していたため、©記号、著作権者名、最初の発行年の表示は、実質上大きな意味を持っていました。ところが、1989年3月以降、アメリカ合衆国がベルヌ条約に加盟し無方式主義となったため、その後はこの表示がなくてもアメリカ合衆国でも著作物の保護がなされるようになりました。また、TRIPs協定において、ベルヌ条約遵守義務が規定されておりますので、ますます©表示が持つ法的意味は少なくなっています。

日本の著作権法は無方式主義をとっておりますので、日本国内においては©表示があっても、著作権の権利の発生や行使に関する法的な効果はとくにありません。

なお、著作権法14条は、「著作物の原作品に、又は著作物の公衆への提供若しくは提示の際に、実名、変名として周知のものが著作者名として通常の方法により表示されている者は、その著作物の著作者と推定する。」と規定しています。この**著作者の推定**は、あくまでも「著作者」の表示であるのに対し、©表示に記載される名前は「**著作権者**」でありますから、必ずしも一致するわけではありませんが、著作者と著作権者が一致している場合には、©表示が著作者の推定となることもあります。また、©表示は広く一般に知られていますので、これを著作物に付けることによって、当該著作物について著作権の主張をする意思が明確になるというメリットもあります。

このように、法的な効果として直接的なものではありませんが、著作物に©表示を付けることは事実上の効果があるので、付けていて悪いことはないでしょう。

Ⅱ

そこが知りたい
著作権 Q&A100
【基礎編】

著作物｜138
著作者・著作権者｜162
著作物の保護期間｜170
著作物の自由利用（権利制限）｜180
著作権侵害｜204
その他｜216

著作物

アイデアと表現

Q62 ビデオゲームのプランを考え、ソフトメーカーに提出しましたが、何の反応もありませんでした。最近このプランに基づいたと思われるゲームが市販されましたが、これは私の著作権を侵害するものではありませんか。

A 市販されたビデオゲームが、あなたが提出したプランに基づいたと思われるということは、そのプランとそのビデオゲームに似ているところがあったのでしょう。

ところで、このような場合にあなたに著作権法上保護される権利があるかどうかは結構難しい問題です。ご承知のとおり、著作権法は表現を保護する法律であって、**アイデア**を保護するものではありません。ただし、27条は、著作物の脚色、映画化など、基本となる原作の筋・仕組み・主たる構成などをそのままとして、派生的著作物を作成する権限を**翻案権**として保護しています。したがって、本件の場合においても、この翻案権に留意する必要があるでしょう。

そこで、あなたが提出したビデオゲームのプランが具体的にどのようなものか、場合に分けて検討してみましょう。

翻案権の侵害にあたるか

まず、あなたが提出したプランが、登場人物、ストーリー展開等に関してシナリオのように詳しく記載されており、さらに、当該ビデオゲームの登場人物やストーリー展開があなたの提出したプランと**本質的な特徴の同一性**を有すると認められる場合には、当該ビデオゲームはあなたの提出したプランの翻案権を侵害しているといえる可能性もあるでしょう。

最高裁判所も、言語の著作物の**翻案**とは、「既存の著作物に依拠し、かつ、その表現上の本質的な特徴の同一性を維持しつつ、具体的表現に修正、増減、変更等を加えて、新たに思想又は感情を創作的に表現することにより、これに接する者が既存の著作物の表現上の本質的な特徴を直接感得することのできる別の著作物を創作する行為」であると判示しています（「江差追分事件」最高裁平成13年6月28日判決）。

しかし、あなたが提出したプランが、登場人物、ストーリー展開等に関して詳しく記載されていない場合には、著作権法上の保護は難しいのではないかと思われます。たとえば、ゲームの登場人物やストーリー展開を簡単に記載しているだけでは、著作権法上保護される表現とはいえず、単なるアイデアにすぎないと考えられます。

前述した最高裁判所の判決も、「著作権法は、思想又は感情の創作的な表現を保護するものであるから（2条1項1号参照）、既存の著作物に依拠して創作された著作物が、思想、感情若しくはアイデア、事実若しくは事件など表現それ自体でない部分又は表現上の創作性がない部分において、既存の著作物と同一性を有するにすぎない場合には、翻案には当たらないと解するのが相当である。」と判示しています。

なお、あなたの提出したプランの中に登場人物が絵として描かれており、ビデオゲームに登場するキャラクターがあなたの絵と実質的に同一あるいは本質的特徴を直接感得できるのであれば、**美術の著作物**（10条1項4号）の複製権（21条）あるいは翻案権（27条）の侵害といえる可能性もあるものと思われます。ただし、登場人物の名前が同じというだけでは、一般に名前には著作権法の保護が及びませんので、著作権の侵害とはいえません。

このように、著作権法上保護されるのはあくまでも表現ですので、プランが保護される場合は実際にはあまり多くないと思われます。

有効な手段は NDA の締結

また、著作権法以外の法律といっても、特許権は「自然法則を利用した技術的思想の創作」の保護ですので、ビデオゲームの技術に関するプランであればともかく、ストーリー展開や登場人物、あるいはビデオゲーム内のゲームのルール等については特許権が成立しないでしょう。

なお、本件のような場合、あなたのプランを保護するためには、プランの提出先との間であらかじめ**秘密保持契約書**（Non Disclosure Agreement、略して**NDA**ともいいます）を締結しておくのがもっとも有効な手段です。この契約は、あなたのプランを相手方は秘密として保持し、第三者に開示しない、あるいは無断使用等不正使用しないという義務を相手方に負わせます。また、相手方がこの契約に違反して第三者に秘密を開示したり、不正使用したりした場合には、契約違反としての責任を追及するとともに、不正競争防止法上の**営業秘密**として差止めおよび損害賠償請求権を行使することもできるでしょう（不正競争防止法2条1項7号、同条6項、3条および4条）。

しかし、あなたがプラン提出先とこのような契約を締結していない場合には、法律的な保護を及ぼすことはかなり難しいと思われます。

著作物

アイコンの著作物性

Q63 子ども用のパソコンソフトの画面上に、かわいい絵のアイコンを制作しようと思っています。すでにいろいろなアイコンが世の中にありますが、著作権法上どのような点に注意すればいいでしょうか。

A **アイコン**とは、パソコンやWeb等の画面上にある、機能あるいは操作方法、処理の内容等を小さな絵や記号で表現したものをいいます。絵や記号によってユーザーが操作方法を直感的に理解できるようになっており、**グラフィカル・ユーザー・インターフェイス（GUI）**として、現在のパソコンソフトやWeb上で非常によく使用されています。

このようにアイコンは、操作方法や処理内容を直感的に理解できるようにするためのものですから、そのアイコンがどのような意味を有するのか、だれもがわかるものでなければなりません。また、目で見て理解するものであるため、視覚性も重要であるといわれています。さらに、アイコンはせいぜい数センチ四方程度でそれほど大きなものではありませんので、あまり複雑な絵柄にすることはできず、むしろイメージする物や形をデフォルメしたデザインになることが多いでしょう。

それでは、アイコンをパソコンソフト用に作成する場合に気をつけなければならない点を検討しましょう。

アイコン自体の意味はアイデア

まず、アイコン自体が意味する操作方法や処理内容自体は**アイデア**であって表現ではありません。

たとえば、ファイルを削除する際に使用するという機能をゴミ箱のアイコンによって表す場合、「ゴミ箱のアイコンをファイルを削除する際に使用する」というものは、表現ではなくアイデアになります。著作権法は「思想又は感情を創作的に表現したもの」（2条1項1号）を保護しますが、思想または感情自体を保護するものではありません。したがって、ゴミ箱の絵を描くことによってゴミ箱のアイコンの機能を独占することは、著作権法上はできないでしょう。同様に、子ども用のソフトにおいて学校を表示するアイコンは、学校の校舎の形をデフォルメしたものが多いのではないでしょうか。

このように、ある機能を表すために特定の形状や絵柄のアイコンを使用することは、表現ではなくアイデアであって著作権法では保護されません。

絵柄のあるアイコンの著作物性

また、そもそもアイコンが著作権法上著作物として保護されるかどうかも検討しなければなりません。アイコン自体はそれほど大きなものではなく、かつ、単純なデザインのものが多いため、**美術の著作物**、あるいはその他の著作物として保護できるのかという問題です。

まず、記号や文字をそのままアイコンにしたものは、著作物とはいえないと思われます。もともと著作権法は「表現」を保護するものであって、表現の手段・道具である言語は著作物ではないと考えられており、この言語を表示する文字の形状である**タイプフェイス**も著作権法では保護されないと解釈されています（「タイプフェイス事件」最高裁平成12年9月7日判決等）。文字や記号は万人が自由に利用すべきであり、特定人に独占させることは適当ではないからです。

次に、絵柄をアイコンにしたものはどうでしょうか。絵柄をデザインしたアイコンは、純粋美術ではありません。先に述べたアイコンの性質上、むしろ、実用品という役目が大きいでしょう。しかし、アイコンの絵柄の著作物性は事案ごとに判断する必要があり、裁判例もパソコンやWeb上の表示であるというだけで、著作物性を否定してはおりません（「ビジネスソフト事件」東京地裁平成14年9月5日判決）。もっとも、今まで述べたようにアイコンに内在する制約上、絵柄をアイコンにした場合には、ありふれた表現として著作物性が否定される場合もあるでしょう。また、著作物性が認められても、そのアイコンという表現における創作性の幅は極めて小さいため、すでに世の中に出ているアイコンとなんとなく似てしまっていても、デッドコピーあるいは酷似している場合を除いては、別個の著作物であると認定される場合が多いと思われます。

ただし、第三者のアイコンをデッドコピーした場合には、アイコンの著作物性が認められれば、そのアイコンの製作者が自己の権利を明確に放棄していないかぎり、**複製権**（21条）の侵害になる可能性が大きいものと思われます。

また、アイコンに著作物性が認められない場合に、民法709条の**不法行為責任**を問うことはできるでしょうか。「北朝鮮映画事件」（最高裁平成23年12月8日判決）以降、裁判では、著作権法上の著作物に該当しない創作物の利用行為は、著作権法が規律の対象とする著作物の利用による利益とは異なる法的に保護された利益等、特段の事情がないかぎり、不法行為としても認められないとされています。そうしますと、アイコンに著作物性が認められない場合には、民法709条の不法行為責任を問うこともなかなか難しいものと思われます。

著作物

新聞記事の見出し・キャッチフレーズと著作権

Q64 新聞記事の見出しやキャッチフレーズは、一所懸命考えてつくっても著作権法では保護されにくいと聞きましたが、どうしてでしょうか。

A 著作物とは、「思想又は感情を創作的に表現したもの」（2条1項1号）でなければなりません。ここでいう「**創作的**」とは、芸術性が高いことまでは必要ではなく、著作者の個性が表れていればよいといわれていますが、一所懸命考えてつくったものであっても、「**ありふれた表現**」である場合には、「創作性」が否定されます。著作権法は、時間や労力をかけたという、いわゆる「額に汗」を直接的に保護する法律ではないからです。そして、新聞記事の見出しやキャッチフレーズ等、ごくごく短い文章の場合には、その表現上さまざまな制約があることが多く、小説や絵画等と比べて「ありふれた表現」だと判断される場合が多いといえます。

「ありふれた表現」の著作物性

インターネットのホームページ上に掲出される記事見出しの著作物性が争われた裁判があります（「記事見出し事件」原審＝東京地裁平成16年3月24日判決、控訴審＝知財高裁平成17年10月6日判決）。

知財高裁では、「一般に、ニュース報道における記事見出しは、報道対象となる出来事等の内容を簡潔な表現で正確に読者に伝えるという性質から導かれる制約があるほか、使用し得る字数にもおのずと限界があることなどにも起因して、表現の選択の幅は広いとはいい難く、創作性を発揮する余地が比較的少ないことは否定し難いところであり、著作物性が肯定されることは必ずしも容易ではない」として、一般的には著作物性は認めにくいとしたうえで「しかし、ニュース報道における記事見出しであるからといって、直ちにすべてが著作権法10条2項に該当して著作物性が否定されるものと即断すべきものではなく、その表現いかんでは、創作性を肯定し得る余地もないではない」として、個々の記事見出しの創作性について検討しましたが、結論としては、新聞社が著作権を侵害されたと主張した記事見出し365個についてはすべて創作的表現ではないとして著作物性を否定しました。

たとえば、「マナー知らず大学教授、マナー本海賊版作り販売」については、このような対句的な表現は一般に用いられるものであって、ありふれた表現の域を出ないとしています。また、「A・Bさん、赤倉温泉でアツアツの足湯体験」については、「A・Bさん、赤倉温泉で足湯体験」という部分は客観的な事実関係をそのまま記載したものであり、「アツアツ」との表現も普通に用いられる表現であり、仲睦まじい様子と湯に足を浸している様子の双方が連想されるとしてもありふれた表現であるとしています。

言語の表現のうち、ごく短いもの、あるいはありふれたものとして著作権侵害の有無が争われた裁判としては、ほかにも「ラストメッセージ事件」(東京地裁平成7年12月18日判決)、「古文単語語呂合わせ事件」(原審＝東京地裁平成11年1月29日判決、控訴審＝東京高裁平成11年9月30日判決)、「交通標語事件」(原審＝東京地裁平成13年5月30日判決、控訴審＝東京高裁平成13年10月30日判決)、「キャッチフレーズ事件」(知財高裁平成27年11月10日判決)等があります。

これらの判決においても、そもそも侵害されたとする表現自体がありふれたものであるとして著作物性が否定されているものが多く、また、当該表現の著作物性が肯定されても著作権法で保護される創作性のある表現の範囲が狭いと認定され、結果として相手方の表現は侵害されたとする表現に依拠していない、あるいは創作性のある表現部分が実質的に同一ではない等として著作権侵害が否定されているものが大部分です。

民法の不法行為による保護

なお、上記「記事見出し事件」では、知財高裁は、記事見出しは、新聞社の多大の労力、費用をかけた報道機関としての一連の活動が結実したものといえること、著作権法による保護までは認められないものの、相応の苦労・工夫により作成されたものであって、簡潔な表現により、それ自体から報道される事件等のニュースの概要について一応の理解ができるようになっていること、記事見出しのみでも有料での取引対象とされるなど独立した価値を有するものとして扱われている実情があることなどから、法的保護に値する利益となり得るものであり、これらをデッドコピーないし実質的にデッドコピーして記事見出しを配信している行為は、法的保護に値する利益を違法に侵害したものとして、**不法行為責任**を認め、金23万7741円の損害賠償金の支払いを命じました。いわゆる「額に汗」の部分を、民法709条の不法行為によって保護したものです。

もっとも、その後の「北朝鮮映画事件」(最高裁平成23年12月8日判決)以降、著作権法上の著作物に該当しない創作物の利用行為は、著作権法が規律の対象とする著作物の利用による利益とは異なる法的に保護された利益等、特段の事情がないかぎり、不法行為としても認められないとされているため、現在では、不法行為も認められない可能性があります。

著作物

キャッチフレーズの保護

Q65 最近、キャッチフレーズの保護を否定したという判決が出たそうですが、キャッチフレーズを法的に保護する場合、どのような点が問題になるのでしょうか。

A **キャッチフレーズ**は、短い文章の中で、商品・サービスの宣伝につながるように、企業やコピーライターが労力・制作費用をかけて制作するものが大半です。優れたキャッチフレーズは、商品・サービスの売上向上に資するだけでなく、時代を反映する流行語となることもあります。このようなキャッチフレーズですが、その法的保護はなかなか難しいといわれています。

著作権法による保護

著作権法の客体は著作物であり、「思想又は感情を創作的に表現したもの」（2条1項1号）でなければなりません。ここでの創作性は独創性までは不要であるといわれていますが、だれもが考えつくような、ありふれた表現は創作性がなく保護されません。ありふれた表現を保護すると、以後、その表現を見た人は依拠性が生じますので、同様の表現を使用することができなくなり、問題が生じるからです。

また、著作権法は、さまざまな表現を対象としていますが、プログラムの著作物や建築の著作物など機能的表現の場合には、表現の幅に制約があるため、小説等の文芸的な著作物に比べて創作性を得にくいといわれています。

キャッチフレーズの場合、個々のキャッチフレーズはせいぜいワンフレーズ（15字程度）であることから、もともと表現の幅に制約があるといわれています。

もっとも、同様に字数が原則17文字と少ない俳句には著作物性が認められており、字数の少なさだけではキャッチフレーズの保護が難しいという理由のすべてにはなりません。俳句は文芸に含まれますし、季語等の決め事はありますがその表現方法が自由であるのに対し、キャッチフレーズは文芸とはいいがたく、その商品・サービスの利点を述べるという点で表現方法に制約があることが、俳句とキャッチフレーズの違いではないでしょうか。

知財高裁平成27年11月10日判決「キャッチフレーズ事件」においても、「音楽を聞くように英語を聞き流すだけ　英語がどんどん好きになる」「ある日突然、英語が口から飛び出した！」等の商品に付されたキャッチフレーズが、平凡かつありふれた表現として、著作物性を認められませんでした。

不正競争防止法による保護

それでは、不正競争防止法上の保護はどうでしょうか。

同法２条１項１号では、他人の周知商品等表示を自己の商品等表示と誤認させる行為を侵害としています。ここでの「**商品等表示**」とは、「氏名、商号、商標、標章、商品の容器若しくは包装その他の商品又は営業を表示するもの」と規定されており、自他商品・役務識別機能または出所表示機能を有していなければならないと解されていますが、キャッチフレーズの場合、同号の「商品等表示」に該当するかどうかが問題となります。

通常、キャッチフレーズは、需要者にとっては商品・サービスの説明を記述したものとして捉えられ、自他商品・役務識別機能または出所表示機能は有さないことが多いとされており、裁判でも同法２条１項１号の「商品等表示」に該当しないと判断される場合が多いようです（前掲「キャッチフレーズ事件」判決）。

商標法による保護

商標法で保護する場合、著作権法や不正競争防止法と異なり、前もって商標登録をする必要がありますが、キャッチフレーズは**商標登録**をすることが可能でしょうか。

従前の「**商標審査基準**」（特許庁）では、標語（たとえば、キャッチフレーズ）は、原則として、商標法３条１項６号に規定する**登録拒絶事由**（識別力のないもの）の例とされていましたが、平成28年に改訂された商標審査基準（第12版）以降、キャッチフレーズであっても、識別力のある場合には同号には該当せず、商標登録をすることができるとされています。

したがって、キャッチフレーズであっても識別力があるとして商標登録ができる場合が多いと思われます。

一般不法行為による損害賠償請求

それでは、キャッチフレーズが著作権法・不正競争防止法・商標法で保護されない場合でも、民法709条の**一般不法行為**として損害賠償請求ができるでしょうか。

この点についても、著作権法・不正競争防止法・商標法が法的保護範囲を規定しており、それらの法が規律の対象とする著作物や周知商品等表示、標章の利用による利益とは異なる法的に保護された利益を侵害するなどの特段の事情がないかぎり、不法行為を構成するものではない、と判断される場合が多いと思われます（「北朝鮮映画事件」最高裁平成23年12月8日判決、前掲「キャッチフレーズ事件」判決等）。

著作物

題号、名称の利用

Q66 既存の小説と同じ題号の別の小説を書いたり、有名な商品等の名称を自分の店の名前として付けたりしたら、著作権問題になりますか。ほかの法律ではどうでしょうか。

A

書籍の題号は著作物か？

一般的に小説等書籍の**題号**は、著作権の対象にはならない場合が多いといわれています。小説の題号は、普通名称だけ、あるいはその組み合わせであっても短いものが多く、思想または感情を創作的に表現したとまではいえない場合が多いからです。小説の題号に著作物性を認めると、それと同一あるいは類似する題号は他人が使用できなくなってしまいますが、そのような独占的な効力を認めることは好ましくないという配慮もあるでしょう。20条は、著作物と並んで著作物の題号を**同一性保持権**の対象としていますが、著作物の題号は著作物でない場合が多いからこそ、わざわざ明記したものといえるでしょう。

もっとも、既存の書籍の題号と同一あるいは類似の題号を付けることについては、過去にトラブルがまったくないわけではなく、裁判上の和解が成立した事案もあります（「『父よ母よ！』事件」東京地裁平成9年1月22日和解）。この事案では、『父よ母よ！』という書籍の題号について、当該題号は書籍の内容の熟慮の結果、決定されたものであり、シンプルではあるが、同書の内容を象徴するにふさわしい題号であると認定しながらも、題号のみを客観的に検討すると、「父よ」「母よ」という使用頻度の高いシンプルで重要な言葉を組み合わせたものであり、高度の独創性があるものということはできず、このようなシンプルで重要な言葉の組み合わせからなる題号を特定の人にのみ独占させる結果となることは、不正の目的が認められる等の特段の事情がないかぎり、表現の自由の観点から見て相当ではないとする裁判所の判断が付されています。

商品の名称は商標法に注意

次に、有名な商品の名称を自分の店の名前などに付ける場合について検討します。商品の名称も、書籍の題号と同様、一般的には著作物にはならないと解されています。したがって、一般的には著作権の問題は生じません。

ただし、商品の名称は、**商標法**の保護の対象となる場合が多いので、この点の注意が必要です。商標法は著作権法と異なり、その商標を独占的に保護するためには、**商標登録**が必要となります。これには、出願人が登録を希望する商標について登録を希望する商品・役務を指定して、特許庁へ商標登録出願を行い（商標法５条）、特許庁がすでに同一または類似の商標が登録されている等、商標法で定められた拒絶事由がないか否か審査を行います（同法14条）。そして、審査の結果、拒絶事由がなければ登録査定がなされ（同法15条、16条）、出願人が登録料を納付することによって、商標登録が行われます（同法18条）。

なお、書籍の題号は、書籍の内容、すなわち品質を表すものであって、出所表示ではないと一般的に解されているため、特許庁の審査基準においても原則として商標登録できない扱いになっています（ただし、新聞、雑誌等の定期刊行物の題号は、原則として、商標登録が可能です）。

ところで、登録商標は、その商標が登録されている商品・役務と**同一**または**類似**の商品・役務についてのみしか独占的な効力が及びません（同法37条）。したがって、有名な商品の名称であり、かつ、商標登録されていても、その商標が登録している指定商品と同一または類似の商品でなければ、同一の商標を付けても商標法上は侵害にならないことになります。

不正競争防止法による保護

もっとも、著作権法上も商標法上も保護されない場合であっても、**不正競争防止法**により、**差止め・損害賠償**が認められる場合があります。同法は、商標法と同様、商品名称や役務名称を対象とする場合が多いのですが、商標法と異なり、商標登録をしておく必要がありません。

不正競争防止法における商品等名称に関する規定は２つあります。１つは**周知商品等表示**（不正競争防止法２条１項１号）であり、①他人の商品等表示として広く認識されているもの（周知表示）を自己の商品等表示として使用等すること、②それらの表示が同一または類似であること（同一または類似）、③需要者が他人の商品または営業と自己の商品または営業とを混同するおそれがあること（混同を生じさせるおそれ）、という３つの要件が必要となります。もう１つは**著名商品等表示**（同法２条１項２号）であり、この場合には、①他人の著名な商品等表示（著名表示）を自己の商品等表示として使用等すること、②それらが同一または類似であること（同一または類似）、という２つの要件で足ります。

有名な商品の名称等を自分の店舗の名前に付けることは、不正競争防止法上の２つの規定のどちらかに該当する可能性があるでしょう。ファッション誌『VOGUE』と同一の商品化事業を営むグループに属する関係が存するものと誤認混同させるおそれがあるとして、「ラ ヴォーグ南青山」というマンション名の差止めおよび損害賠償を認めた判決（「ラ ヴォーグ南青山事件」東京地裁平成16年７月２日判決）もあります。

著作物

フォントの利用

Q67 フォント開発会社です。当社は、作成したフォントをインターネット上で公開しています。個人利用は無償ですが、商用利用は禁止して別途有償ライセンスを締結することを条件としたオンライン規約に同意のクリックをしなければ、ダウンロードできません。

デザイン会社（A 社）が、このオンライン規約条件に違反して、B 社の広告用ポスターに当社のフォントを使用して B 社に納品し、B 社はこのポスターを同社のホームページ上にも掲載しています。当社は、A 社および B 社に対し、どのような請求ができるでしょうか。

A **フォント**とは一連の書体デザインを指す言葉で、**タイプフェイス**とも呼ばれています。統一的な文字として使用できるようにデザインするため、フォント作成にはデザインセンスが必要となるだけでなく、労力および費用もかかるものです。最近では、インターネット上で無償のフォントも多数発表されていますが、商用利用目的のフォントの多くは有償ライセンスあるいは有償販売されています。

文字書体は保護が難しい

さて、書体については、従来から**美術の著作物**か否かが議論されてきましたが、一般的な文字書体については、「文字の有する情報伝達機能を発揮する必要があるために、必然的にその形態には一定の制約を受ける」「従来の印刷用書体に比して顕著な特徴を有するといった独創性を備えることが必要であり、かつ、それ自体が美術鑑賞の対象となり得る美的特性を備えていなければならない」（「タイプフェイス事件」最高裁平成 12 年 9 月 7 日判決）として、その著作物性が否定されています。

また、**ロゴデザイン書体**についても、同様に「美術」の著作物と同視し得るような美的創作性が必要であるとして、著作物性が否定されています（「Asahi 書体事件」東京高裁平成 8 年 1 月 25 日判決）。したがって、貴社のフォントについても、顕著な特徴および美的特性を備えていないかぎり、著作物性が認められることは困難でしょう。

クリックライセンスの有効性

それでは、ご質問のように、貴社が商用利用を禁止しているにもかかわらず、このフォントをダウンロードして広告用ポスターの書体に使用したA社の場合はどうでしょうか。

オンライン規約に同意のクリックをしたうえでダウンロードしたのであれば、通常、貴社とダウンロードした者との間で契約が有効に成立したものと考えられます。この場合、商用利用禁止ということが規約上明確に表現されているのであれば、貴社とA社とは、フォントについて商用利用禁止という契約を締結したことになるでしょう。よって、貴社はA社に対し、**契約違反**を理由として、商用利用の差止めの請求や損害賠償の請求ができると思われます。

次に、A社からポスターの納品を受けたB社に対し、契約違反を理由に、貴社は何らかの請求をすることができるでしょうか。

残念ながら、B社はこのフォントについて、貴社と契約を締結していませんから、A社から納品されたポスターをB社が使用し、あるいはホームページ上でこのポスターを公開することについて、貴社が契約に基づく請求をすることはできません。

また、前述したとおり、文字書体の著作物性は一般的に認められていませんので、B社に対し公衆送信権（23条）侵害を理由に、ホームページ上のポスターの公開の差止請求および損害賠償請求をすることもできないでしょう。

民法での保護は認められるか

では、著作権法による保護はできないとしても、商用利用目的のフォントの多くが有償ライセンスあるいは有償販売といった有償での取引が行われていることから、このようなフォントを無償で使用して作成されたポスターをホームページ上で公開することについては、故意または過失により、フォント作成者の経済的利益を侵害したとして、B社に対し、**一般不法行為**（民法709条）による損害賠償請求はできないでしょうか。

ここでは、フォント開発者のフォントの取引に関する経済的利益が、法的に保護される利益かどうかが問題になります。

この点、ある創作されたデザインが、著作権法、意匠法等の知的財産権関係の各法律の保護対象とならない場合には、そのフォントを独占的に利用する権利は法的保護の対象とならず、当該デザインの利用行為は、各法律が規律の対象とする創作物の利用による利益とは異なる法的に保護された利益を侵害するなどの特段の事情がないかぎり、不法行為を構成するものではないとするのが、近年の裁判所の立場です（「ギャロップレーサー事件」最高裁平成16年2月13日判決、「北朝鮮映画事件」最高裁平成23年12月8日判決、「ディスプレイフォント事件」大阪高裁平成26年9月26日判決等）。

本件の場合、B社が積極的にA社に契約違反を働きかける等著しく悪質な行為があれば別ですが、一般には不法行為は成立しないと判断されるのではないでしょうか。

著作物

広告チラシの著作物性

Q68 印刷会社ですが、ある量販店から注文を受けて、広告チラシを作成しました。デザインを含めて当社が作ったもので、なかなかよくできていると評判です。ところが、最近、他の同種の店で出した広告チラシが当社で作ったものとよく似ています。当社の著作権を主張できないでしょうか。

A 広告チラシには、商品の写真、イラスト、値段、簡単な説明文、キャッチフレーズなどが記載されているのが一般的です。

広告チラシは著作物か

広告チラシの目的自体が商業用であることは間違いありませんが、商業用目的というだけで著作物性が否定されることはありません。広告チラシに表れている表現が、美術の著作物をはじめとする、著作権法上の著作物といえるか否かが問題になるのです。

なお、ご質問では、広告チラシのどの点が似ているのかわかりませんので、場合に分けて考えてみましょう。

まず、**商品の写真**をそのまま使用された場合はどうでしょうか。ここで問題になるのは、あなたのチラシの中の商品の写真に著作物性を主張できるかどうかです。写真の著作物と認められるには、写真を撮影するにあたり、撮影者の創作性、すなわち、個性が表現されている必要があります。一般に、絵画を写真複製する場合、その写真の著作物性はないといわれているのは、その写真に撮影者の個性が見受けられないためです。そこで、商品をだれが撮影しても同じであるような、たとえば、真正面から露光やフォーカスにまったく工夫なく撮影した写真であれば、写真の著作物性を主張できない可能性があります。しかし、カメラアングルや露光、フォーカスなどにあなたの個性が認められる場合には、写真の著作権を主張することができるでしょう（「スメルゲット事件」知財高裁平成 18 年 3 月 29 日判決等）。

イラストをそのまま使用された場合にはどうでしょう。広告用のイラストが美術の著作物かどうか問題になる場合がありますが、通常は絵画として美術の著作物性が認められる場合が多いので、これをそのまま使用された場合には著作権侵害を主張できるでしょう。

次に、**値段の表記**ですが、これは単なる事実の伝達であって、思想または感情の表現とはいえず、著作物性はないでしょう。

それでは、**説明文**はどうでしょうか。性能や効果を中心とした商品の簡単な説明文のように、だれが記述しても同じような文章であれば、創作性が否定され、あなたの著作権を主張することは難しいかもしれません。また、商品の性能を表す数値には著作物性を認めることはできません。しかし、単なる数値や性能の記述だけではなく、あなたの個性が認められる文章であれば創作性ありとして著作物性が認められ、著作権侵害を主張できるでしょう。もっとも、商品の製造・販売業者が商品説明のために作成した説明文であれば、あなたの著作物にはなりません。

また、広告チラシによく記載されている**キャッチフレーズ**ですが、「大売出し」、「期末大処分」などのキャッチフレーズは従来から使用されていたものであってそもそも創作性がありませんから、あなたの創作性は主張できないでしょう。一般に、キャッチフレーズは組み合わされている言葉が短いため、通常の文章よりも表現に創作性を認めることが困難な場合が多いようです。

著作権があるレイアウト

それでは、これらの個々の素材についての著作権の侵害の有無を離れて、全体の**レイアウト**が非常に似ている場合はどうでしょうか。

まず、写真やキャッチフレーズ、イラストという各素材は異なっているが、各素材の配置といったレイアウトだけがよく似ている場合を考えてみましょう。

個々の素材がまったく異なっている場合には、広告チラシのレイアウトのみが著作物としての表現になるかどうかが問題になります。この場合の広告チラシのレイアウトとは、各素材をチラシという紙面上にどのように配置するかという配置方法であって、著作権法上の表現というのは困難ではないかと思われます。そうであれば、素材の配置方法は表現ではなく**アイデア**にすぎず、著作権法が必要とする表現の侵害にはならないでしょう。その配置方法がまったく同じでも、配置された各素材がまったく異なる場合には、他社が製作した広告チラシに対し、あなたの製作した広告チラシの著作権侵害を主張することは困難でしょう。

これに対し、素材が同一あるいは類似で、かつ、レイアウトが似ている場合には、レイアウトを含めた全体の広告チラシの**複製権**（21条）あるいは**翻案権**（27条）の侵害となる可能性が大きいといえます。個々の素材自体がありふれたものあるいは単なる事実にすぎないものとして、個々の素材自体に著作物性が認められないものであっても、その各素材を配置して表現した広告チラシ全体については、著作物性が認められ、その広告チラシ全体についての複製権あるいは翻案権の侵害となる可能性が高いでしょう。

著作物

手芸品と著作物

Q69 キルト、ビーズ、折り紙のような手芸品は著作物でしょうか。これらの手芸の本を見て作品を作った私は、著作権を侵害するのでしょうか。

A まず、手芸の本に掲載されている作品、すなわち、手芸品は著作権法によって保護される著作物かどうかを検討する必要があります。

手芸品は著作物か

著作権法は、①思想または感情を、②創作的に、③表現したもの、④文芸、学術、美術または音楽の範囲に属するものを著作物として規定し（2条1項1号）、これを保護することにしています。このうち、「絵画、版画、彫刻」が**美術の著作物**として例示されています（10条1項4号）。また、**美術工芸品**も美術の著作物に含まれると規定されています（2条2項）。美術工芸品の定義は著作権法にはありませんが、一般に、壺（つぼ）や花瓶など一品製作のものを指すといわれています。さらに、工業製品のデザインなどの応用美術は、原則として著作物として保護されないと解されています。

キルト、ビーズ、折り紙のような手芸品については、著作権法には明文で規定されてはいません。しかし、これら手芸品であっても、絵画、版画、彫刻等純粋美術と同視できる程度に美的鑑賞の対象となる作品については、著作物の４つの要件を満たしているとして保護される可能性が高いでしょう。もっとも、裁判例における美術の著作物としての美的鑑賞性のハードルは結構高いといえるでしょう。

また、手芸品の著作物性を検討するには、創作性についても注意が必要です。著作権法における創作性とは独自性、すなわち「**オリジナリティ**」だといわれています。逆にいうと、だれが作っても同じようなものの場合には、創作性がないとされます。そこで、著作物の種類によって、創作性が広く認められるものと創作性の幅が狭いものとが生じます。たとえば、プログラムの著作物は、その性質上、表現する記号が制約され、言語体系が厳格であり、かつ、電子計算機を少しでも経済的、効率的に機能させようとすると、指令の組み合わせの選択が限定されるため、創作性の幅が狭いとされています。これに比べて、小説や絵画の著作物は創作性の幅が広いといえるでしょう。

ご質問の手芸品の場合、伝統的な様式

や表現形式に従って作られた作品は創作性が認められにくいものと考えられます。伝統的な様式や表現形式に従ってできた作品は、だれが作っても同じようなものである場合が多いと考えられるからです。しかし、そのような伝統的な様式や表現形式に従った作品であっても、独自性が認められるものには創作性があり著作物といえる場合もありますので、その作品が著作物であるか否かはケース・バイ・ケースであるといえると思います。

なお、著作権法で保護されるのは、あくまでも「表現したもの」、すなわち作品であることに注意してください。その作品の作り方や表現方法が画期的なものであっても、作り方や表現方法自体を著作権法で保護することはありません。すなわち、著作権法では、作り方や作風は保護されないため、これら作り方や作風を独占することはできません。

著作権侵害となるケースは少ない

それでは、手芸の本に掲載されている作品が創作性があり著作物として保護される場合に、その本を見て作品を作る行為は著作権侵害となるのでしょうか。手芸品が著作物に該当する場合、これと同じ作品を製作することは著作権法における**複製**（21条）に該当することになりそうです。また、この作品の一部を変えて新たな作品を製作する行為は、**翻案**（27条）に該当することになりそうです。

しかし、手芸の教本はもともとその作品の作り方を教えるためのものですから、あらかじめ教本の読者がその作品を複製することに同意しているものであると考えられます。したがって、この本を見てそっくり同じ作品を作ったとしても、著作権の侵害にはならないでしょう。もっとも、作った作品を商業目的に使用することまで許諾しているとは考えられない場合のほうが多いでしょうから、教本と同じ作品を商業的に複製することは認められないのではないでしょうか。

また、教本ではなく、作品集に掲載されている手芸品を見て、これと同じ作品を作る行為はどうでしょうか。この場合、教本と異なり、掲載されている作品を見て同じ作品を作ることは予定されていないかもしれません。しかし、個人的あるいは家庭内での使用目的で同じ作品を作ることは、**私的使用のための複製**（30条1項）となり、著作権侵害とはなりません。

ところで、創作性があり著作物と認められる作品であっても、複製あるいは翻案として著作権侵害になるのは、その創作性のある部分の表現が同一である場合に限ります。創作性のない部分、すなわち、だれが作っても同じような表現になる部分を真似（まね）しても、それは著作権侵害にはなりません。先に述べたように、手芸品の場合には創作性の範囲が狭いと思われますので、著作権侵害と認定される範囲も狭いのではないかと思われます。

著作物

ジオラマと著作権

Q70 歴史的な街並み、庭園、社寺仏閣、橋、塔、門、川岸、屋外に設置されている彫刻などのジオラマ（縮小模型）を作成し、博物館内で展示することを計画しています。この場合、著作権法上、許諾を得る必要があるのでしょうか。

A 著作物とは「思想又は感情を創作的に表現したものであつて、文芸、学術、美術又は音楽の範囲に属するもの」（2条1項1号）と定義されています。また、保護期間は、著作者が個人の場合は死後70年（51条2項）、法人の場合は公表後70年（53条1項）の経過により満了します。ご質問に挙げられた歴史的な街並みや社寺仏閣は、仮に著作物性が認められるものであっても、すでに保護期間が満了し自由に利用できるものも多いでしょう。では、これらに著作物性があるかどうかを個別に検討しましょう。

歴史的な街並み、庭園等の著作物性

歴史的な街並みとは、たとえば、歴史的に有名な城下町や京都の町屋の連なり等の風景全体を指した言葉です。これらの街並みは、一定のルールに基づいて作られたものであったとしても、個々の建物、通り、樹木等はそのルールに含まれている「思想又は感情を創作的に表現したもの」とはいえず、街並み全体は著作物には該当しないでしょう。

庭園はどうでしょうか。仮処分事件ではありますが、裁判上、庭園に著作物性を認めたものもあります（「新梅田シティ事件」大阪地裁平成25年9月6日決定）。この裁判では、「本件庭園は、新梅田シティ全体を一つの都市ととらえ、野生の自然の積極的な再現、あるいは水の循環といった施設全体の環境面の構想（コンセプト）を設定した上で、上記構想を、旧花野、中自然の森、南端の渦巻き噴水、東側道路沿いのカナル、花渦といった具体的施設の配置とそのデザインにより現実化したものであって、設計者の思想、感情が表現されたものといえるから、その著作物性を認めるのが相当である。」といっています。このように、庭園でも2条1項1号の要件を満たしているかぎり著作物と認められるといえますが、一般の庭園の場合には、ありふれた表現として著作物性が認められないものが多いと思われます。

社寺仏閣は、著作物の例示として、「建築の著作物」（10条1項5号）に該当する可能性があります。ただし、通常の建

物は建築の著作物とはいえず、裁判においても、いわゆる**建築芸術**といい得る創作性を備えた場合（「グルニエ・ダイン事件」大阪地裁平成15年10月30日判決）や、著作物の定義に照らして、知的・文化的精神活動の所産であって、美的な表現における創作性、すなわち**造形美術**としての美術性を有するものであることを要する（「ログハウス調木造住宅事件」東京地裁平成26年10月17日判決）等と判示されています。このように、単なる建造物では建築の著作物には該当しませんが、社寺仏閣の中には、美術的・芸術的な表現を具備し、建築の著作物としての著作物性を有するものもあるのではないかと思われます。

橋、塔、門といった建造物についても、同様に、建築芸術といえるもの、あるいは造形美術としての美術性を有するものについては、著作物性が認められます。

川岸は、自然の造形が多いでしょうし、人工的に建造されたものであっても、著作物の定義は満たさないと思われますので、著作物性はないでしょう。

彫刻については、創作的な表現であれば、「美術の著作物」（10条1項4号）として保護されるでしょう。

ジオラマは複製または翻案か

さて、上記のようにそれぞれの著作物性を検討しましたが、これらの街並み、庭園、社寺仏閣、橋、塔、門、川岸、彫刻などを**ジオラマ（縮小模型）**として展示するということですので、著作物の**複製**（21条）または**翻案**（27条）にあたるかどうかを検討する必要があります。これらに該当するには、創作性のある表現を再現あるいは直接感得できなければなりません（「雪月花事件」東京高裁平成14年2月18日判決、「江差追分事件」最高裁平成13年6月28日判決等）。したがって、著作物であっても、それぞれの創作性のある表現がジオラマで再現されていなければ、著作権法上複製または翻案には該当せず、許諾が不要となります。

また、著作権法の複製または翻案に該当する場合であっても、**46条**により、原作品が恒常的に屋外に設置されている美術の著作物または建築の著作物は、同条1号から4号に該当する場合を除けば、自由に利用することができます。

そこで最後に、同条に該当するかを検討しましょう。

彫刻の著作物をジオラマで再現する場合、「**彫刻の増製**」（同条1号）といえるでしょうか。「増製」の定義は著作権法上ありませんが、彫刻を彫刻として作成することをいうと解されており、ジオラマでの作成であれば、ここでいう「増製」には該当しないのではないでしょうか。また、建築の著作物の建築による複製（同条2号）、屋外に恒常的に設置（同条3号）、販売目的の複製（同条4号）にも該当しないでしょう。以上によれば、ご質問の場合には、著作権法上の許諾は不要であると思われます。

著作物

人工知能（AI）と著作権

Q71 最近、人工知能（AI）により楽曲が作成された、あるいは、小説が作成されたというニュースを聞きますが、これらの著作権はどうなるのでしょうか。

A 2016年に、人工知能の囲碁ソフトが世界のトップレベルのプロ棋士を破ったというニュースは衝撃的でした。囲碁は、チェスや将棋よりも着手の数が多く形勢判断が複雑であるため、人工知能がプロ棋士に勝利するにはまだまだ時間がかかると思われてきましたが、この予想は覆されました。これは、ディープラーニング（深層学習）という機械学習によって人工知能が自律的に進化し、その能力が飛躍的に向上したためといわれています。人工知能は、2045年には人間の知能を凌駕（りょうが）するともいわれています。

人工知能は、画像認識・音声認識・車の自動運転等さまざまな分野で開発・実用化されていますが、音楽や小説などの創作活動分野においても人工知能の研究開発が進んでいます。

音楽では、米国カリフォルニア大学サンタクルーズ校のデイヴィッド・コープ元教授が開発したEMI（エミー）と呼ばれるプログラムが、バッハやモーツァルトのようなクラシックの楽曲を作曲することが有名です。また、はこだて未来大学（当時）の松原 仁教授らが、人工知能に作家・星 新一氏のショートショートを分析させ、新たな作品を創作させた「きまぐれ人工知能プロジェクト　作家ですのよ」の作品や、手塚治虫の漫画を人工知能が分析し、プロットとキャラクターを担当した漫画「ぱいどん」等、人工知能と人との協同作品が発表されています。

人工知能の創作物と著作物性

さて、今後、人工知能が人の手をほとんど借りず自ら小説や音楽等を作るようになった場合、外形的には自然人が創作した小説や音楽と変わらないコンテンツが人工知能によって作られることになります。このようにして作られた作品は著作権法で保護される著作物ということができるのでしょうか。また、その場合、著作者はだれになるのでしょうか。

現行著作権法は、著作物とは、「思想又は感情を創作的に表現したもの」（2条1項1号）と規定しており、これは**自然人の行為**を前提としています。著作権法におけるコンピュータ創作物の取扱いについては、1993年11月に発表された**著作権審議会第 9 小委員会（コンピュータ創作物関係）報告書**において検討されています。ただし、この時代のコンピュータ創作物は現在の人工知能のように、コンピュータ自らが学習して作品を作るのではなく、人間がコンピュータを使用して創作したものが主眼となっていました。すなわち、あくまでも自然人がコンピュータを道具として使用して作品を創作することが前提でした。

第 9 小委員会報告書では、人が思想感情を創作的に表現するための「**道具**」としてコンピュータ・システムを使用したものと認められれば、その著作物性は肯定されることになるとし、その要件として、①思想感情をコンピュータ・システムを使用してある結果物として表現しようとする創作意図があること、②創作過程において、人が具体的な結果物を得るための創作的寄与と認めるに足る行為を行ったこと、③結果物が客観的に思想感情の創作的表現と評価されるに足る外形を備えていること、を挙げています。この報告書は 20 年以上も前の当時のコンピュータ技術を前提に議論されており、報告書で述べられた要件を現在の人工知能の技術にそのまま当てはめていいかという問題はありますが、概(おおむ)ね現行著作権法の解釈としては妥当でしょう（「新たな情報財検討会報告書」（内閣府、平成 29 年 3 月）35 頁もこれを前提としています）。

著作者はだれか？

さて、それでは、人工知能で作品を作る場合を考えてみましょう。まず、**人工知能を操作する人**ですが、同報告書で述べられている「創作過程において、人が具体的な結果物を得るための創作的寄与と認めるに足る行為を行ったこと」という要件を具備しないため、著作者とはならないものと思われます。

次に、**人工知能の開発者**はどうでしょうか。開発者はシステムを提供するものの、特定の作品を作り出しているわけではありません。したがって、具体的な作品の創作に寄与しているとはいえないのではないでしょうか。もっとも、開発者は人工知能というプログラムについては著作権を有するため、自己が開発した人工知能の対価の回収はできるものと考えられます。

また、人工知能が解析する**データを入力した人**はどうでしょうか。これも、データ収集と入力のみであれば、人工知能による具体的な作品の創作に寄与しているとはいえないものと考えられます。ただし、そのデータベースが著作物の場合、データベースの著作者になるものと考えられます。

このように考えると、人工知能が完全に作品を制作した場合には、現行著作権法では、この作品の著作者は存在せず、その作品も著作物ではないことになるのではないでしょうか。

著作物

音声読み上げソフトと著作者、実演家の権利

Q72 視覚障害者のための音声読み上げソフトの実用化は福音をもたらしましたが、健常者向けに文芸作品を音声化するソフトの発売も行われるようになりました。

このような市販の音声読み上げソフトを使用してテキストを読み上げた場合、これは実演といえるのでしょうか。また、テキストの著作者は音声読み上げソフトでテキストを読み上げる行為について、どのような権利を主張できますか。

A **音声読み上げソフト**とは、一般に、テキストをプログラムによって音声に変化させるソフトです。ここで使う音声は合成音声であり、自然人の声をもとに合成したものと、人工的な声を合成したものがあります。最近では、自然人がテキストを読み上げているのと変わらないような高精度のものができていて、いろいろな用途に使われています。

ご質問は音声読み上げソフトを使用してテキストを読み上げる行為が、著作権法上いずれかの権利に該当するかということですが、そもそも昭和45年に制定された現行著作権法において、このような行為が想定されていたかどうかも不明であって、なかなか難しい問題です。

音声読み上げソフトによってテキストを音声に変換するためには、そのテキストをコンピュータ内のCPUにおいて複製する行為が含まれますが、このようなCPUにおける複製は一時的複製であって、著作権法上の複製（2条1項15号）ではないと解されています。

それでは、音声読み上げ行為自体は、2条1項3号に規定する実演に該当するのでしょうか。あるいは、同項18号に規定する口述に該当するのでしょうか。

実演とは、「著作物を、演劇的に演じ、舞い、演奏し、歌い、口演し、朗詠し、又はその他の方法により演ずること（これらに類する行為で、著作物を演じないが芸能的な性質を有するものを含む。）をいう。」と定義されています。これに対し、**口述**とは、「朗読その他の方法により著作物を口頭で伝達すること（実演に該当するものを除く。）をいう。」と定義されています。すなわち、演じる要素が含まれる場合には実演（口演）となり、演じる要素がなく単に口頭で伝達する場

合には口述になるといえるでしょう。

音声読み上げソフトと実演

さて、音声読み上げソフトの使用者が当該音声読み上げソフトを作動させて自動的にテキストを音声化して読み上げる場合、この読み上げ行為自体には人為的に演じるという要素が含まれていません。ソフトの使用者は音量や音声あるいは読み上げスピードの選択等は可能かもしれませんが、それだけでは演じるとは解しにくいと思われます。

また、その音声読み上げソフトの開発者も、プログラムを創作したのであって、個別のテキストの読み上げに関与しているとはいえませんから、音声合成ソフト作成者の実演とはいえないでしょう。したがって、音声読み上げソフトでテキストを読み上げる行為は、いずれにしても実演とはいえないものと思われます。

このように考えると、テキストの音声読み上げソフトによる読み上げについて、テキストの著作者が**上演権**（22条）を主張することは困難ではないでしょうか。ここでいう**上演**とは、「演奏（歌唱を含む。以下同じ。）以外の方法により著作物を演ずることをいう。」（2条1項16号）と規定されておりますが、すでに見たとおり、音声読み上げソフトはプログラムによって自動的にテキストを合成音声する行為であるため、同号に規定する「著作物を演ずる」とはいえないのではないかと思われます。

音声読み上げソフトと口述

次に、24条の**口述権**はどうでしょうか。同条は「著作者は、その言語の著作物を公に口述する権利を専有する」と規定されています。この**口述**(2条1項18号)の定義で問題になるのが、「口頭で伝達する」という要件です。口頭とは、もともと自然人の発声を念頭においていることは間違いありませんから、音声読み上げソフトによる音声読み上げを「口頭で」というのには躊躇(ちゅうちょ)します。しかし、ここで「口頭で」としたのは、著作権法制定当時は音声読み上げソフトを想定していなかったこと、および著作物を朗読等文字の音声化の方法により伝達する行為を「口頭で伝達する」と定義したものであって、自然人による「口頭」に特別強い意味があったとは考えにくいことから、自然人の「口頭」ではないものの、テキストを音声化して伝達する行為として、「口述」あるいは「口述」と同視できるものと解することはできないでしょうか。このように、疑義はあるものの、口述権が及ぶものと解したいと思います。もっとも、この点が争われた裁判例は残念ながら見当たりませんので、裁判所の判断は予測できません。

なお、口述はあくまでも**「公に」**行わなければ口述権は働きません。当然ではありますが、音声読み上げソフトによる読み上げを、単に自分1人あるいは特定少数に対して行うだけであれば、口述権は及ばないことになります。

著作物

振付の著作物

Q73 ゴルフスイングの教授法として、音楽を流しながらダンス風にスイングするものを考え出し、これを収録したDVDも発行しました。このゴルフスイングの教授法の型は振付として著作権で保護されますか。同じスポーツ分野でもフィギュアスケート、アーティスティックスイミング、新体操などの振付はどうですか。

A 10条1項3号には、著作物の例示として、「舞踊又は無言劇の著作物」が挙げられています。これは、ベルヌ条約2条(1)項の「文学的及び美術的著作物」として「舞踊及び無言劇の著作物」が規定されていることを受けたものです。

ところで、著作権法上「**舞踊の著作物**」の定義はありません。著作権法上の定義がない場合には、一般的に「舞踊」という用語が示す意味が参考になります。『広辞苑 第七版』(岩波書店、2018) によりますと、**舞踊**とは、「音楽に合わせて身体をリズミカルに連続して動かし、感情・意志などを表現する芸術。ダンスの訳語として1904年(明治37) 坪内逍遥『新楽劇論』以後、広く用いられる。」と記述されています。

また、そもそも著作物といえるためには、「思想又は感情を創作的に表現」するものであって、「文芸、学術、美術又は音楽の範囲に属するもの」でなければなりません(2条1項1号)。

なお、ここでいう舞踊の著作物は、踊りの振付自体を指し、この舞踊を実際に体現している人は、**実演家**(2条1項4号)であり、実際の舞踊行為は**実演**(2条1項3号)であって、著作隣接権の対象となります。

舞踊の著作物が裁判になった例はそれほど多くなく、バレエの振付の侵害を認めたもの(「ベジャール事件」東京地裁平成10年11月20日判決)、映画の社交ダンスの振付の創作性を否定し侵害を認めなかったもの(「『Shall we ダンス?』事件」東京地裁平成24年2月28日判決)、フラダンスの振付の創作性を認め侵害を認めたもの(「フラダンス振付事件」大阪地裁平成30年9月20日判決)等があります。

ゴルフスイング振付の保護は難しい

さて、バレエの振付が舞踊の著作物に該当することについては争いがないと思いますが、ご質問の音楽を流してダンス風にゴルフのスイングをすることも、舞踊の著作物として著作権法上保護されるのか検討してみましょう。

すでに述べたとおり、著作権法上保護される著作物は、「思想又は感情を創作的に表現」するものであって、「文芸、学術、美術又は音楽の範囲に属するもの」でなければなりません。したがって、このスイングの振付がいくら独創的でリズミカルなものであったとしても、これは、「文芸・学術・美術・音楽の範囲に属するもの」とはいえず、著作物には該当しないとして著作権法では保護されないのではないでしょうか。著作権法において、「文芸・学術・美術・音楽の範囲に属するもの」という要件をおいた理由は、あらゆる表現を保護するものではなく、文化の発展に寄与するという観点から一定の範囲に限定する趣旨ではないかと思われます。

各種スポーツの振付の著作物性

次に、スポーツのジャンルの中で、ダンスと同様、音楽に合わせて身体を動かすものの振付は、著作物といえるでしょうか。たとえば、新体操は音楽に合わせてリボンやクラブ等の手具を用いながら演技を行います。この演技の振付は、一定の競技ルールに従ったうえで、選手の身体を通じて、音楽に合わせ、リズミカルに、美しくかつ高度なテクニックが披露できるように考え抜かれたものでしょう。アーティスティックスイミングやフィギュアスケートの演技の振付も基本的には同様でしょう。

前述のように、舞踊に関する裁判例はあまり多くないため、このような事案に対する裁判所の判断もまだないようです。

１つの考え方としては、**スポーツには著作物性はない**とするものです。すなわち、スポーツであれば、いくら音楽に合わせて身体を動かして美的に表現するものであっても、「文芸・学術・美術・音楽の範囲に属する」とはいえないとするものです。

他方、スポーツであっても、舞踊としての芸術性を兼ね備えた場合があり、このような二面性を有する場合には、著作物性を具備することもあるという考え方もあります。もっとも、この場合、その振付の創作者が当該スポーツにおいて同じ振付を独占できるのかという問題が生じます。スポーツとしての競技ルールの制約もありますし、振付はスポーツの技という性質も有しているため、振付を独占することはできないのではないかと思われます。

なお、フィギュアスケートの場合、競技としてのフィギュアスケートのほか、アイスショーもありますが、このアイスショーにおける振付は、舞踊の著作物といえるのではないでしょうか。もっとも、既存の振付の組合せや既存の振付にアレンジを加えたにすぎない場合には、ありふれた表現であって著作物性が認められないでしょう（前掲「『Shall we ダンス？』事件」）。

複数人が関与した著作物の著作者

Q74 次の場合、著作者・著作物の関係はどうなるのでしょうか。

(1) あるテーマについて、主任教授が構成を考え、その構成に基づき弟子であった助教が原稿を執筆し、できあがった原稿を主任教授が用語の統一の確認、誤記の修正等の監修をして出版した場合。

(2) 亡くなった教授が執筆出版した体系書を、弟子であった准教授が加筆修正して改訂新版を出版した場合。

(3) 教授が執筆中に急死したため、弟子であった准教授が未完成の原稿を加筆して完成稿として出版した場合。

A 複数人が関与して著作物を創作する場合、その関与の態様により、著作者にはならない、共同著作者となる、二次的著作物の著作者になる等が異なります。

著作者は、「著作物を創作する者をいう」(2条1項2号)と定義されています。ここで**創作**とは、具体的な表現に実質的に関与することをいいますので、単なるアイデアを出したり、創作の動機を与えたり、金銭を出したりしただけでは著作者にはなりません。

構成・監修は創作ではない

(1)の場合、主任教授が構成・監修を行ったということですが、構成だけでは**アイデア**にとどまるものであって具体的な表現行為とはいえず、著作者にはならないと思われます。監修行為も単に誤記を訂正したレベルであれば、創作的な表現とはいえず、やはり著作者とはいえないものと思われます。そうであれば、(1)は、助教の単独著作物となるでしょう。

遺著補訂は二次的著作物

次に、(2)の場合は、いわゆる**遺著補訂**というものです。法律の本でも、大家が著した名著を当該著者死亡後に別の学者が法律の改正・裁判例の追加・学説の展開等の補充を行って加筆修正して出版することが行われています。この場合、共同著作物、二次的著作物、集合著作物のどれかになるのでしょうか。

共同著作物とは、「二人以上の者が共同して創作した著作物であつて、その各人の寄与を分離して個別的に利用することができないものをいう。」(2条1項12号)と規定されています。ここでは、共同して創作するという共同創作性と寄与を分離して個別利用することができないという分離利用不可能性が必要です。

これに対し、**二次的著作物**とは、「著作物を翻訳し、編曲し、若しくは変形し、又は脚色し、映画化し、その他翻案することにより創作した著作物をいう。」（同項11号）と規定されています。判例では、既存の著作物に改変等新たな創作行為を加えたものであって、かつ、既存の著作物の表現上の本質的な特徴を直接感得することができるものを二次的著作物といっています。

また、**集合著作物**とは、著作権法上の定義はありませんが、講学上、単独の著作物が集まったもので、たとえば、論文集とか、章ごとに執筆者が別であって独立したものを集めた体系書等が該当します。

(2) の場合は、亡くなった教授が執筆した著作物がすでに出版されており、この出版物は完成された独立した著作物です。改訂版のみを見れば原著作物と加筆修正した部分とは分離不可能かもしれませんが、完成した既存の著作物に加筆修正して、改訂版という新たな著作物を創作する行為であるため、これは二次的著作物になるのではないかと思われます。

末完の原稿を第三者が完成した場合

(3) の場合、(2) と異なるのは、もともとの原稿が未完成であるということです。未完成な原稿であっても、客観的に思想・感情の表現物であると判断できれば著作物になるため、完成していなくても独立した著作物といえる場合が多いものと思われます。

遺稿と加筆執筆部分とは、共同創作性があるといえるのでしょうか。従来の学説においては、主観的に共同創作する意思が必要であるという**「主観的共同意思説」**と、表現物から複数の者の共同の寄与があると判断できれば足りるとする**「客観的判断説」**の２つの説があり、近年では主観的共同意思説のほうが有力であるといわれています。また、創作行為が共同して行われたことが必要であるという説も有力に主張されています。

(3) の場合、客観的判断説の立場に立つと共同著作物と認められやすいと思いますが、主観的共同行為および共同して創作行為が行われたことが必要とする説からは、主観的に共同創作意思があったと認められない、あるいは創作行為自体が共同で行われていないので、共同著作物とするのが困難であり、**二次的著作物**ではないでしょうか。

共同著作物と二次的著作物の場合の法的効果の差異ですが、共同著作物の場合は著作者人格権の行使において「著作者全員の合意によらなければ、行使することができない」（64条１項）、および著作権の行使において「共有者全員の合意によらなければ、行使することができない」（65条２項）として、制限が課せられます。

これに対し、二次的著作物の場合は、原著作物の著作権者は二次的著作物の著作権者と同様の権利を有し（28条）、独立して著作権を行使することができます。

著作者・著作権者

共同で執筆した研究報告書の公表

Q75 ある法人の研究所です。複数の研究者が共同で執筆した研究報告書をネット上で公表することについて、執筆者のうちの１人が反対しています。

(1) 研究報告書は、研究所で行っている研究テーマに関するもので、執筆者は、全員当研究所に所属している研究者です。報告書には執筆した研究者名が記載されていますが、発行者名は研究所です。この場合、反対者がいてもネットでの公表は可能でしょうか。

(2) 研究報告書が共同著作物である場合には、どうでしょうか。

A 研究報告書をネット上で公表する場合には、著作権法上、**複製権**（21条）、**公衆送信権**（23条）が働きます。そこで、まず、この研究報告書の著作権はだれが有しているのかを検討しましょう。

職務著作の公表名義

ご質問の(1)ですが、執筆者全員が研究所に所属している研究者ということですから、この研究報告書が**職務著作**（15条1項）に該当するかが問題となります。①この場合、研究所の直接的または間接的な意図のもとで行われた研究であると思われますので、研究所の「発意」に基づくものといえるでしょう。②そして、研究所に所属する研究者が研究をすることは、研究所の「職務に従事」するといえます。③そのようにして作成された研究報告書は、その研究者の「職務上作成する著作物」となります。④さらに、職務著作の要件として、法人等の著作名義の下で公表されなければなりません。この研究報告書のように執筆者の個人名義と法人名義の双方が記載されている場合は、研究所の著作名義で公表されているといえるでしょうか。この点は、事実認定の問題であって、具体的な表記方法等により異なりますが、執筆者名が付されていても、これは法人内部の執筆分担を表しているにすぎないと認定する等、裁判例は比較的緩やかに判断しているようです。ご質問の場合も、執筆者名は執筆分担の表示にすぎず、発行者名として研究所の名前が記載されているとして、研究所の著作名義で公表されているものと判断される可能性が高いのではないかと思われます。⑤最後に、契約や就業規則等に別段の定めがないことも職務著作の要件となりますが、本件では、とくに別段の定めはないと思われます。

したがって、研究所が職務著作として研究報告書の著作権を有することになりますので、執筆者の１人が反対していたとしても、研究所が研究報告書をネット上に公表することは著作権法上問題ありません。

共同著作物の著作者の行使

次に、(2) の共同著作物の場合について検討します。

(1) で述べたとおり、職務著作では研究所が著作者となりますので、研究所と執筆者との関係を検討すれば足り、執筆者同士の関係を検討する意味はありません。以下では職務著作ではないことを前提とします。

共同著作物とは、「二人以上の者が共同して創作した著作物」であって、「その各人の寄与を分離して個別的に利用することができないもの」をいいます（2条1項12号）。関与した各人の寄与を分離して個別的に利用することができないものですので、１つの論文を複数人が共同して執筆し、互いの執筆部分が分離できないような場合は共同著作物になるでしょう。共同著作物の著作者は**共同著作者**として著作権を共有します。

なお、章立てごとに各人の執筆部分が独立して１つの著作物となっているものは、単独の著作物が集合しているにすぎず、共同著作物ではありません。このような形態の著作物は、**集合著作物**と呼ばれています。

さて、研究報告書が共同著作物である場合、この報告書をネット上に公表するためには、前述したとおり、複製権・公衆送信権の許諾を得なければなりません。共同著作物の著作権は、**共有者全員の合意**によらなければ行使することはできないと規定されています（65条2項）。ただし、各共有者は「正当な理由」がないかぎり、合意の成立を妨げることはできません（同条3項）。この「正当な理由」の基準は条文上示されておらず、また、この点に関する裁判例がそれほど多くないため、どのような場合がこれに該当するのか明確になっておりません。

裁判例では、当該著作物の種類・性質・内容、社会的需要の程度、作成時から現在までの社会状況等の変化、共同著作物の著作者同士の関係、貢献度、作成経緯、権利行使をした場合・できなかった場合の他方の共有者の不利益の内容等、諸般の事情を比較衡量の上判断するとしたものもあります（「戦後日本経済の50年史事件」東京地裁平成12年9月28日判決）。

なお、共同著作者が著作権の行使に反対している場合には、合意に応じない者を被告として訴訟を提起し意思表示を認める判決（民事執行法174条）を得ることによって、行使することができると解されています。よって、反対している執筆者の１人を相手にネット上の公表に合意する旨の意思表示を求めるという訴訟を提起することになるでしょう。

職務著作と外部への依頼

Q76 毎月発行している雑誌の記事の一部を外部のフリーライターに書いてもらいました。フリーライターの名を出さずに当社編集部の名前で出版する場合には、当社が著作者となりますか。

また、当社雑誌の編集部員がフリーライターの代わりにペンネームで書いた場合はどうでしょうか。

A ご質問は、15条の職務著作（法人著作）に関連する問題です。

職務著作とは、法人等使用者（以下、「法人等」）が15条で定める要件を具備した場合には、原始的に著作者となる規定です。原始的に著作者となるため、著作権だけでなく著作者人格権も法人等に帰属します。また、企業はその著作物を作成した従業員に対し、給与等労務への支払いは行っていると思われますが、特別にその著作物の著作権を取得するために対価を支払う必要はありません。

職務著作となる要件

法人等が著作者となるためには、①法人等の発意に基づき、②その法人等の業務に従事する者が、③職務上作成するものであること、④法人等が自己の名義の下に公表するものであること、⑤作成時の契約、勤務規則その他に別段の定めがないこと（15条1項）が必要です。ただし、プログラムの著作物については、④法人等が自己の名義の下に公表するものであることの要件は不要とされています（15条2項）。プログラムの著作物について法人名義での公表が不要とされている理由は、プログラムの著作物においては、必ずしも公表を予定されていないものも多く、そのような場合にまで法人名義での公表を条件とすることは妥当ではないからです。

ここで、①「**法人等の発意に基づき**」とは、法人等が著作物の創作について、直接的または間接的に意思決定を有していることと解されています。直接的な業務命令があっただけでなく、従業員の業務として当然そのような著作物の創作を行うことが期待されている場合等も含みます。

また、②「**その法人等の業務に従事する者**」については、最高裁判所は「法人等と著作物を作成した者との関係を実質的にみたときに、法人等の指揮監督下において労務を提供するという実態にあり、法人等がその者に対して支払う金銭が労務提供の対価であると評価できるかどうかを、業務態様、指揮監督の有無、対価の額及び支払方法等に関する具体的事情を総合的に考慮して判断すべき」と判示しました（「RGB アドベンチャー事件」最高裁平成 15 年 4 月 11 日判決）。

ご質問のような外部のフリーライターへの執筆依頼の場合は通常は請負契約であり、「法人等の指揮監督下において労務提供し、支払われた金銭は労務提供の対価である」となることは稀（まれ）だと思いますので、通常は職務著作にはならないでしょう。したがって、会社編集部の名前で出版しても、著作者はフリーライターであると思われます。

なお、労働者派遣事業法に基づいて派遣された者が派遣先で派遣先の指揮命令に基づいて著作物を創作する場合には、「法人等の業務に従事する者」という要件を備えていると考えられています。

次に、③「**職務上作成するものであること**」であるため、たとえ、従業員が会社の建物内で就業時間内に創作した著作物であっても、まったく職務と関係のない著作物の場合には、当該従業員が著作者となり、会社が著作者となることはありません（もっとも、このような場合、従業員は就業時間内に労務とは別のことを行っていたということで就業規則上問題が生じるかもしれません）。

④「**法人等が自己の名義の下に公表するものであること**」とは、たとえば、従業員が書いた本を会社名で出版することなどが典型的な例です。「公表するもの」と規定されているため、未公表のものであっても公表すれば法人等名義で公表されると思われるものも含まれると解されています。しかし、すでに従業員の名前で公表した場合には、この要件を具備しないでしょう。

なお、法人等の名義での公表と捉えるかについてはケース・バイ・ケースであり、たとえば、各章ごとに執筆者の肩書と名前が記載され、あわせて法人の名前が記載されているような場合は、執筆者の内部分担を表すにすぎず、法人名義での公表といえるものと思われます。

ご質問の場合ですが、編集部員がペンネームで公表した場合にも実名の場合と同様、個人名義の公表になるので、法人名義の公表という要件に当てはまらず、やはり職務著作は成立しないのではないでしょうか。

最後に、⑤「**作成時の契約、勤務規則その他に別段の定めがないこと**」は当然のことで、契約や就業規則に職務著作にはならないという別段の定めがある場合まで、職務著作を認める必要はありません。

著作者・著作権者

インタビュー記事の著作者

Q77 出版社です。実業家のインタビューを、経済誌に掲載する企画があります。インタビューはフリーのライターが行い、掲載するインタビュー記事の原稿もその者が作成しますが、記事は当社の名前で公表する予定です。このような場合、インタビュー記事の著作者は、インタビューされた人、インタビュアー、当社のだれになるのでしょうか。

A インタビューとして話した言葉は、**言語の著作物**（10条1項1号）に該当します。このインタビューでは、インタビュアーの質問部分とインタビューされる人の回答部分を分離して個別的に利用することはできませんので、通常は、インタビュアーとインタビューされた人が共同で創作し、各人の寄与を分離して個別的に利用することができない**共同著作物**（2条1項12号）になるものと思われます。

もっとも、テレビやラジオでは、インタビューの全部または一部を映像や音声でそのまま放送することもあるでしょうが、雑誌等でインタビュー記事にする場合には、口述された質問と回答をそのまま文章化するよりも、記事として読みやすいように書き直すことも多いと思われます。この場合の著作権の帰属は、文章となったインタビュー記事の**言語の表現を創作した者**を基準として考えます。

共同著作物となる場合

まず、インタビューをほぼそのまま文章にした場合はどうでしょうか。

著作権法的には、インタビュアーとインタビューされた人の話した内容の創作的な表現が、ほぼそのまま文章化されて表現されているのであれば、インタビュアーとインタビューされる人の言語の著作物となり、かつ、前述のとおりその2人が共同して創作したものと評価できるでしょうから、インタビュアーとインタビューされる人の共同著作物になるものと思われます。

二次的著作物・職務著作になる場合

また、インタビュアーがインタビューを書き直して記事にした際に、インタビュー内容を取捨選択し、かつ、自己の独自の表現を加えて文章化した場合もあると思われます。この場合、インタビュー記事の表現を創作した者はだれになるのでしょうか。

インタビュー記事において、インタ

ビューされた人が話した言語の著作物の表現の中の創作性のある部分の本質的特徴が感得され、かつ、インタビュアーが創作性のある表現を加えた場合には、インタビュー記事はインタビューされた人の言語の著作物を**原著作物**としたインタビュアーの**二次的著作物**になるのではないかと思われます（「江差追分事件」最高裁平成 13 年 6 月 28 判決）。

さらに、インタビュー記事において、インタビューされた人の話した表現がそのまま残っておらず、インタビュー記事を作成する際の素材にすぎないと判断される場合には、インタビューされた人は著作者にはならず、インタビュー記事を作成したインタビュアーが**単独の著作者**になると思われます（「SMAP インタビュー記事事件」東京地裁平成 10 年 10 月 29 日判決）。

なお、インタビュー対象者の選定やインタビュー方針、インタビューの際の質問事項を雑誌の編集者が決めたとしても、これだけでは、単に**アイデア**を出しただけであって、インタビュー記事を創作したとはいえず、インタビュー記事の創作者にはなりません。

もっとも、**職務著作**（15 条 1 項）によって出版社が著作者になることはないのかを検討する必要はあるでしょう。職務著作は、①法人等の発意に基づくものであること、②法人等の業務に従事する者が、③職務上作成するものであること、④法人等が自己の名義で公表するもの、⑤契約その他で別の決まりがないことが必要です。

最高裁判決は、法人等の業務に従事する者といえるかについては、「法人等の指揮監督下において労務提供し、支払われた金銭は労務提供の対価である」かどうかを「業務態様、指揮監督の有無、対価の額及び支払方法等に関する具体的事情を総合的に考慮して判断すべき」と判示しており（「RGB アドベンチャー事件」最高裁平成 15 年 4 月 11 日判決）、フリーライターが上記要件に該当することはあまりないと思われます。

もっとも、この最高裁判決が出る前の下級審判決では、企画内容、記事のねらいやテーマ、取材の日時、質問内容、原稿の頁数、締切等につき、編集部の指示を受けてフリーライターがインタビュー記事を作成し、編集部の名前で公表することに同意している場合には、フリーライターであっても「法人等の業務に従事する者が職務上作成するものであること」という要件を具備しており、職務著作が成立すると判断したものもあります（前掲「SMAP インタビュー記事事件」）。

なお、インタビュアーが創作した記事に職務著作が成立する場合、インタビュー記事が共同著作物である場合には、出版社とインタビューされた人とが共同著作者になるでしょうし、二次的著作物の場合には、インタビューされた人が原著作物の著作者、出版社が二次的著作物の著作者になるものと思われます。

保護期間経過後の著作物等の利用

Q78 趣味で江戸時代の文化をホームページで紹介しています。江戸時代の浮世絵・彫刻・古地図・建造物の写真を、いろいろな本やカタログから複写して掲載したいのですが、どのような点に気をつければよいでしょうか。

A 江戸時代の浮世絵はすでに創作から数百年が経過しておりますので、浮世絵の**著作権の保護期間**は満了しており、著作権法上は**パブリックドメイン**として自由に使用することができます。また、浮世絵の所有者は、有体物として浮世絵を物理的に排他的な管理支配をすることはできますが、無体物としての浮世絵には何ら権利を有しておりませんので、浮世絵の複製物に対して廃棄あるいは複製の差止請求を行うことはできません（「顔真卿自書建中告身帖事件」最高裁昭和59年1月20日判決）。

絵画・版画の写真の著作物性

ところで、本やカタログにこの浮世絵を掲載するためには、その浮世絵を写真撮影して写真原板を作成して複製する必要があると思われます。この浮世絵を撮影した写真については、**写真の著作物**として独自に著作権が発生しないのでしょうか。

写真の著作物というためには、著作権法上の著作物の一般要件、すなわち、「思想又は感情を」「創作的に」「表現したもの」で、「文芸、学術、美術又は音楽の範囲に属するもの」（2条1項1号）という要件を具備していなければなりません。

版画を正面から撮影した写真の著作物性については、「正面から撮影する以外に撮影位置を選択する余地がない」うえ、「版画をできるだけ忠実に再現した写真を撮影するためには、光線の照射方法の選択と調節、フィルムやカメラの選択、露光の決定等において、技術的な配慮をすることが必要である」が、このような「技術的な配慮も、原画をできるだけ忠実に再現するためにされるものであって、独自に何かを付け加えるというものではないから、そのような写真は、『思想又は感情を創作的に表現したもの』（同法2条1項1号）ということはできない」とした裁判例があります（「版画写真事件」東京地裁平成10年11月30日判決）。

このように、絵画や版画を忠実に再現した写真の場合には、たとえ技術的な配慮やテクニックが優れたものであっても、写真としての表現に創作性があるとはいえず、写真の著作物性を認めることは困難であると考えられています。絵画や版画を忠実に写真撮影するには、高度な技術および労力あるいは費用が必要であるかもしれませんが、高度な技術・労力・費用は著作権法における保護対象ではありません。

このように考えると、本やカタログに掲載されている浮世絵の写真を複製してホームページに掲載することについては、通常は法律上の問題は生じないと思われます。

彫刻・建造物の写真には要注意

次に、江戸時代の彫刻を撮影した写真の場合はどうでしょうか。江戸時代の彫刻自体も**美術の著作物**としての保護期間は満了しています。彫刻の所有者の所有権が無体物の彫刻に及ばないことは浮世絵の場合と同様です。

しかし、絵画や版画のような平面的な美術を写真撮影する場合とは異なり、彫刻は立体的であるため、被写体の配置、構図・カメラアングル、光線・陰影、背景等に独自性が表れているといえる場合もあるでしょう。ホームページに掲載されている商品広告写真について、創作性の程度は極めて低いものであって、著作物性を肯定し得る限界事例に近いといいながら著作物性を認め、当該写真のデッドコピーに対し複製権侵害を認めた裁判例（「スメルゲット事件」知財高裁平成 18 年 3 月 29 日判決）もあります。

したがって、彫刻の写真の著作物性はケース・バイ・ケースで認められることもあるものと思われ、江戸時代の彫刻の写真をホームページに掲載する際には、注意が必要でしょう。

江戸時代の建造物については、芸術性が認められた場合には**建築の著作物**と判断されると思われますが、浮世絵や彫刻と同様、著作権保護期間は満了しています。しかし、建築の著作物を撮影した写真自体には、上記彫刻の場合以上に、写真の著作物における創作性が認められる可能性が高いものと思われますので、江戸時代の建造物の写真を掲載するには、この写真の著作権者からの許諾が必要だと思われます。

古地図を掲載する場合

最後に、江戸時代の古地図を掲載することはどうでしょうか。江戸時代に制作された古地図自体の著作権は、すでに保護期間が満了しているでしょう。もっとも、古地図を復刻する際に、江戸時代の古地図そのままではなく、現代用に組み合わせて編集したような場合には、その組み合わせ部分あるいは編集部分等に創作性が生じる可能性がまったくないとまで言い切ることはできません。ただし、著作権侵害となるのは、あくまでも創作性のある部分を複製等利用した場合に限りますので、オリジナルな古地図の利用であれば著作権侵害の可能性は少ないのではないかと思われます。

保護期間経過後の映画の一場面の複製と実演家の権利

Q79 著作権保護期間満了によってパブリックドメイン（PD）となって廉価版 DVD として販売されている映画から、主演俳優（故人）のアップ画像の 1 コマを取り出して T シャツの真ん中に大きく印刷して販売している業者がいます。この業者に対し、主演俳優の遺族は何か請求することができるでしょうか。

A ご質問は、**パブリックドメイン**となった映画の著作物の一場面の利用行為と映画に出演している俳優の権利に関連するものです。

本件の検討の前に、映画の 1 コマの複製とはどのような意味があるか検討してみましょう。映画を動画の状態で DVD へ複製するのではなく、映画の 1 コマを取り出して写真的に複製する行為も、著作権法上の**複製**であると解されています。しかし、本件では、すでに映画の著作物の保護期間が満了していますので、仮に、著作権保護期間内には映画会社が著作権者であったとしても**複製権**（21 条）を行使することはできません。

なお、本件のような映画の 1 コマの複製について、著作者である監督等の同一性保持権侵害（20 条）を主張できるかは別途争点となると思いますが、紙面の関係上、今回は省略します。

それでは、アップ画像が使用されている主演俳優の遺族は、T シャツ製造販売業者に対して何か請求できるでしょうか。

録画権・同一性保持権を主張できる？

俳優は、**実演家**として、**録音権**および**録画権**（91 条）を有しますが、**録画**とは、「影像を連続して物に固定し、又はその固定物を増製すること」（2 条 1 項 14 号）ですから、写真複製にはこの録画権は働かないと思われます。なお、本件とは異なりますが、写真複製ではなく動画としての映画全部の複製であったとしても、実演家の録画権は**ワンチャンス主義**であるため、録画権者から許諾を得て映画の著作物において録画された実演については、実演家の録画権は適用されず（91 条 2 項）、録画権の行使はできません。映画がパブリックドメインとなった場合でも同様ではないかと思われます。

次に、本件の場合は、実演家人格権としての同一性保持権（90 条の 3）の侵害といえるでしょうか。実演家の同一性保持権は平成 14 年著作権法改正によって、実演家の氏名表示権（90 条の 2）と同時に実演家の権利に追加されたものです。**実演家同一性保持権**は、実演の同一性を保持する権利であって、「自己の名誉又は声望を害するその実演の変更、切除その他の改変を受けない」と規定されています。

本件のように、録画された実演の 1 コマの利用行為と実演家同一性保持権との関係の裁判例は見当たりませんが、映画の一場面をそのまま写真複製することは、実演の 1 コマを取り出すものではあるものの、実演そのものの変更、切除その他の改変ということは難しく、実演家同一性保持権の侵害とはいえないのではないでしょうか。

死後のパブリシティの権利は？

もっとも、主演俳優のアップ画像を T シャツに印刷して販売するのであれば、著作権法上の実演家の権利とは別にパブリシティ権が問題になります。**パブリシティ権**とは、有名人や芸能人等の氏名・肖像等に備わっている顧客吸引力から生じる経済的な利益や価値を排他的に利用できる権利であって、人格権に由来するものとされています（「ピンク・レディー事件」最高裁平成 24 年 2 月 2 日判決等）。第三者が T シャツの真ん中に大きく主演俳優のアップ画像を印刷して販売することは、典型的なパブリシティ権の利用といえます。

ただし、わが国ではパブリシティ権について明文の規定がないため、故人のパブリシティ権を遺族が行使できるかどうかは明確になっていません。裁判例においては、所属芸能人らとの契約に基づいて同人らのパブリシティ権行使の訴訟を提起したプロダクションに対し、実体法上の権利義務の主体ではないとして当事者適格を否定したものはありますが、故人のパブリシティ権の行使の可否について明確に判示したものはまだありません。

学説では、パブリシティ権は人格権由来であるため著作者人格権と同様に一身専属であって相続されないとする説、人格権由来であるものの経済的価値を生じた後は相続されるという説、あるいは著作権を準用して相続されるが死後 70 年までとする説等さまざまです。また、遺族にパブリシティ権の行使を認めるとする説においても、差止請求権まで認められるのか、あるいは単に民法上の不法行為（民法 709 条・710 条）として損害賠償請求権のみを認めるのか等に分かれます。

よって、本件の場合、俳優が生存していれば、その俳優のパブリシティ権に基づき差止めおよび損害賠償請求ができるものと思われますが、遺族がそのパブリシティ権を行使できるのか、できるとしても損害賠償請求だけなのか、あるいは差止請求もできるのかについては、残念ながら断定することはできません。

写真の著作物の保護期間変遷の経緯

Q80 所有する写真集を編纂して、戦前の昭和史を刊行したいと思います。1957（昭和32）年以前に公表された写真の著作権はないと聞いていますが、その経緯および根拠を教えてください。

A **写真の著作物**の保護期間は、現在は、一般の著作物の保護期間と同じ、**著作者の死後70年**です（51条2項）。ただし、写真の著作物の保護期間は、従前は一般の著作物より短かったという特殊な事情があるため、ご質問のように1957（昭和32）年以前に公表された写真については、著作者の生死を問わず、すでに著作権が消滅していると考えられています。それでは、以下経緯を説明しましょう。

旧法から現行法への保護期間の変遷

まず、1899（明治32）年7月に施行された**旧著作権法**では、一般の著作物は、3条1項において「発行又ハ興行シタル著作物ノ著作権ハ著作者ノ生存間及其ノ死後30年間継続ス」と規定されていましたが、写真の著作物については、「写真著作権ハ10年間継続ス」（同法23条1項)、「前項ノ期間ハ其ノ著作物ヲ始メテ発行シタル年ノ翌年ヨリ起算ス若シ発行セサルトキハ種板ヲ製作シタル年ノ翌年ヨリ起算ス」（同条2項）とされていました。すなわち、旧著作権法では、写真の著作物の保護期間は発行の翌年より10年とされ、死後30年だった通常の著作物よりもかなり短かったものといえます。

その後、1967（昭和42）年に写真の著作物の保護期間が2年延長され、発行後12年となり、さらに、1969（昭和44）年に1年延長され、**発行後13年**となりました。

そして、1971（昭和46）年1月1日に施行された現行著作権法55条では、写真の著作物の保護期間は公表後50年（創作後50年以内に公表されなかったときは、創作後50年）と規定され、さらに、1996（平成8）年改正（1997（平成9）年3月25日施行）によって同条が削除され、通常の著作物と同様、保護期間は51条2項（著作者の死後50年）によることになりました。51条2項は、TPP11の発効により、平成30年12月30日から著作者の死後70年になっています。

なぜ通常の著作物と違うのか？

このように、現行法成立時においても、写真の著作物の保護期間が通常の著作物と異なっていたのは、写真の著作物性が他の著作物とは性質が違い、高度の創作性を伴わない作品が多いと考えられていたこと、写真は記録的な性質が強く、早く一般国民の利用に開放すべき一面を有していると考えられていたこと、写真の著作物には著作者名の表示を欠くことが多かったため著作者の特定が困難であって、死亡時起算とすると起算年が不明確となる場合が多かったこと、公表後50年であった映画とのバランス問題、世界的にも写真は公表後起算とするのが多数であったこと、写真の保護期間はベルヌ条約上は創作後25年、万国著作権条約上は10年であったことなどが、挙げられています（加戸守行『著作権法逐条講義（六訂新版）』（CRIC、2013）416頁）。

しかし、その後、世界各国で写真の著作物の保護期間を死亡時起算とする国が多くなり、WIPO著作権条約でも他の著作物と同様に著作者の死後50年とされたこと、写真の著作物においても著作者の表示率が向上されたことにより、1996年の著作権法改正で、一般の著作物と同様の保護期間になったのです。

著作権消滅後の不遡及の原則

なお、このように、保護期間が延長となった場合、すでに著作権保護期間が満了となってしまっている写真の著作物についても、この延長した保護期間を適用するかが問題となります。この問題については、現行法附則2条により、現行法施行の際に旧法による著作権の全部が消滅している著作物には、改正法を適用しない、としています。

著作権法は、原則として、保護期間満了により著作権が消滅した著作物については、その後法律改正により保護期間が延長になっても著作権を復活させない（**不遡及**）、という制度をとっています（例外は、1996（平成8）年著作権法一部改正による著作隣接権の遡及的拡大です）。一度著作権が切れて、公有（パブリックドメイン）になり、万人が自由に利用できる状態になったものを、再び著作権法による保護を適用させることは、社会的な混乱を招くおそれがあるためです。この不遡及措置については、日本写真家協会等写真家の方々から遡及適用の要望が出されていますが、上記の理由から難しいと思われます。

以上のような経緯により、旧著作権法による写真の保護期間は最終的に13年となりましたので、1971年1月1日に現行法が施行された際に旧法による著作権の全部が消滅している写真の著作物は、**1957年以前に公表されたもの**ということになります。したがって、1957年以前に公表された写真の著作物の著作権は消滅しており、自由利用することができることになります。

著作者人格権の存続期間

Q81 著作者人格権は、いつまで保護されますか。テレビ CM で数百年前の古い名画を動画にしたりしているのを見かけますが、著作者人格権とは関係がないのでしょうか。

A **著作者人格権**とは、著作者の著作物に対する人格的利益を保護する権利です。

著作者人格権は消滅するか

著作者人格権は、人格的利益という性質上、創作者である著作者だけに認められるものであって、第三者に譲渡することもできませんし、相続することもできません（著作者人格権の**一身専属性**、59条）。したがって、著作者の死亡後は著作者人格権も消滅することになります。

また、法人が著作者となる**職務著作**（15条）の場合には、法人が著作者人格権を取得し、その法人が存続するかぎりは著作者人格権が存続することになりますが、法人が解散等消滅した場合には、やはり著作者人格権も消滅することになります。

もっとも、著作者が亡くなったからといって、著作者が生存中には認められなかったような著作物の利用行為を許すことは、文化を保護するという国家的な見地からも問題がありますし、著作者の生前の意思にも反するでしょう。

そこで、60条は、著作者が死亡あるいは解散等によって存在しなくなっても、著作者が存しているとしたならば著作者人格権の侵害となるべき行為をしてはならないと規定しています。ただし、行為の性質および程度、社会的事情の変動その他によりその行為が著作者の意を害しないと認められる場合は、この限りではありません（60条但書）。

60条が争点となったものとして、三島由紀夫がある作家に宛てた手紙を、三島由紀夫の死から28年後に当該作家が自伝的な小説内にて公表した行為に対し、遺族が著作者の人格的利益を侵害されたとして訴えた事案があります。

裁判所は、私信として出した手紙であって公表を予期しないで書かれたものであることに照らせば、この手紙の公表が三島由紀夫の意を害しないものと認めることはできないとして、出版の差止めと損害賠償、加えて謝罪広告の掲載を認めました（「三島由紀夫手紙事件」東京高裁平成12年5月23日判決。なお、損害賠償は複製権侵害によるものです）。

死後の人格的利益の保護

著作者の死後における人格的利益の保

護のために、著作者の遺族である配偶者、子、父母、孫、祖父母または兄弟姉妹は、その行為の**差止め**、**損害賠償**、あるいは**名誉回復請求**を行うことができます（116条1項）。請求をすることができる順番は、原則として、上記に記載した順ですが、著作者は遺言によってこの順番を別に定めることもできます（同条2項）。

また、遺言によって遺族に代えて人格的利益の侵害に対し、請求をすることができる者を指定することもできますが、この場合は、著作者の死亡の翌年から**70年経過後**（ただし、70年経過後に遺族が存する場合は遺族が亡くなった後）は、その請求をすることができません（同条3項）。

このように、著作者が存しなくなった後、著作者の人格的利益の保護を請求できるのは、著作者の遺族である、配偶者、子、父母、孫、祖父母または兄弟姉妹、または著作者により遺言で指定された者だけであり、その期間も、これら遺族の生存期間または著作者の死後70年経過するまでに限られます。法人著作の著作者人格権の消滅の場合には、このような遺族は存在しませんから、法人が解散等により存在しなくなった場合には、著作者人格権の差止め等の行使はできません。

古い名画の著作者人格権

もっとも、著作者が存しなくなった後の人格的利益の侵害に対しては、500万円以下の罰金が規定されており（120条）、この罰則規定は親告罪ではありませんから、最終的には**刑事罰**の担保があることになります。

ご質問のように、数百年前の古い名画を動画にすることや、「モナリザ」のように著名な絵画をデフォルメする例については、著作権法上は同一性保持権（20条）が問題となりますが、このような数百年前の著作物については、もはや著作者の遺族は存在せず、著作者が存しなくなった後の人格的利益侵害に関し、権利行使できる者はいないことになります。

また、数百年前の名画はすでに文化財として広く社会一般に浸透したものであると考えられますから、その人格的利益についての要保護性も相当低下しているものと考えられます。すなわち、60条但書による、「行為の性質及び程度、社会的事情の変動その他によりその行為が当該著作者の意を害しないと認められる」可能性が強まり、よほど人格的利益の侵害が著しいと認められる場合以外には、120条による刑事罰が適用されることはないでしょう。

著作物の保護期間

著作権と時効

Q82 著作権にも時効の適用があるのでしょうか。

A **時効**とは一定の事実状態のまま期間が経過することによって、権利が消滅したり（**消滅時効**）、権利を取得したり（**取得時効**）する制度です。時効制度は、一定の事実状態を保護し安定させるため、あるいは、古い事実についての立証の困難性を救済するため、または、権利に眠る者は保護せず等の理由により、認められているといわれています。

民法は、「**所有権以外の財産権**」について、「自己のためにする意思をもって、平穏に、かつ、公然と行使する者」には、行使の始めに善意無過失であれば10年、その他は20年で取得時効の成立を認めています（民法163条、162条）。さらに、「**債権**」については、債権者が権利を行使することができることを知った時から5年間不行使、または権利を行使することができる時から10年間不行使（同法166条1項1号、2号）、「債権又は所有権以外の財産権」について20年間不行使の場合にはそれぞれ消滅時効の成立を認めています（同法166条2項）。

なお、時効が成立するには、取得時効、消滅時効とも行使（法律上は「**援用**」といいます）することが必要です（同法145条）。

それでは、著作権にも時効制度の適用はあるのでしょうか。以下、場合に分けて考えてみましょう。

著作権・著作者人格権と消滅時効

まず、著作権は時効によって消滅するでしょうか。著作権自体は**消滅時効の対象にはならない**と考えられています。なぜなら、著作権の存続期間は著作権法で定められており（51条ないし58条）、その期間中は仮にその著作権を行使しなくても著作権の存続が法定されていると考えられているからです。

たとえば、ある小説を創作してそれを公表しないまま作者が死亡した場合でも、死後70年経過するまでは著作権は存続します。創作後一度も公表することなく、著作権者が複製等利用することも、第三者がそれを複製等利用することを許諾することもなく、さらに第三者が著作権者に無断で複製等利用することもなかった場合には、著作権者がその作品の著作権を実際上行使することはありません。しかし、著作権は法定の期間中は存続するのです。

このように、権利自体に消滅時効の適用がないということは、著作権だけでなく特許権等知的財産権一般にいわれていることです。

また、著作者人格権も時効によって消滅しません。そもそも著作者人格権は財産権ではないので、民法に定める時効制度になじみません。さらに、著作者人格権は、作者の人格的権利であり、かつ、一身専属的な権利（59条）とされておりますので、著作者が生きているかぎりはその権利が存続するものであると考えられています。

著作権の取得時効は可能か

次に、著作権を時効により取得することはできるでしょうか。著作権も財産権であり、かつ、著作権法は取得時効について何ら規定をしておりませんので、一般論としては民法の**取得時効の適用がある**といわれており、最高裁判所も著作権のうち複製権について、一般論として時効取得の適用があるといっています（「ポパイ事件」最高裁平成9年7月17日判決）。

しかし、20年の取得時効が成立する要件として、20年間「自己のためにする意思」をもって「平穏」かつ「公然」に財産権を行使することが必要ですので（民法163条）、複製権を時効取得するためには著作権者と同様に複製権を独占的、排他的に行使する状態が20年間継続していることが必要であり、このポパイ判決の事案では、これらの要件がないとして時効取得を認めませんでした。

このように、一般論としては取得時効が認められるものの、著作権者と同様に独占的、排他的な権利行使を長期間継続したと認定されることは、実際にはなかなか難しいでしょう。

損害賠償請求権などには時効がある

それでは、著作権侵害に基づく**損害賠償請求権**について消滅時効の適用はあるでしょうか。損害賠償請求権は、不法行為に基づく請求権ですので、民法上の一般の不法行為と同様、損害および加害者を知ってから3年、あるいは不法行為が発生してから20年経過すれば時効により消滅するものと考えられています（民法724条）。

さらに、**不当利得返還請求権**については、やはり債権として債権者が権利を行使することができることを知った時から5年間、または権利を行使することができる時から10年間で消滅すると考えられています（同法166条1項1号、2号）。

また、著作物利用許諾（ライセンス）契約に基づく**ロイヤリティの請求権**の時効はどうでしょうか。著作物利用許諾契約に基づくロイヤリティの請求は債権ですので、上記と同様、債権者が権利を行使することができることを知った時から5年間、または権利を行使することができる時から10年間で消滅することになるでしょう。

記録媒体の移し替え

Q83

(1) 長年放送番組をビデオに撮ってきましたが、DVD レコーダーを購入したのをきっかけに、録画したビデオを DVD に統一したいと考えています。この放送のビデオを DVD に入れ直してもよいでしょうか。専門業者に依頼して行うのはどうでしょうか。

(2) 撮って保管しておいたビデオはもったいないので、公民館にあるビデオライブラリに寄付してもいいでしょうか。

(3) アメリカで買ってきた市販の DVD はリージョンコードが違うため見ることができません。これを見ることができるようにするソフトを使った場合はどうなるでしょうか。

A 機器の進歩とともに、以前に録音録画等を行った複製物の再生機器がなくなってしまい、再生できなくなるという心配も出てきました。古い形式の記録媒体に複製されている著作物を別の記録媒体に移す行為は、著作権法上どのように評価されるかを検討する必要があります。

「私的使用」の移し替えは適法

放送をビデオに録画する行為は、個人的または家庭内その他これに準ずる限られた範囲内において使用すること（これを「**私的使用**」といいます。）を目的とする場合には、著作権侵害にはなりません（30 条 1 項本文「私的使用のための複製」）。そこで、放送をビデオに撮った目的が、私的使用を目的とする場合であれば、適法に録画したことになります。

このように、適法に録画したビデオを DVD に移す行為はどうなるでしょうか。この行為は、私的使用のために作成された著作物の複製物（ビデオ）から他の記録媒体に記録された著作物の複製物（DVD）を作成する行為となります。よって、私的使用のための複製として作成された著作物の複製物における単なる記録媒体の移行は、著作権法上は**私的使用のための複製**であって、適法な複製ということになります（30 条 1 項本文）。

業者へのコピー依頼は複製権の侵害

それでは、この DVD への移し替えを専門業者に依頼した場合はどうでしょうか。

私的使用のための複製は、「その使用する者が複製することができる。」（30 条 1 項本文）と規定されています。専門業者に頼んでその業者がDVDに移すことは、「**その使用する者が**」に文理上該当しません。

もっとも、専門業者を自己の手足のように使用する者とする、いわゆる履行補助者であるとして「その使用する者」本人と著作権法上同等であるといえるかどうかをさらに検討する必要があります。30条1項の制度趣旨は、個人または家庭内その他これに準じる限られた範囲内の複製においては、著作権者の利益が大きく侵害されることがないであろうと考えられたこと、および、個人的な複製を現実に取り締まることは困難であることの2点であるといわれています。しかし、専門業者に複製を依頼する場合には、専門業者は営利目的であって、客から複製費用を徴収し経済的対価を得ていること、および、専門業者は外部の独立かつ恒常的に存在する業者であることから、30条1項の制度趣旨のいずれにも該当しないと思われますので、「その使用する者」本人と著作権法上同等であるとはいえないと考えられます。したがって、専門業者に頼んでDVDに移すことは、私的使用のための複製とはいえず、**複製権**（21条）**の侵害**となるものと考えられます（書籍の自炊代行について「自炊代行事件」知財高裁平成26年10月22日判決）。

目的外使用は複製権侵害

次に、DVDに録画したため要（い）らなくなったビデオを、公民館にあるビデオライブラリに寄付することは、著作権法上認められるのでしょうか。放送をビデオに録画した際には、個人的に使用することが目的であったため、この録画は私的使用のための複製として、著作権侵害にはなりません。しかし、その後、私的使用の目的以外に頒布、あるいは公衆に提示した場合には、**複製物の目的外使用**として、21条の複製とみなされます（49条1項1号）。

本件の場合には、公民館のビデオライブラリへの寄付ですから、49条1項1号に該当し、21条の複製に該当することになります。本件の場合、ほかに適法となる規定の適用がありませんので、公民館のビデオライブラリへの寄付は、複製権の侵害になることになります。

アクセスコントロール回避

それでは、アメリカで購入したDVDをリージョンコード規制を回避するためのソフトを使用して見ることは著作権法上問題になるでしょうか。これは、**アクセスコントロール回避**であり、技術的保護手段（2条1項20号）の回避、あるいは技術的利用制限手段（2条1項21号）の回避になると思われます。**技術的保護手段の回避**は、私的使用目的の複製の例外（30条1項2号）となりますし、**技術的利用制限手段の回避**は、みなし侵害となります（113条3項［令和2年著作権法改正により113条6項に変更］）。したがって、このような行為も著作権侵害となるでしょう。

著作物の自由利用（権利制限）

表現に含まれた「思想又は感情の享受を目的としない利用」

Q84 平成30年著作権法改正により、「著作物に表現された思想又は感情の享受を目的としない利用」（30条の4）が規定されましたが、この内容を説明してください。

また、音楽教室での楽曲のレッスンや絵画教室での絵画の模写には、この適用はないのでしょうか。

A 平成21年著作権法改正、平成24年著作権法改正により、主として情報通信技術の発達に伴う著作物の利用について個別に権利制限が規定されてきました。

しかし、近年、いわゆる第4次産業革命として、IoT・ビッグデータ・人工知能（AI）・サイバーフィジカルシステムサービスなどの技術革新により、大量の情報を集積し、組み合わせ、解析することで付加価値を生み出す新しいイノベーションの創出が期待されています。これに伴い、平成30年著作権法改正により「**柔軟な権利制限**」が規定されました。

柔軟な権利制限の特色

柔軟な権利制限の特色は、①著作物の本来的利用には該当せず、権利者の利益を通常害さないと評価できる行為類型（第1層）、②著作物の本来的利用には該当せず、権利者に及び得る不利益が軽微な行為類型（第2層）、③公共的政策実現等のために著作物の利用の促進が期待される行為類型（第3層）の3層に分け、**第1層**については、行為類型を適切な範囲で抽象的に類型化を行い、「柔軟性の高い規定」とし、**第2層**については、権利制限を正当化する社会的意義等の種類や性質に応じ、著作物の利用の目的等によってある程度大くくりに範囲を画定し、「相当程度柔軟性のある規定」を、**第3層**については、立法府において、権利制限を正当化する社会的意義等の種類や性質に応じ、権利制限の範囲を画定したうえで、それぞれの範囲ごとに「適切な柔軟性を備えた規定」とすると説明されています。

ご質問の「**著作物に表現された思想又は感情の享受を目的としない利用**」（30条の4）は、上記第1層に該当します。同条柱書において、「次（1号～3号）に掲げる場合その他の当該著作物に表現された思想又は感情を自ら享受し又は他人に享受させることを目的としない場合」を権利制限の対象と規定され、1号「技術の開発又は実用化のための試験の用に供する場合」、2号「情報解析の用に供する場合」、3号「人の知覚による認識を伴うことなく当該著作物を電子計算機による情報処理の過程における利用その他の利用（プログラムの実行を除く）に供する場合」が例示されています。

この30条の4にいう「**享受**」とは、一般的に「精神的にすぐれたものや物質上の利益などを、受け入れ味わいたのしむこと」を意味することとされています（『広辞苑 第七版』（岩波書店、2018）762頁）。そして、「著作物に表現された思想又は感情」の「享受」を目的とするかは、「著作物等の視聴等を通じて、視聴者等の知的・精神的欲求を満たすという効用を得ることに向けられた行為であるか否かという観点から判断される」と説明されています（文化庁著作権課「デジタル化・ネットワーク化の進展に対応した柔軟な権利制限規定に関する基本的な考え方（著作権法第30条の4、第47条の4及び第47条の5関係）」（令和元年10月24日）6頁。以下「基本的な考え方」）。

著作物は、「思想又は感情を創作的に表現したもの」（2条1項1号）ですから、情報技術によって著作物を複製・解析等利用したとしても、その表現に現れた思想または感情を「味わいたのしむ」利用とはいえず、著作権法で本来保護されるべき著作者の利益を侵害していない、とされたものでしょう。

30条の4の例としては、「人工知能の開発に関し人工知能が学習するためのデータの収集行為」「美術品の複製に適したカメラやプリンターを開発するために美術品を試験的に複製する行為」等が挙げられています（「基本的な考え方」7頁）。

それでは、音楽教室のレッスンにおける楽曲の演奏や絵画教室における絵画の模写には、30条の4の適用があるでしょうか（30条の4の適用のほかに、演奏・模写主体はだれか（主体論）、演奏権（22条）の解釈等の論点がありますが、ここでは省略します）。

音楽教室のレッスンにおける楽曲の演奏とは、生徒に演奏技術を習得させるために、先生または生徒が音楽の著作物の全部または一部を演奏したり、録音物の再生演奏をする行為です。この場合、主たる目的が生徒に演奏技術を習得させるためであったとしても、同時に楽曲の表現に含まれている思想または感情を享受する目的もあると認められ、同条の適用はないものと思われます（「音楽教室vs JASRAC事件」東京地裁令和2年2月28日判決）。絵画教室における絵画の模写の場合も、主たる目的が生徒の作画技術の習得であっても、同時に絵画を通じて知的・精神的欲求を満たす目的もあるでしょう（「基本的な考え方」8頁）。よって、音楽教室のレッスンにおける楽曲の演奏や、絵画教室における絵画の模写には、30条の4の適用はないでしょう。

図書館資料の複製

Q85 公立図書館です。以下の複製態様は、著作権法上問題が生じるでしょうか。

(1) 利用者が、会社の業務上の調査研究の用に供するために図書館資料の複製を求める場合、これに応じて、当館が当該著作物の一部分の複製物を提供すること。

(2) ニュースで話題になっている事柄について、当館があらかじめ新聞・雑誌・関連書籍から記事・論文・著述を集めてコピーしておき、希望者に配布すること。

(3) 利用者が、当館より図書館資料の貸し出しを受け、これを当館と隣接するコンビニのコピー機で資料の全部をコピーすること。

A 図書館は、書籍や資料等の宝庫であり、学生・研究者・地域住民等の知識・教養・学習・研究等の中心であって、教育・文化の発展に大きな意義を有しています。他方、図書館の有する書籍や資料等のほとんどが著作物であるため、図書館利用の際に**複製**（21 条）を無制限に認めてしまうと、著作権者等の権利が著しく侵害されることになります。そこで、31 条では一定の条件においてのみ、図書館における複製を認めています。

まず、ご質問の (1) についてですが、31 条 1 項 1 号は、国会図書館その他政令で定める図書館等（以下「図書館」）が、図書館資料の著作物を複製することができる場合として、「図書館等の利用者の求めに応じ、その調査研究の用に供するために、公表された著作物の一部分の複製物を一人につき一部提供する場合」と規定しています。

そもそも、図書館における複製の規定は、昭和 45 年成立の現行著作権法から導入されたものです。条文上からは、図書館等の利用者の「**調査研究の用に供するため**」と規定されていますが、ここでは「学術目的」あるいは「非営利目的」という限定はありません。「調査研究」という文言からは、あくまでも学術目的等非営利の調査研究を指すとする見解もありますが、営利事業であっても調査研究目的であることはあり得るわけですから、31 条 1 項 1 号の文言上、営利事業を排することは難しいと思われます。

よって、会社の業務目的であっても、調査研究の用に供するためであれば、図書館は利用者の求めに応じて複製物を交付することができると解されます。

なお、調査研究の用に供するためですから、たとえば美術作品の鑑賞の用には認められないと解されています。また、営業資料として配付する目的の場合にも「調査研究の用に供する」とはいえず、複製は認められないことになります。もっとも、実際上は、図書館側でどこまで利用者の目的とする用途がチェック可能かということにもなるでしょう。

また、ここでの複製行為は、図書館が行うものであって、利用者が行うものではありません。図書館内に設置されているコイン式コピー機を使って利用者が著作物を複製する方式をとっているところがあると思いますが、これはあくまでも図書館が主体となって 31 条 1 項 1 号の要件を具備する、すなわち、利用者は図書館の管理下において図書館の手足として複製を行っており、その複製態様も図書館司書等がチェック可能な状態にしておく等が必要であると考えられています。

次に、ご質問の (2) ですが、31 条 1 項 1 号は、「**利用者の求めに応じ**」と規定されており、利用者が具体的にリクエストしてはじめて図書館は図書館資料を複製することができるのであって、あらかじめ利用者が複製を求めることを予想して、関連資料をピックアップしてコピーしておくことは、同号の要件には該当しないと思われます。よって、ご質問 (2) のような複製は認められないでしょう。

外部コピーの主体は利用者

ご質問の (3) は、図書館自体の複製ではなく、図書館から貸し出しを受けた利用者が行う複製の問題ですので、31 条ではなく、30 条の適用が問題になります。すなわち、30 条 1 項柱書は**私的使用目的**の場合には、著作権者の許諾なく複製することができると規定されていますが、ここでは、自己がその著作物の複製物を所有していることは要件にはなっていません。

したがって、図書館から書籍の貸し出しを受けた利用者が「個人的に又は家庭内その他これに準ずる限られた範囲内において使用することを目的とする」複製を行う場合（30 条 1 項柱書）は、31 条の制限は及ばないものと思われます（なお、附則 5 条の 2 により、「専ら文書又は図画の複製に供する」自動複製機器は、30 条 1 項 1 号から除外されています）。図書館が館内において、利用者が自由にコピーできるようにコイン式コピー機を用意しておくことは、上述のとおり 31 条の趣旨を逸脱するものと思われますが、図書館と隣接しているとはいえコンビニには図書館の管理が及ばないため、貸出手続きをとった利用者が私的使用目的として資料の全部をコピーすることを著作権法上禁止することは、難しいものと思われます。

図書館資料の複製割合と著作物

Q86 近所の公立図書館を利用しています。その図書館では、図書館にある本の複製物の提供は、一著作物の50％の範囲内としています。

(1) この一著作物の考え方なのですが、絵画集や写真集の場合、その書籍全体の50％でしょうか、それとも、1枚の絵画、写真の50％ということなのでしょうか。

(2) 月刊誌の場合、次号が刊行されたら100％複製が可能ということですが、同じ絵画でも、絵画集からは50％で、月刊誌からなら100％コピーできるというのはおかしくありませんか。

A 31条1項1号は、国立国会図書館や公立図書館等、政令で定める図書館その他の施設（以下、「図書館等」といいます）が、利用者の求めに応じ、その調査研究の用に供するために、公表された著作物の一部分（発行後相当期間を経過した定期刊行物に掲載された個々の著作物にあっては、その全部）の複製物を1人につき1部提供する場合、著作物を複製することができるとしています。この条文は、図書館の公共的役割と著作権者の経済的利益との兼ね合いから規定されています。

著作物の一部分とは

ご質問は、31条1項1号の「**著作物の一部分**」の解釈をめぐる問題です。一般的に、この「著作物」とは、他の箇所での著作物の解釈と同様、ひと固まりとなったものと考えられていますので、たとえば、複数の小説が収録された短編集であれば、個々の短編を指し、全体の短編集ではないといわれています。同様に、俳句集、短歌集であれば、一句、一首を指し、写真集、絵画集であれば1図版、百科事典であれば1項目であるとされています。さらに、「一部分」であるため、多くても半分を超えない範囲であると考えられています（平成24年7月6日付全国公共図書館協議会「公立図書館における複写サービスガイドライン」等）。

このように、文言解釈上は31条1項1号で認められる複製の分量が、1冊の書籍全部の半分までではなく個々の著作物の半分となるため、たとえば、俳句では一句の半分までということになりかねません。

もっとも、このような31条1項1号の解釈は、図書館の公共的役割と複写サービスの実情を無視したものであって、もう少し弾力的に運用すべきである、あるいは調査研究のためという同号の趣旨からは、より広く複製を認めるべきであるという見解も強く主張されています。

なお、「図書館における著作物の利用に関する当事者協議会」を構成する図書館団体と権利者団体とが協議を行い、その結果、「著作物の一部分のみの複製を行うが、同一紙面上に複製された複製対象以外の部分（写り込み）については、権利者の理解を得て、遮蔽等の手段により複製の範囲から除外することを要しない」とされました。ただし、楽譜、地図、写真集・画集（書の著作物を含む）と雑誌の最新号については、「権利者の経済的利益を大きく侵害するおそれがあることから、このガイドラインは適用しないものとする」とされています（公益社団法人日本図書館協会、国公私立大学図書館協力委員会、全国公共図書館協議会による平成18年1月1日付「複製物の写り込みに関するガイドライン」）。

ご質問の(1)の場合は、絵画集や写真集ということですから、上記ガイドラインからも除外されているため、31条1項1号の原則に戻って、複製できるのは1枚の絵画、写真の50%と解さざるを得ないのではないでしょうか。なお、写真や絵画の場合、言語の著作物以上に1作品は不可分であるため、その一部分の複製となると**同一性保持権**(20条1項)の問題が生じるおそれがありますので、注意が必要でしょう。

定期刊行物の場合

ご質問の(2)は、31条1項1号の括弧書が「発行後相当期間を経過した定期刊行物に掲載された個々の著作物にあつては、その全部」と規定されていることに関係します。この趣旨は、定期刊行物は「**発行後相当期間**」が経過すると、市場から入手困難となるため、そこに掲載されている個々の著作物の全部を複製しても、著作権者の経済的な利益の侵害が大きくないからであるといわれています。この「発行後相当期間」とは、一般的に、次号刊行後という図書館が多いでしょう。

雑誌等の定期刊行物に掲載される著作物であれば、次号が発行されれば100%複製が可能であるのに対し、同じ著作物であっても書籍の場合は、前述のとおり個々の著作物の半分までという取扱いは、バランスを欠くとも考えられないこともありませんが、31条1項1号の規定によりやむを得ないということだと思います。

著作物の自由利用（権利制限）

講演会での資料の利用

Q87 講演で使う資料を作っています。資料の中に、ほかからの文章やデータを入れたいと思っていますが、著作権法上、気をつける点はありますか。また、この資料を参加者に配付する場合と、映写する場合では違いはあるでしょうか。

A 講演で使う資料のうち、すべてを自分で作成した場合には、著作権法の問題はありません。しかし、講演で使う資料の中に、他人が作成した文章や絵・写真、あるいは新聞の記事や白書に掲載されているデータ、もしくは判決文や法律条文を使いたいという場合もあるでしょう。このように、資料の中に自分で作成したもの以外を入れる場合に、著作権法上気をつけなければならない点を検討してみましょう。

許諾なしに利用できる著作物

他人が作成した文章・絵・写真などを資料の中に入れる場合、まず、それが著作権法上保護されるものかどうかを検討する必要があります。

著作権法上の保護の対象となるためには、著作物に該当しなければなりません。**著作物**とは、①思想または感情を、②創作的に、③表現したもの、④文芸、学術、美術または音楽の範囲に属するもの（2条1項1号）であると規定されています。したがって、文章や絵・写真などは通常は創作性のある表現であるとして、著作物に該当する場合が多いと思われます。

もっとも、だれが作成しても同じような表現となるものには、創作性が認められません。インターネット上で配信している記事見出しについて、創作性がないものとして著作権を否定した裁判例もあります（「記事見出し事件」知財高裁平成17年10月6日判決）。同様に、事実やデータ自体は、創作性のある表現にはなりませんので、著作物ではありません。

また、法令、判決、国や地方公共団体などが発する告示・訓令・通達等は著作物に該当しても、著作権法では保護されません（13条）。これらは、広く国民に普及することが目的であるため、だれもが利用できるように著作権法の対象としないとされているのです。

さらに、他人の著作物であっても保護期間が経過していれば、自由に使用することができます。作者の**死後70年**（作者が法人の場合および映画の著作物は**公表後70年**）が著作権の保護期間です（51条ないし54条）。

このように、だれが作成しても同じ表

現となるもの、事実や数値等のデータ、保護期間が経過したもの、あるいは法令・判決等は著作権法で保護されませんので、資料の中で自由に使うことができます。

次に、上記で検討した結果、著作権法で保護される著作物であっても、公表された著作物は**引用**して利用することができます（32条1項）。引用の要件としては、著作権法上、公正な慣行に合致すること、報道、批評、研究その他の引用の目的上正当な範囲内ということが規定されていますが、判例では、この規定の具体的な要件として、一般的に、①自己の著作物が主、引用する他人の著作物が従であること（**主従関係**）、②この2つの著作物が表現上明確に区別されていること（**明瞭区分性**）、が必要であるとされる場合がほとんどです。また、引用の目的上正当な範囲内でなければなりませんから、まったく関係のない著作物を掲示することはできないと思われます。さらに、だれのどの本のどの部分からの引用かがわかるように**出所を明示**する必要もあります（48条1項1号）。なお、この引用は複製だけでなく上映、公衆送信その他著作権法で規定されている支分権での利用ができます。

以上のように、資料の中に著作権法上保護される他人の著作物を利用する場合でも、上記引用の要件を具備すれば、著作権法上問題にはなりません。

参加者への配付は複製権の侵害

次に、講演で参加者に他人の著作物からなる資料を配付する場合と、他人の著作物を映写するだけの場合には、何か違いが生じるでしょうか。

じつは少し違いがあります。複製は著作物の有形的な再生行為であるのに対して、映写は著作権法上、**上映**に該当し（2条1項17号）、著作物の無形的な再生行為になります。著作権者は著作物を公衆に上映する権利を専有しています（22条の2）が、非営利目的で、かつ、参加者から上映の対価を徴収せず、さらに、上映者に対し報酬の支払いがない場合には、著作権者の許諾なく当該著作物を上映することができると規定されています（38条1項）。

したがって、講演の対価がなくボランティアで行われるような場合には、他人の著作物を上映する場合であっても、上映について著作権者から許諾を得る必要はありません。これに対し、**複製権**（21条）は、非営利目的のような特別規定はありませんから、このような講演の場合であっても、資料として参加者に配付することは複製権の侵害になります。

また、講演での映写の場合、映写だけでなく口述部分を含めて、「引用」の主従関係を検討することになりますが、資料配布した場合には、その資料だけで「引用」の主従関係があるかどうかを検討することになると思われます。

著作物の自由利用（権利制限）

官公庁発行の資料の利用

Q88 健康食品の製造販売会社です。顧客向けのPR誌を発行しています。健康管理の説明の中に、厚生労働省などが発行している白書や統計資料をよく使っています。官公庁発行の広報資料等は雑誌などに自由に転載してもよいといわれていますが、今後、HPにも同じ内容のものを載せたいと思います。問題ありませんか。

A 32条2項は、「国若しくは地方公共団体の機関、独立行政法人又は地方独立行政法人が一般に周知させることを目的として作成し、その著作の名義の下に公表する広報資料、調査統計資料、報告書その他これらに類する著作物は、説明の材料として新聞紙、雑誌その他の刊行物に転載することができる。ただし、これを禁止する旨の表示がある場合は、この限りでない。」と規定しています。

これは、**国や地方公共団体等が一般に周知させることを目的として作成した広報資料、調査統計資料、報告書等に類する著作物**（以下「広報資料等」）については、刊行物に転載を認めることが、その作成目的に合っているからです。もっとも、但(ただ)し書により禁転載などの表示がある場合は転載できません。

32条2項で転載が認められる著作物は、一般に周知させることを目的として作成された広報資料等です。国や地方公共団体等が作成し、その名義で公表した著作物であっても、学術文献的な性質を持ったものについては、同項が適用されない場合もあります。旧著作権法11条（著作権の目的とならない著作物）に関する事件ではありますが、大蔵省附属機関であった在外財産調査会編さんの調査報告書「日本人の海外活動に関する歴史的調査」が、旧法11条1号の「官公文書」に該当せず、学術に関する著作物として著作権法の保護を受けるとした裁判例があります（「龍渓書舎事件」東京高裁昭和57年4月22日判決）。

また、転載する方法としては、「**説明の材料として**」ですので、巻末資料や説明資料として掲載することが必要であり、単にその著作物全部をストレートに複製することは認められません。あわせて、48条1項1号による**出所の明示**が必要です。もっとも、32条1項の引用と異なり、転載する部分が大部であっても問題ないと解されています。

32条1項は「引用して利用することができる。」と規定されており、引用要件を具備していれば複製だけでなく公衆送信や上映、口述による利用も可能です。これに対し、同条2項の広報資料等の転載は、「**新聞紙、雑誌その他の刊行物**」と規定されているため、刊行物以外への複製や、HPのようなインターネット上の掲載が可能かが問題となります。

まず、ご質問の会社の顧客向けのPR誌が「新聞、雑誌その他の刊行物」に該当するでしょうか。同PR誌は、32条2項が当初予定していた「新聞、雑誌」ではないかもしれません。しかし、一般に周知させることを目的とした広報資料等であれば、これを同PR誌に掲載することも、一般に周知させる目的を果たすことになるでしょう。「新聞、雑誌」は、あくまでも例示であって「その他の刊行物」にはそれ以外の刊行物も含まれます。よって、会社の顧客へのPR誌であっても、同項の適用はあるものと解されます。

HPへの掲載は可能か

次に、32条2項の適用は紙媒体に限るでしょうか。「新聞紙、雑誌その他の刊行物」という語句からは、紙の媒体に限るかのように読めますが、CD-ROMやDVD-ROMといった**電子媒体も含まれる**と説明されています（加戸守行『著作権法逐条講義（六訂新版）』（CRIC、2013）269頁）。これらは電子媒体ではあっても紙媒体と同様に物に固定されているからです。

これに対し、**インターネット上の新聞や雑誌の電子版**はどうでしょうか。現在では、新聞社や雑誌社が電子版を一般に発行しており、物に固定された刊行物と同様に32条2項の転載を認めてもとくに問題はないものと思われます。

もっとも、「紙媒体やCD-ROM、DVD-ROMは物に固定されているため、転載内容の把握が容易であるが、ネット上の新聞・雑誌の電子版は物に固定されていないため、転載内容の把握が容易ではない」という反論があるかもしれません。しかし、そもそも、国や地方公共団体等が一般に周知する目的で作成した広報資料等については、その目的に資するのであれば、限定的に解釈する必要性は乏しいものと思われます。同様に、会社のHPに転載することも、純粋な意味での「刊行物」ではないかもしれませんが、32条2項の適用あるいは類推適用として認めても問題ないのではないでしょうか。

なお、32条2項に規定する広報資料等に限らず、厚生労働省のHPに掲載されているコンテンツについては、政府標準利用規約（第2.0版）に準拠し、同HPが規定する条件に従って（たとえば、第三者コンテンツについては利用者の責任で当該第三者から許諾を得る等）、商業利用を含め、複製、公衆送信、翻訳・変形等の翻案等、自由に利用できると規定されています（https://www.mhlw.go.jp/chosakuken/index.html）。

試験問題と著作権

Q89 試験問題としての著作物の複製は、認められているそうですが、試験問題を問題集として出版する場合にはどのような点に注意する必要がありますか。

また、塾の教師が、入試に備えて市販の問題集から問題をコピーして授業中に模擬試験を行うことはできますか。

A 入学試験問題のうち、国語や英語では、既存の小説・詩・随筆・評論等の文章を受験者に読ませ、解釈を問うスタイルのものが多く見られます。

これらの小説・詩・随筆・評論等は著作物ですから、著作権の保護期間の範囲内のものは、本来は、著作権処理をする必要があるはずです。しかし、入学試験等では、どの問題を出すかは秘密にしておかなければならず、事前に著作権者に許諾を得るのは困難です。また、入学試験での利用は、一般の著作物の利用とはかなり異なる性質を有しておりますので、著作物の通常の利用とはあまり衝突しないだろうともいわれています。

そこで、36条1項は、「公表された著作物は、入学試験その他人の学識技能に関する試験又は検定の目的上必要と認められる限度において、当該試験又は検定の問題として複製することができる。」と規定しました。これによって、入学試験その他、人の学識技能に関する試験または検定の場合は、著作権者の許諾は不要になっています。

なお、「入学試験その他人の学識技能に関する試験又は検定」の問題として複製することができるとしても、これを営利で行う者は、著作権者の許諾は不要ですが、通常の**使用料相当額の補償金**を著作権者に支払わなければなりません（同条2項）。

問題集として出版する際の注意点

ところで、36条で著作権者の許諾が不要なのは、あくまでも、「**入学試験その他人の学識技能に関する試験又は検定の問題として**」です。入学試験問題を集めて問題集として出版することは「試験又は検定の問題として」ではありませんから、別途、入学試験問題に含まれている著作物の著作権者の許諾が必要です。

なお、入学試験問題全体も著作物の対象になりますので、入学試験問題を問題集として出版するには、当該**入学試験問**

題作成者の許諾と、入学試験問題に含まれている著作物の**著作権者の許諾**が必要になります。

コピーで模擬試験を行う際の注意点

次に、塾で市販の問題集をコピーして授業中に模擬試験を行うことについて考えます。

塾は、営利を目的として設置されていると判断されますから、35条の「学校その他の教育機関」の適用から除外されます。

念のため35条について簡単に触れますと、同条は、学校教育機関における著作物利用の実態と必要性に鑑(かんが)み、著作権者の経済的利益が害されない必要限度の範囲内で、著作物の複製等について著作権者の許諾を不要とした規定で、平成30年著作権法改正により、**異時送信**も含まれるようになりました。なお、異時送信の場合は教育機関を設置する者が補償金を支払う必要があります（35条2項）。

要件としては、①学校その他の教育機関（営利を目的として設置されているものを除く。）において教育を担任する者および授業を受ける者が、②授業の過程における使用に供することを目的とする場合、③必要と認められる限度において、④公表された著作物を、⑤複製し、もしくは公衆送信（送信可能化を含む。）を行い、または公表された著作物であって公衆送信されるものを受信装置を用いて公に伝達することができる、⑥当該著作物の種類および用途並びに当該複製の部数および当該複製、公衆送信または伝達の態様に照らし著作権者の利益を不当に害することとなる場合を除く、となっています（なお、本設問のように、市販の問題集をコピーして使用する場合は、⑥にも該当せず、たとえ、営利目的ではない教育機関で行っても著作権侵害になるでしょう）。

さらに、塾での授業中に行う**模擬試験**は、模擬試験という性質よりも、**授業の一環**という性質を有するでしょうから、36条の「入学試験その他人の学識技能に関する試験又は検定」に該当しないでしょう。先に述べたとおり、36条で著作権者の許諾を不要としているのは、試験内容を秘密にしておく必要性が高いため事前に許諾を得ることが社会実情的に困難であるからです。塾での授業中に行う模擬試験の場合、このような必要性は高くないものと判断されるでしょう。

以上のように、塾で市販の問題集をコピーして授業中に模擬試験を行うことは、35条の適用も36条の適用もないことになりますので、著作権者の許諾を得なければなりません。

この場合も、前半の設問と同様、市販の問題集の作成者とその問題集の中に含まれている著作物の著作権者の両方から許諾を得る必要があります。

点字サークルにおける点字作業等

Q90 点字サークルです。
(1) 書籍の点字化にあたり点字する本をコピーして、複数の担当者で分担して作業を行う予定です。作業分担のために行う本のコピーは、著作権法 37 条 1 項にいう複製に含まれるのでしょうか。
(2) できあがった点字本は、書店で販売するほか、ネットからも有償配信する予定です。これらは、著作権法上問題になるでしょうか。

A 37 条は、著作権の個別権利制限の 1 つとして、**視覚障害者等のための複製等**を規定しています。

視覚障害者等にとって、通常の図書等著作物をそのまま利用することは困難であり、点字あるいは視覚障害者等が利用するために必要な方式で著作物を複製あるいは自動公衆送信することを認めることが必要となります。そして同条は、これらの行為を著作権法の**権利制限規定**とすることにより、著作権者の許諾なく行うことを可能としています。

同条は、もともと権利制限として、点字による複製および視覚障害者への録音物の貸出目的の録音を規定していましたが、近年のデジタル化・ネットワーク化の進展により、平成 12 年の著作権法改正で点字データの記録媒体への記録または放送・有線放送を除く公衆送信（同条 2 項）が追加されました。さらに、平成 18 年の法改正による録音物の自動公衆送信（当時同条 3 項）の追加を経て、平成 21 年の法改正では、識字障害、読字障害等「視覚による表現の認識に障害のある者」についても一定の範囲で複製・公衆送信が認められることになりました（同条 3 項）。

点字化のために本をコピーできるか

ご質問の **(1)** について。

37 条 1 項は、「公表された著作物は、点字により複製することができる」と規定しています。「点字により」が「複製」にかかっていますので、あくまでも著作権者の許諾を得ずに行うことが可能なのは、**点字によって複製**することのみであり、点字化する本を点字以外の通常の態様によって複製することを許可しているわけではありません。

ところで、権利制限行為として明文化されていなくても、個別権利制限規定に基づく利用の過程における合理的な範囲内での著作物の利用は、当該個別権利制限規定がおかれた趣旨から認められているといわれています（30条の3）（加戸守行『著作権法逐条講義（六訂新版）』（CRIC、2013）249頁）。点字による複製作業の前提として本をコピーすることが利用の過程における合理的な範囲内での著作物の利用といえるかについては、当該コピーが点字作業の分担目的であることを考慮しても通常行われる行為とまでいうことは、やや困難ではないでしょうか。そうであれば、37条1項に基づく利用の過程における合理的な範囲内での著作物の利用ということもできないのではないかと思われます。

それでは、点字サークル内でのコピーは30条の**私的使用のための複製**として認められるでしょうか。同条の私的使用のための複製とは、「個人的に又は家庭内その他これに準ずる限られた範囲内」と規定されていますので、点字サークルがこれに該当するかが問題となります。一般に、「家庭内その他これに準ずる限られた範囲内」とは、「メンバー相互間に強い個人的結合関係のあることが必要」（前掲・加戸231頁）といわれています。点字サークルであるからといって、一概に「家庭内その他これに準ずる限られた範囲内」であるとはいえませんが、限定された少人数のグループである場合には、この要件に該当し、著作権者の許諾が不要となるでしょう。

点字のネット送信は有償も可能

ご質問の(2)について。

37条1項および2項は、①「公表された著作物」であること、②点字により（1項）、あるいは電子計算機を用いて点字を処理する方式により（2項）という要件が必要ですが、非営利性は要件ではありません。点字による複製あるいは点字データの記録、公衆送信は、利用対象者が限定的であって、著作権者の経済的利益を大きく侵害することはないことが理由であるといわれています。現実としては、ボランティア団体等非営利で行っていることが圧倒的に多いと思われますが、営利行為であっても同条1項および2項の適用が排除されることはありません。

したがって、同条1項により点字による複製を有償で行うことは可能です。また、同項により複製した点字本については、47条の7により**譲渡権**が制限され複製物の譲渡により公衆に提供することができますので、譲渡権の侵害にもなりません。47条の7についても、非営利性は要件になっていませんので、有償譲渡も可能であり、著作権者の許諾なく点字本を書店で販売することができると考えられます。

同様に、37条2項による**公衆送信**についても、非営利性は要件となっていませんので、有償配信することも可能であり、著作権法上問題にはならないと考えられます。

政治上の演説と内国民待遇

Q91 オバマ大統領の演説集の出版を日本で企画しています。米国では、大統領の演説は、パブリックドメイン（Public Domain）だと聞きます。一方、日本では政治上の演説でも、同一人のものを編集する場合は、許諾が必要だといいます。そうなると、オバマ大統領の演説集の扱いはどうなるのでしょうか。

A 演説は、**言語の著作物**に該当するでしょう。言語の著作物を利用する場合は、著作者の許諾が必要となることが原則です。

しかし、わが国の著作権法40条1項は、「公開して行われた政治上の演説又は陳述及び裁判手続（中略）における公開の陳述は、同一の著作者のものを編集して利用する場合を除き、いずれの方法によるかを問わず、利用することができる。」として、公開して行われた政治上の演説の利用には許諾が不要である旨規定しています。なお、「利用することができる」というのですから、複製に限らず公衆送信、上映、上演、翻訳その他の方法で使用することができます。

これは、民主主義において、公開して行われた政治上の演説は、広く公衆へ伝達され、また自由に利用されるべきものであるため、著作権が制限されたものです。なお、「公開して行われた」政治上の演説でなければなりませんから、非公開で行われたものは該当しません。

ところが、同項は、「**同一の著作者のものを編集して利用する場合を除き**」と規定されているため、演説集の出版の場合は、許諾を得る必要があります。「同一の著作者のものを編集して利用する場合」を自由利用から除いたのは、民主主義における政治上の演説の伝達や利用を行わせ、国民の知る権利を確保するというよりも、編集者が経済的に利用する意図が大きいと思われるため、著作権法の原則に戻って許諾を得て利用するようにしたものです。

大統領演説の米国著作権法の取扱い

次に、米国における大統領の演説については、米国著作権法（以下、「米国法」）上、どのような扱いがなされているのでしょうか。

米国法105条は、「本編に基づく著作権による保護は、合衆国政府の著作物には及ばない」（Copyright protection under this title is not available for any work of the United States Government）と規定されています。そして、同法101条は、職務著作物（Work made for hire）の定義の1つとして、「被用者がその職務の範囲内で作成した著作物」（a work prepared by an employee within the scope of his or her employment）と規定していますので、オバマ大統領が米国大統領として行った演説については、合衆国政府の著作物として著作権法による保護が及ばないということになります。

なお、米国法105条は、わが国著作権法40条1項の「同一の著作者のものを編集して利用する場合を除き」というような条件がありませんから、大統領の演説集を作成する場合であっても、許諾が不要になるでしょう。

内国民待遇の原則

それでは、米国法では許諾が不要である大統領の演説集を、わが国で出版する場合、著作者の許諾を得る必要はあるのでしょうか。それとも、本国法で許諾が不要な著作物の利用については、本国と同様、許諾は不要となるのでしょうか。

わが国が加盟しているベルヌ条約5条(1)項は、「著作者は、その著作物の本国以外の締約国において、当該国がその国民に与える保護と同じ権利を享有すること」と規定しています。これを**内国民待遇の原則**といいます。万国著作権条約2条、TRIPs協定3条も同様に、内国民待遇の原則を規定しています。

わが国著作権法6条は、著作権法により保護を受ける著作物として、1号は日本国民の著作物、2号は最初に国内において発行された著作物、3号では「条約によりわが国が保護の義務を負う著作物」と規定しています。

それにより、オバマ大統領の演説は、わが国の著作物と同様の保護を受けることになります。したがって、米国では保護を受けない大統領の演説集であっても、わが国の著作権法40条1項の例外規定により、原則に戻って許諾が必要ということになるものと思われます。

時事の事件の報道

Q92 著名な展覧会で最優秀賞を受賞した絵画を会社で購入しました。そこで、購入した事実をマスコミに発表して報道してもらおうと思います。その際、見やすいように作品を拡大・パネル化して報道陣に公開したいと思いますが、著作権法上問題がありますか。

A 著作権法は、報道目的での著作物の利用に関していくつかの著作権制限規定をおいています。たとえば**「引用」**では、目的の例示として、「報道」が挙げられています（32条1項）。同様に、報道目的に関連した制限規定の1つとして、**「時事の事件の報道」**（41条）があります。

41条の要件は、①写真、映画、放送その他の方法によって　②時事の事件を報道する場合には、③当該事件を構成し、④または当該事件の過程において見られ、もしくは聞かれる著作物は、⑤報道の目的上正当な範囲内において、⑥複製し、および当該事件の報道に伴って利用することができる、というものです。

時事の事件の正確な報道のために著作物を利用する必要があること、および、一般的に時事の事件の報道に伴って著作物を利用しても、その著作者への経済的な影響はほとんど考えられないことが、同条の立法理由とされています。

「時事の事件」とは何か

上記のように、単なる報道の場合は引用の適用が考えられますが、41条で規定されているのは、単なる「報道」ではなく「時事の事件の報道」です。したがって同条の適用可否は、ご質問の事案が**「時事の事件」**といえるかによります。

著作権法や他の法令において「時事の事件」の定義はありませんが、一般に、最近起こった事件であり、ニュース性のあるものといわれています。

たとえば、2018年10月に、バンクシー（Banksy）の絵画がイギリスのオークションでの落札直後に自動的に一部裁断される事件が起こり、その絵画が裁断される様子をバンクシー自身が撮影したと思われる動画が、ニュースで流れました。これはまさに、時事の事件の報道に伴う著作物の利用に該当するでしょう。

裁判例で、41条により適法とされたものには、テレビの報道番組において暴力団の一斉摘発の報道に伴い、五代目組長襲名式のビデオの一部を放送した事案（「ビデオ山口組五代目継承式事件」大阪地裁平成5年3月23日判決）、展覧会を主催する新聞社の新聞紙上において展覧会開催の報道に伴い出品される絵画数点を掲載した事案（「バーンズコレクション事件」東京地裁平成10年2月20日判決）がありますが、他方、映画の一部のシーンを掲載した週刊誌の記事について、記事の構成・内容等に照らして、当該記事は読者の性的好奇心を刺激して本誌の購買意欲をかきたてようとの意図で記述されているものであり、時事の事件の報道のための利用とはいえないとして、同条の適用を否定したもの（「映画『いちげんさん』週刊現代事件」東京地裁平成13年11月8日判決）があります。

ご質問の「あなたの会社が絵画を購入した事実」は、時事の事件とはいえないでしょう。これに対し、「その絵画が著名な展覧会で最優秀賞を受賞したこと」は、時事の事件にあたるものと思われますので、「著名な展覧会で最優秀賞を受賞した絵画をあなたの会社が購入した」という事実は、41条を広めに解釈すれば「時事の事件」といってもよいのではないでしょうか。

なお、同条で利用できるのは、「当該事件を構成し、又は当該事件の過程において見られ、若しくは聞かれる著作物」です。「あなたの会社が著名な展覧会で最優秀賞を受賞した絵画を購入したこと」が時事の事件とすれば、その絵画は「当該事件を構成」するものとなるでしょう。

拡大・パネル化は複製権侵害に

また、同条は、「写真、映画、放送その他の方法によつて」、「複製し、及び当該事件の報道に伴つて利用することができる。」と規定していますので、当該絵画を複製することは可能ですが、「報道の目的上正当な範囲内」でなければなりません。ご質問のように、マスコミ発表する際にその絵画を拡大してパネル化することは、確かに報道陣に見やすくするためかもしれませんが、そのようなことをしなくても絵画の撮影は可能ですから、「報道の目的上正当な範囲内」とはいえず、**複製権**（21条）の侵害になるでしょう。

展示権は制限され展示可能

では、マスコミ発表のために絵画をあなたの会社に展示することは、**展示権**（25条）の侵害になるでしょうか。マスコミ発表のために不特定または多数の報道陣に対し絵画を公開することは、同条の「公に展示」に該当し、展示権が問題になりますが、45条1項により、美術の著作物の原作品の所有者が公に展示する場合には、展示権が制限されますので、展示権は働きません。

よって、あなたの会社が著名な展覧会で最優秀賞を受賞した絵画を購入した事実を報道してもらうために、マスコミ向けに展示すること、およびマスコミが報道する際に当該絵画を複製し、放送・公衆送信等利用することは可能ですが、拡大してパネル化することはできないと思われます。

図書館等の複写と42条（他の制限規定）との関係

Q93 平成19年7月1日から著作権法の改正が施行され、42条2項により特許、意匠、商標に関する審査および薬事に関する審査などの手続きのために必要な場合は著作権者からの許諾を得ずに複製ができることになりました。

また、従来から42条1項によって裁判手続および行政の内部資料として必要と認められる場合は、その必要と認められる限度において著作権者からの許諾を得ずに複製ができることになっています。

これらの必要性を理由として、図書館等に複写の申し込みがあったとき、図書館等はこれらの全部複写に応じてもよいのでしょうか。

A ご質問のとおり、平成18年著作権法改正により**42条2項**の規定が追加されました。そもそも同条は、①裁判手続（行政庁の行う審判その他裁判に順ずる手続きを含む。）のために必要と認められる場合、②立法または行政目的のために内部資料として必要と認められる場合に、必要と認められる限度において、著作物の種類・用途・複製部数・複製態様に照らし著作権者の利益を不当に害しないかぎり、著作物を複製することができるとしたものです。同年の改正により、この2つの場合以外にも、③特許等産業財産権に関する審査等の手続、④医薬品・医療機器等薬事に関する審査・調査・報告に関する手続のために必要と認められる場合が追加されました。

42条の規定は31条に及ばない

42条は、裁判手続、立法または行政目的のための内部資料、特許等の審査等の手続き、並びに薬事に関する審査等の手続きにおいては、添付すべき文献（著作物）が多岐にわたることが多いこと、他の行政手続きに比べても迅速・的確に行う必要性がとくに高いこと、公共性も高いこと等の理由があるため、これらの手続きに必要と認められる場合には、著作権者の許諾なく著作物を複製することができるようにしたものです。

これに対し、**図書館等における著作物の複製等**（31条）は、政令で定める図書館等施設（以下、「図書館等」といいます。）においては、営利を目的とせず、①利用者の調査研究の用に供するため、利用者の求めに応じ、公表された著作物の一部分（発行後相当期間を経過した定期刊行物に掲載された個々の著作物にあっては、その全部）の複製物を１人につき１部提供する場合（同条１項１号）、②図書館資料の保存のため必要がある場合（同項２号）、③絶版その他これに準ずる理由により一般に入手することが困難な図書館資料の複製物を他の図書館等の求めに応じ提供する場合（同項３号）、図書館資料を用いて著作物を複製することができると規定されています。

すなわち、31条はあくまでも図書館等が主体となって著作権者の許諾なく図書館資料である著作物を複製できるのは同条１項１号から３号までの条件に限る場合を規定しているものであって、42条１項ないし２項に規定する条件とは直接の関連はありません。また、31条は、図書館等に複製物の提供業務を行うことを義務づけたり、蔵書の複製権を与えたりしたものではなく、まして、図書館等利用者に図書館等の蔵書の複製権あるいは一部の複製をする権利を定めたものではないと解されています（「多摩市立図書館事件」東京地裁平成７年４月28日判決）。

図書館等は全部複写に応じてよいか

そこで、ご質問のように、利用者が42条１項または２項に基づき著作物の全部複写が可能な場合に、図書館等がこれを根拠として図書館資料である著作物の全部複製をして交付することができるか、あるいは、図書館等利用者が42条１項または２項に基づき、図書館等に対し図書館資料である著作物の全部複写の請求をすることができるかを検討してみましょう。

裁判例が見当たらず難しい問題ではありますが、42条１項および２項は著作物の利用者自らがそれぞれ同条各項が定める条件によって著作物を複製することができることを規定しているだけであり、図書館等利用者が同条各項に基づき著作物全部を複製することができるとしても、これを根拠に、図書館等が図書館資料である著作物全部を複製して図書館等利用者に交付することができると解するのは困難ではないでしょうか。同様に、図書館等利用者が同条各項に基づき図書館に対し図書館資料である著作物の全部複写を求めることができる旨認めていると解することも無理があるものと思われます。もっとも、図書館から本を借り出した利用者が、42条各項の定める条件に従って複製することは可能でしょう。

このように、著作権法における権利制限規定（30条以下）は、それぞれ各条項に規定されている条件ごとに適用の有無を検討すべきであって、当該条項を準用あるいは類推適用ができるような場合を除き、他の権利制限条項が著作権の複製等権利制限を認めているからといって、直ちに別の権利制限条項に適用することはできないものと思われます。

著作物の自由利用（権利制限）

特許公報のイントラネット掲載

Q94 機械メーカーです。公開されている特許公報で、社内の職務に必要なものをイントラネットに載せたり、コピーして関係部署に配付したりすることを計画しています。著作権法上問題があるでしょうか。

A **特許公報**（特許法193条）とは、特許庁が特許出願内容を公にする目的で発行するもので、同法64条・66条等により、その内容および発行時期が規定されています。発明者・出願人の住所氏名や出願番号だけでなく、願書に添付した明細書や図面の内容も掲載されます。

住所・氏名・出願番号・日付等は著作権法上の著作物とはいえないでしょう。

明細書は、特許を受けようとする発明を技術的に説明した文書です。その中には、化学式や実験データ等著作物ではないものも含まれているでしょうし、明細書の文章の表現方法は、小説等に比べて選択の幅があまり広くはありませんが、だれが行っても同じになるようなありふれた表現とまではいえず、明細書全体としては著作物性があると考えられます。特許公報の図面の中にも、著作物性を有するものが含まれているでしょう。

このように、特許公報に含まれている明細書や図面が著作物性を有する場合、これらを会社のイントラネットに載せたり、コピーして社内の関係部署に配付したりすることは、著作権法上どのような問題があるでしょうか。

社内配信・配布は認められるか

まず、著作物を会社のイントラネットに掲載することは、当該著作物の**複製**（21条）に該当すると思われます（「サライ掲載写真事件」東京地裁平成19年5月30日判決）。社内の関係部署に著作物をコピーして配付することも同様です。これら社内での複製行為は、私的使用のための複製（30条1項）の適用はないと考えられています。

それでは、特許公報の利用行為について、著作権法上何らかの制限規定は働かないのでしょうか。

42条2項1号は、「著作物は行政庁の行う特許……に関する審査……に関する手続」について、必要と認められる限度において、複製することができると規定しています。これは、特許等の審査を迅速かつ適正に行うために、参考文献送付等に必要となる複製にも権利制限が認められたものです。もっとも、ここでいう審査に関する手続きとは、特許庁が行う個別審査手続を指すものと考えられており、特許公報をイントラネットに載せたり、関係部署にコピーして配付したりすることまでは含まれていないでしょう。

特許公報は 13 条の適用を受けるか

また、特許公報は、「**権利の目的とならない著作物**」（13 条）のうち「国若しくは地方公共団体の機関、独立行政法人又は地方独立行政法人が発する告示、訓令、通達その他これらに類するもの」（同条 2 号）には該当しないのでしょうか。この点については、該当するという見解としないという見解に分かれています。前者の見解は、特許法 64 条・66 条等により特許庁が公開を義務づけられている特許公報は、著作権法 13 条 2 号の「その他これらに類するもの」であるとするものです。後者の見解は、同号は、行政機関が発する「告示……その他これらに類するもの」と規定しているが、特許公報に含まれる明細書は、同号の例示にあたらず（中山信弘『著作権法 第 3 版』（有斐閣、2020）59 頁は、立法的解決が必要とする。）、行政機関が発するものではないため、「その他これらに類するもの」には該当しないとするものです。明細書や図面は、同号の「告示、訓令、通達その他これらに類するもの」に該当するとするのは、やや困難ではないでしょうか。

次に、著作権法 32 条 2 項の**転載**の適用はないでしょうか。同項は、「国若しくは地方公共団体の機関、独立行政法人又は地方独立行政法人が一般に周知させることを目的として作成し、その著作の名義の下に公表する広報資料、調査統計資料、報告書その他これらに類する著作物は、説明の材料として新聞紙、雑誌その他の刊行物に転載することができる。」と規定しています。しかし、明細書や図面は、国等の機関が作成し、その著作の名義の下に公表したものではありませんので、同項の適用もないと思われます。

現在、特許庁のホームページでは、「公報に関して：よくあるご質問 6 － 1」に「公報に掲載されている明細書や図面等は、通常、その創作者である出願人等が著作権を有していますので、転載する場合には許諾が必要になることがあります。」と記載されています（https://www.jpo.go.jp/torikumi/kouhou/kouhou2/koho_faq.htm # anchor6-1）。

なお、明細書の著作者は、発明者や出願人が作成した明細書の文章を弁理士が形式的に修正したにすぎないのであれば、発明者や出願人となるでしょうし、発明者や出願人は発明のアイデアを説明したにすぎず、それを明細書という文書にしたのが弁理士であるならば、弁理士になるでしょう。また、発明者や出願人の文書と明細書にした弁理士の文書が不可分な場合には、共同著作物（2 条 1 項 12 号）となる場合もあると思われます。

著作権侵害

著作権侵害の救済および法的手続

Q95 著作権侵害に対し、どのような法的手続をとることが可能なのでしょうか。

A 著作権侵害に対する法的手続としては、民事手続によるものと刑事手続によるものがあります。民事手続の主なものとしては、差止請求と損害賠償請求です。その他、不当利得返還請求（民法703条、704条）を行うこともあります。

差止請求の効力

差止請求とは、著作権等の侵害行為を止めることです。著作権等の侵害行為が引き続いている場合には、差止請求によって侵害行為を中止させ侵害の拡大を防ぐ必要性が大きいといえます。

この差止請求は、著作者、著作権者、出版権者、実演家または著作隣接権者がそれぞれの権利の侵害または侵害するおそれがある者に対して行えます。請求できる行為としては、**侵害の停止**または**予防**です（112条1項）。さらに、著作権侵害組成物、著作権侵害作成物、もっぱら侵害行為に供せられた機械もしくは器具等については**廃棄請求**することもできます（同条2項）。たとえば、無断送信した音楽ファイル、海賊版のビデオやCD、無断複製部分を含む本、当該印刷用データ、ダビング目的のためだけの機械を廃棄させることなどが挙げられます。判決の主文に廃棄させる目的物が明確に特定して記載されていれば、相手方が任意の廃棄を拒んでも、執行官によって強制的に廃棄させることもできます。

差止請求は、損害賠償請求と異なり、侵害者の故意または過失は不要です。よって、侵害者が善意無過失であっても侵害あるいは侵害のおそれがあれば差止請求をすることができます。

侵害差止めを早く行うには

ところで、著作権侵害行為を迅速に中止させるためには、**仮処分手続**（民事保全法）が考えられます。これは、本訴（正式な裁判手続）に先立って、あるいは本訴と並行して行われる民事上の手続きであり、本訴請求の結論を待ってからでは侵害の回復が著しく困難な場合（保全の必要性）に仮の決定として認められるものです。

仮処分手続は、本訴と比べて証拠調べが緩やかですし、証人尋問も原則として行われません。裁判所の審理も申立て後短期間に集中して行われる場合が多いので、本訴と比べて迅速に結論が出ることが多いといえます。

もっとも、仮処分手続による決定は、正式な裁判の結論ではありませんので、差止めを求める側が**担保（保証金）**を立てることが条件になります。法律上は、担保を立てさせないことも可能ですが、実務上、ほとんどすべての場合に裁判所は担保を立てさせています（民事保全法 14 条）。この担保（保証金）は、仮処分で差止めが認められた権利者側が万一、本訴で敗訴した場合に、差止めにより相手方の被った不利益を賠償させるためのものです。したがって、保証金の額は、権利の性質や侵害の蓋然（がいぜん）性、差止めにより相手方が被る不利益（損害）等を考慮して決められます。相手方が差止対象の行為によって大きな営業利益を上げていたような場合には保証金の金額も高くなり、特許等の仮処分では場合によっては 1 億円というような高額な保証金が必要なこともあるようです。なお、仮処分手続は侵害行為の中止のみ認められますので、損害賠償請求を仮処分で行うことはできません。

このように、仮処分手続は、侵害行為を迅速に中止させることができるため、事案によっては非常に効果的です。著作権侵害事件をはじめ知的財産権紛争では、仮処分手続を効果的に行うことによって、本訴で勝訴するのと同様の経済的・実質的メリットを迅速に得られる場合もあります。また、仮処分手続中に和解が成立し、本訴を提起することなく紛争が終局的に解決する場合もあります。

損害賠償請求と損害額の立証

次に、**損害賠償請求**について検討しましょう。これは、故意または過失をもって著作権等を侵害した相手に対し、侵害によって受けた損害の賠償を請求するもので、民法の**不法行為**（民法 709 条）によります。著作権等財産権の侵害による損害賠償の場合と著作者人格権、実演家人格権等侵害による精神的損害賠償（慰謝料）の場合があります。

著作権等侵害による損害賠償は、著作物の侵害行為と権利者の損害との因果関係を立証することが困難である場合が多いため、著作権法において**損害額の推定規定**を設けることによって、著作権者等権利者の立証の軽減を図っています。この推定規定は、特許等他の知的財産権法にもあります。

第 1 に、**譲渡数量**による損害額の推定（114 条 1 項）があります。これは、①著作権侵害物の譲渡または公衆送信の数量に、②権利者が侵害行為がなければ販売することができた物（公衆送信の受信複製物を含む）の単位数量当たりの利益額を乗じた額を、③権利者の販売等の能力に応じた額を超えない限度において、損害額とするものです。ただし、数量等の全部または一部を権利者が販売できない事情がある場合にはその数量に応じた額を控除することができます。この規定は、権利侵害がなければその数だけ著作権者は販売が可能であったものとして、その数に利益額を乗じた額を損害と推定するものです。

第２に、**侵害者の利益の額**を損害額とする推定（114条２項）があります。これは、侵害者が利益を得た場合には、その利益額を権利者の受けた損害の額と推定するものです。なお、これらの利益とは何かについては争いがありますが、現在では、粗利益から変動費用等を控除した額を利益とするという「限界利益」説が有力です。

第３に、**ロイヤリティ**など著作権者が権利の行使について受けるべき金銭相当額を賠償請求することもできます（114条３項）。

114条１項および２項の損害賠償は、著作権者等権利者が著作物を自分で利用していない場合には適用されないとする説が有力ですが、著作権の場合、特許とは異なり、たとえば、自己が著作した本を出版社から出版するように、当該著作物を第三者に利用許諾する場合のほうが多く自己利用は少ないと思われます。また、114条１項は著作権者が自己の利益率を明らかにする必要があるため、これを躊躇（ちゅうちょ）する場合もあります。さらに、114条２項については、相手方が利益を上げていない場合には使用できないという難点があります。114条３項は、そのような場合でも、権利者が個々の事情に応じて著作権および著作隣接権の行使について受ける額と同じ額を損害賠償請求できるようにしたものです（TPP11発効に伴って、著作権等管理事業者に著作権等を管理させている場合は、その使用料規程を114条３項の金銭の額とすることができる（同条４項）という規定が設けられましたが、114条３項の従前の実務と変わりがないと思われます）。もちろん、通常の不法行為と同様、より大きな損害額を立証できた場合には、その金額を請求することができます（同条５項）。

なお、侵害行為および損害額の立証のため侵害者に対し**文書提出命令**（114条の3）や、損害額の計算のための**鑑定人制度**もあります（114条の4）。さらに、以上のような措置によっても、侵害の事実は認定できたが事案の性質上損害額を立証するのが極めて困難な場合には、裁判所が相当な損害額を認定することができます（114条の5）。

著作者人格権侵害に対する損害賠償

次に、著作者人格権の侵害による損害賠償です。これは、著作権の侵害と異なり、**慰謝料請求**（民法710条）となります。また、著作者人格権の侵害の場合には、損害賠償という金銭的な賠償だけでは侵害の回復が不十分である場合がありますので、そのような場合は、**名誉声望を回復するための適当な措置**を請求することもできます（著作権法115条）。代表的なものとしては新聞紙上の謝罪広告の掲載が挙げられます。ただし、裁判所は、損害賠償という金銭的回復ではなお不十分な場合をかなり限定しており、金銭賠償のほかに謝罪広告等の掲載が認められることはあまり多くありません。

なお、著作権等侵害の差止請求および損害賠償請求の行使は、一緒に行うことができます。また、違法複製とともに、氏名表示が行われていない、あるいは、一部改変されることによって同一性保持権も侵害されているなど、著作権の侵害と著作者人格権の侵害が同時に行われている場合には、著作権の侵害と著作者人格権の侵害に対する差止めおよび損害賠償請求を１つの訴訟で請求することができます。

刑事手続

次に、著作権法には、特許法や意匠法など他の知的財産権法と同じく**刑事罰**もあります。海賊版ビデオ・無断複製の CD・ソフト等を製作販売する業者や、インターネット上のいわゆる海賊版サイトによって漫画を無断公衆送信する者等、営利目的で明白な著作権侵害行為を行う者に対しては権利者が刑事処分を求めることもあります。従前は著作権等侵害行為の刑事罰は**親告罪**でしたが、TPP11 発効にあわせて一部**非親告罪**となりました。

これらの行為については刑事裁判手続によって**懲役刑**や**罰金刑**が適用になります。また、会社など法人が著作権侵害行為を行った場合には、著作権侵害行為者だけでなく会社にも罰金刑が課せられます。著作権侵害の場合 10 年以下の懲役もしくは 1000 万円以下の罰金（併科も可）（119 条 1 項)、会社に対する罰金刑の額も 3 億円以下（124 条 1 項）の場合がある等、刑事罰も決して軽くありません。

関税法による水際措置

最後に、水際措置について簡単に触れておきましょう。裁判手続以外に、海賊版や偽キャラクター商品の輸入が行われているような場合には、関税法に基づく**輸入差止**を行うことができます（関税法 69 条の 11 第 1 項 9 号、69 条の 13)。税関での輸入差止は、偽ブランド商品など商標権や意匠権の侵害の場合が有名ですが、著作権の場合にも同様の規定があります。海外で作られた安価な著作権侵害製品が大量に国内に輸入されて販売されるような場合には、水際で差止めをしてもらうことが効果的です。

なお、仮処分手続と同様、申立人と輸入者との間に侵害か否か争いがあり権利侵害品かどうか認定し難い場合には、税関長は輸入者の損害を担保するために申立人に金銭の供託を命じることができます（同法 69 条の 15)。

社内 LAN と記事の掲載

Q96 新聞・雑誌の記事やネット上の記事を、社内 LAN に掲載してもいいでしょうか。また、要旨の掲載ではどうでしょうか。

A 社内 LAN（Local Area Network）上に、社内における規則・情報等を掲載しておくだけでなく、業務に関連する事項を掲載しておけば、社内の人間が適時に、必要な情報にアクセスできるという大きなメリットがあるでしょう。

それでは、社内 LAN に新聞・雑誌の記事やネット上の記事を掲載することは、著作権法上問題になるでしょうか。

送信可能化権侵害となる社内 LAN

新聞・雑誌の記事やネット上に掲載されている記事は、いずれも「思想又は感情を創作的に表現したもの」、すなわち、**著作物**（2 条 1 項 1 号）である可能性が高いと考えられます。したがって、以下、これらの記事が著作物であることを前提に議論します。

まず、社内 LAN に新聞・雑誌の記事あるいはネット上の記事を掲載することと、**公衆送信権**（23 条）との関係を検討しましょう。

著作権法上の**公衆送信**（2 条 1 項 7 号の 2）とは、公衆によって直接受信されることを目的として、無線通信または有線電気通信の送信を行うことをいいますが、**プログラムの著作物**以外は同一構内における送信は除かれます。このように区別されている理由は、プログラムの著作物の特殊性によります。もともと著作物を同一構内で送信する場合には、演奏権・上演権（22 条）、上映権（22 条の 2）等によってカバーされると考えられていたのですが、プログラムの著作物の場合には、プログラムソフト 1 本を購入して、LAN 端末により多数の人間が使用することが可能になれば著作権者の経済的利益が損なわれるため、同一構内での社内 LAN であっても公衆送信に該当すると規定されたのです。

そして、公衆送信できるように自動公衆送信装置に著作物を掲載することは、**送信可能化**（2 条 1 項 9 号の 5）に該当し、公衆送信権に含まれます。

新聞・雑誌あるいはネット掲載の記事は、プログラムの著作物ではありませんから、社内 LAN が同一構内にのみ設置されている場合には、それに掲載しても公衆送信には該当しません。これに対し、社内 LAN が同一構内ではなく、支店や営業所等外部の場所を結んで設置されている場合には、公衆送信に該当します。したがって、このような社内 LAN に著作物を掲載することは、**送信可能化権**（23 条）の侵害になるでしょう。

複製権・翻案権の問題もある

もっとも、同一構内に設置された社内 LAN では、送信可能化権の侵害にならないとしても、社内 LAN に新聞・雑誌あるいはネット上の記事を掲載することは複製行為となるため、**複製権**（21 条）の問題が生じます。このような場合、社内 LAN への掲載を**私的使用のための複製**（30 条 1 項）であるから、複製権の侵害にはならないでしょうか。

30 条 1 項の「私的使用」とは、「個人的に又は家庭内その他これに準ずる限られた範囲内において使用すること」と規定されており、会社内における使用目的はここに含まれないと解されています。したがって、社外に配布・送信しないとしても、社内 LAN への著作物の掲載は、複製権の侵害に該当するでしょう。

それでは、新聞・雑誌の記事ではなく、無料で公開されているインターネット上の記事を社内 LAN に掲載することも、同様に著作権侵害になるのでしょうか。インターネット上で無償公開されている記事は、多数の人たちに閲覧されることを目的としており、かつ、無償で公開されているのであれば、その記事を複製しても記事の著作権者にとって経済的損失はないともいえるかもしれません。そうであれば、社内 LAN に掲載されることはあらかじめ**黙示の承諾**があるので、著作権侵害にはならないといえるでしょうか。

確かに、インターネット上で無償公開されている記事の場合には、社内 LAN に掲載しても著作権者が問題にしないものもあると思いますが、すべての記事があらかじめ黙示の承諾があるとまで断定することは困難です。したがって、インターネット上で無償公開されている記事であっても、社内 LAN に掲載する際には、事前に許諾を得る必要があるものと思われます。

また、新聞・雑誌、ネット上の記事をそのまま社内 LAN に掲載するのではなく、**要約**して要旨を掲載する場合はどうでしょうか。具体的に要約文を見ないと断定はできませんが、記事の内容・表現を直接感得できるような要約は**翻案権**（27 条）の侵害になる可能性が高いでしょう。これに対し、記事の題号や著作者名、掲載箇所等といった書誌的事項および簡単な記事の紹介文を掲載するだけであれば、記事の内容・構成・表現を直接感得できないため、翻案権の侵害にはならない可能性があると思われます。

なお、ネット上の記事の掲載場所をリンクして紹介する場合には、海賊版サイトへのリーチサイトの場合を除いて（令和 2 年改正著作権法 113 条 2 項）複製権の侵害にはならず、公衆送信権の侵害にもなりません。

著作権侵害

ライセンスと無権限者

Q97 Aという会社から許諾を受けて風景写真をインターネット上で配信していたところ、Bという会社から「その風景写真は自社が著作権を有しており、貴社の行為は無許諾配信であるからすぐに配信を中止せよ。また、無許諾配信による損害賠償を請求する。」という内容証明が送られてきました。当社は、A社と写真配信のライセンス契約を締結し、ライセンス料もきちんと支払っています。B社の主張は言いがかりではないでしょうか。

A あなたの会社自身は、A社とライセンス契約を締結してライセンス料も支払っているということですから、いきなりB社から配信中止を請求されたのであれば、驚かれたと思います。あなたの会社はA社との契約を履行されており、A社に対しては債務不履行その他違法行為はしていないのですから、何らやましい点はないはずです。

公衆送信権はだれにあるか

しかし、A社自身にこの風景写真の配信権限がない場合には、ちょっとやっかいなことになります。

写真をインターネット上で配信する権限とは、著作権法上の**公衆送信権**（23条1項）のことですから、写真の公衆送信権を有している者がだれかをまず調査する必要があります。机や椅子のような有体物であれば、同じ物を同時に別々の者が物理的に管理支配することは困難ですので、実際に管理支配している者が権限を有しているものと推認しやすいと思われます。これに対し、著作物や特許等無体物の場合には、自分が権限を有すると主張されても、所有や占有といった物理的な管理支配という外形から権限の有無を判断することはできません。

もっとも、特許や実用新案、意匠、商標といった産業財産権は、登録が効力発生要件であり（例として、特許法66条1項）、かつ、その登録は公開されていますので、第三者はその登録を調査すれば、だれが特許権者であるかが容易に判明することができます。ところが、著作権は、**無方式主義**（著作権法17条2項）であるため、登録を調査すれば著作権者が容易に判明するわけではありません。

あなたの会社はA社から許諾を受けているということですが、B社の主張のようにB社が著作権者であって、そもそもA社に配信を再許諾するような権限がないのであれば、あなたの会社は**無権限者**から許諾を受けているにすぎないということになります。

無権限者だと判明した場合の対処

そこで、ご質問のような連絡がB社からきた場合には、あなたの会社は、まず、ライセンス契約を締結しているA社に対し、本当にA社が写真の配信許諾をする権限があるのかどうかを確認する必要があると思われます。同時に、B社に対しても、著作権者であるということの根拠や裏付け証拠を示してほしいと要求すべきでしょう。

その結果、B社の主張が正しく、A社は無権限であることが判明すれば、あなたの会社は無権限者からライセンスを受けているにすぎませんので、写真を配信する権利はなく配信を停止せざるを得ないでしょう。

この場合、あなたの会社はB社からの**損害賠償請求**については拒めるでしょうか。ご質問のように、あなたの会社はA社が配信権限を有していると信じてA社にライセンス料を支払っていたのですから、B社からの損害賠償請求を受ければ、二重払いということになり不合理だと思われるでしょう。

損害賠償請求は差止請求とは異なり、**故意**または**過失**が要件であるため、あなたの会社が、A社がライセンス権限を有すると信じたことに過失がなかったかどうかが問題となります。ライセンス契約には、A社は動画配信の再許諾権を有していることを保証するといった内容の**保証条項**が規定されていることがよくありますが、あなたの会社がこの保証条項を信じたというだけでは、無過失だったと認定されることは一般的には困難だと思います。

この過失の有無については、A社の業務内容・規模・保証条項を含めたライセンス契約の全体の内容、あなたの会社の業務内容・規模、当該写真の表記・種類・内容、著作権の帰属等の権限の調査の容易さ等を総合的に考慮して、判断されることになります。しかし、裁判所は過失の有無についてはかなり厳格に判断しており、無過失であったと認定された裁判例はそれほど多くはありません。

もっとも、A社に配信の再許諾を行う権限がなかったことが明らかになった場合には、あなたの会社はA社に対し、A社の**契約違反**あるいは**不法行為**を理由として支払ったライセンス料の返還を請求すること、B社との対応に必要とした経費の請求を相当因果関係の範囲内において行うことは可能であると思われます。

著作権侵害

複製の主体

Q98 ドラえもん、ポケモンその他有名漫画のスタンプを購入してたくさん持っています。このスタンプを利用して「スタンプ押し放題」というイベントを企画し、施設入場者に 2 時間 1500 円で、年賀状やカードなどに何でも自由に押してもらうことを考えています。著作権法上、何か問題があるでしょうか。問題があるとすれば、だれがどのような許諾を得るべきでしょうか。

A 有名漫画のスタンプは、その漫画のキャラクターを絵にしているものですから、**美術の著作物**（10 条 1 項 4 号）として著作権法上保護の対象になるものと思われます。そこで、有名漫画のスタンプを年賀状などに押す行為は、そのキャラクターの絵の**複製**（21 条）となり、著作権者の許諾が必要となります。もっとも、個人が有名漫画のスタンプを年賀状などに押して複製することは、**私的使用のための複製**（30 条 1 項）に該当し、複製権侵害にはならないでしょう。

そこで、ご質問の場合は、そもそもスタンプを押してキャラクターの絵を複製する行為の主体者が著作権法上だれになるかについて検討する必要があります。

カラオケ法理

著作権法上、侵害行為者をどう捉えるかという点は、古くから数多く議論されてきたところではありますが、物理的に直接侵害を行っている者だけでなく、規範的に侵害行為者を解釈することが一般的です。とくに有名な判決としては、カラオケスナック店内で、客がカラオケテープの伴奏によって歌う行為について、客が歌うものなのか、店の行為なのかが争われた、「クラブ・キャッツアイ事件」（最高裁昭和 63 年 3 月 15 日判決）があります。当時は、著作権法附則 14 条により、適法に録音された音楽の著作物の演奏の再生については演奏権が制限されていたため、カラオケテープの再生は著作権侵害にはならず、客の歌唱行為が問題になったものです（なお、現在は、附則 14 条が削除されたため、カラオケテープ再生行為自体にも演奏権が働くことになりました）。

この最高裁判決は、「客は店主の管理のもとに歌唱しており」、「店は客の歌唱を店の営業政策の一環として取り入れ利益を増大させることを意図していた」として、著作権侵害主体を規範的に捉え、客の歌唱を店の歌唱と同視できるとして、店の著作権侵害を認定しました。

同判決自体は、いわゆる事例判決としてこの事例においてのみ有効に適用されるものであって、他の事例の判断基準になるかについては言及しておりませんが、同判決以来、このような解釈をいわゆる**「カラオケ法理」**と呼び、「管理・支配」、「図利性」を主な基準として、著作権侵害主体性を判断していくようになりました。

このカラオケ法理は、その後の裁判例においても、インターネット上のセンターサーバー型でのファイル交換サービス提供における主体の判断（「ファイルローグ事件」東京高裁平成17年3月31日判決）、動画投稿サイトサービスの主体の判断（「TVブレイク事件」知財高裁平成22年9月8日判決）等、著作権侵害訴訟において適用されてきましたが、他方、「クラブ・キャッツアイ事件」においては、カラオケスナック内という物理的な範囲の限定が明確であったのに対し、インターネット上のサービス提供等の場合には、適用範囲が明確でなく法的安定性に欠けるという批判もありました。しかし、「ロクラクⅡ事件」（最高裁平成23年1月20日判決）では、インターネットを使ってテレビ複製機器へのテレビ番組の録画を行うサービスについて、「複製の主体の判断に当たっては、複製の対象、方法、複製への関与の内容、程度等の諸要素を考慮して、誰が当該著作物の複製をしているといえるかを判断するのが相当である」として規範的解釈を再び認めました。この判決自体は、「カラオケ法理」という言葉は使用していませんが、著作権侵害主体を規範的に判断するという点では、同様の考え方を持つといえるでしょう。

規範的に侵害主体を判断する

以上のとおりですから、ご質問の場合にも、複製主体を規範的に判断する必要があるでしょう。この場合、有名漫画のスタンプを押す直接行為者は入場者個人ですし、どのスタンプを押すかもその入場者が選んで決めることですから、直接スタンプを押すという行為にはあなたは関与していません。しかし、あなたがその施設においてそれらのスタンプを入場者に対し提供し、入場料を取ってスタンプを押させるのですから、入場者は、あなたの**管理・支配**のもとにスタンプを押しており、かつ、スタンプを押させることによって入場料を得るという利益もあなたに帰属することになります。

そこで、規範的に考えると、あなたが著作権侵害主体と判断されるのではないかと思われます。そうであれば、著作権行為者は入場者個人ではないため、私的使用のための複製（30条1項）ということができず、原則に戻って、著作権者に複製の許諾を得る必要があります。この許諾を得るのは、サービス提供者のあなたということになるでしょう。

著作権侵害

記事の名義と著作権侵害

Q99 健康雑誌社です。新しい健康法の記事を雑誌に掲載したところ、その後、インターネットの健康情報サイト上に酷似した記事が掲載されていることがわかりました。

当社の記事は、その健康法の提唱者であるA医師に社員である編集部の記者が取材した内容をまとめたもので、掲載前にA医師にゲラ原稿の内容を確認してもらっています。執筆者名はA医師としています。

当社がその健康情報サイトに抗議したところ、当該記事は、A医師から掲載の許可を受けたといっています。当社は健康情報サイトにどのような主張ができるでしょうか。

A 本件のように、記者が取材内容を記事としてまとめ、その記事を当該取材先の人物の名義で発表することが、ときどきあるようです。執筆名義の人物が記事を執筆する時間がないため、この人物に取材した内容を記者が記事にしたほうが効率がよいこと、記事の執筆者名は記者ではなく医師や学者等の取材対象者にしたほうが読者に読まれやすいこと等が理由のようです。

なお、本件では記者が何らかの著作行為をしたと評価される場合であっても、すでに記事の執筆名義をA医師として公表しているため、法人の著作名義で公表したとはいえず、**法人著作**(15条1項)は成立しないと思われます。

もっとも、**就業規則**に、「社の業務に関して作成された著作物は会社に帰属する」旨の規定があれば、法人著作が成立しなくても、記者が会社に著作権を譲渡したことになるでしょう。

記事の著作者・著作権者はだれか

それでは、記事の作成過程を踏まえて、記事の著作者・著作権者がだれか検討してみましょう。

まず、A医師の口述をほぼそのまま記事にしたものであって、記者の創作した表現がその記事に含まれていないのであれば、記者の行為は著作物を創作したものと評価することはできず、A医師がその記事の著作者になります。

反対に、A医師から取材した健康法を、記者がすべて独自に文章として表現したのであれば、記者がその記事の単独の著作者となるものと思われます。

著作権法による保護は、学説や理論・メソッド自体ではなく、それを**具体的に表現したもの**に与えられるため、その健康法をA医師が発案したとしても、それだけではA医師がその記事の著作者にはなりません。

また、A医師がゲラ原稿の内容を確認したという行為も、記事内容の正確性の確認という意味しか持たず、A医師が記事を創作したとはいえません。さらに、記事の執筆者をA医師としたのも雑誌編集上の都合によるものですから、この名義をもって記事の著作権をA医師に譲渡したことにはならないでしょう。そもそも、著作物の公衆への提供時に、著作者名として表示されている者は、その著作物の著作者と推定されますが（14条）、この推定は証拠によって覆りますので、本件ではあまり意味を持ちません。

次に、A医師が書いた健康法の説明文や資料を、記者が記事を書く際に参考にして、その表現を記事の一部に取り入れたり、A医師が口頭で説明した表現を記事の一部にそのまま取り入れたりした場合はどうでしょうか。

このような場合には、説明文や資料、あるいは口頭説明と同じ表現の部分については、A医師が言語の著作物の著作権を有していると考えられます。また、記事中にA医師が創作した部分と記者が創作した部分とがある場合には、各人の寄与を分離して個別に利用することができず、両者が共同して創作したといえるのであれば、**共同著作物**（2条1項12号）になるでしょうし、A医師の口頭あるいは執筆した説明文・資料をもとに記者が自己の創作部分を加えて記事にしたのであれば、A医師が原著作物の著作者、記者が**二次的著作物**（同項11号）の著作者となります。

共同著作物である場合には、共有者全員の合意がなければ利用許諾をすることはできません（65条2項）。二次的著作物となる場合にも、二次的著作物の著作権者である記者の許諾なく、利用することはできません。よって、これらの場合は、いずれにせよ、A医師の許諾だけでは、酷似した記事を健康情報サイトに掲載することはできないでしょう。

あなたの会社としては、健康情報サイトに対し、本件の記事の執筆名義はA医師になっているが、著作権法上は記者（あるいは、会社に帰属する就業規則規定があれば会社）が著作権者（あるいは共同著作権者・二次的著作権者）であるから、記者（あるいは会社）の許諾なく酷似した記事を掲載することは、**複製権**（21条）および**公衆送信権**（23条）の侵害になると主張することができるでしょう。

著作権法上は、以上のとおりですが、記事の著作権は自分にあると誤認しサイトに許諾を与えたA医師にも責任があり、実務上は、サイト、A医師、記者あるいは会社の3者で対応を協議されたらよいのではないでしょうか。

その他

著作権者不明の場合の著作物の利用

Q100 ある雑誌に掲載されている写真の下に、「著作者（撮影者）不明のため、ご本人またはご存知の方はお知らせください。」との表示がありました。著作権者が不明の場合にはこのような対応で大丈夫ですか。

A 著作権は、特許等産業財産権と異なり、創作によって何ら届け出や登録をすることなく発生する（**無方式主義**）ため、公表時から著作者が不明の場合の著作物もあります。また、著作権保護期間は自然人の場合は著作者の死後70年、無名・変名・法人著作および映画の著作物の場合は公表後70年と長期であるため、いつの間にか著作者がわからなくなった、あるいは著作者名はわかっているが、本人の所在や相続人の所在がわからなくなったという場合もあるでしょう。

67条の裁定制度の要件

67条、103条は、著作者や著作隣接権者が不明の場合に、一定の要件を具備すれば**文化庁長官の裁定**によって著作物を利用できる場合を定めています。

裁定制度の要件の1つは、「公表された著作物又は相当期間にわたり公衆に提供され、若しくは提示されている事実が明らかである著作物」ということです。「公表された著作物」だけでなく、「相当期間にわたり公衆に提供され、若しくは提示されている事実が明らかである著作物」も対象となっているのは、そもそも著作者が不明な場合やその著作物が世に知られてから相当期間経過した場合、著作者が公表したかどうかもはやわからないこともあるため、**公表権**（18条）の行使の結果である「**公表された著作物**」に該当しない場合があることを考慮したものです。事実上世間に相当期間利用されている著作物の場合、未公表とする利益がすでに失われていると考えられるため、この場合にも67条の対象とされています。

次に、「著作権者の不明その他の理由により相当な努力を払ってもその著作権者と連絡することができない場合として政令が定める場合」でなければなりません。具体的には、①権利者の連絡先に関する情報の取得として、ア）広く権利者情報を掲載していると認められるものとして文化庁長官が定める刊行物その他の資料を閲覧すること（ⅰ名簿の閲覧、ⅱインターネットによる情報検索、のうちいずれか適切な方法）、イ）著作権等管理事業者等その他の広く権利情報を保有していると認められる者として文化庁が定める者に対する者への照会（ⅰ著作権等管理事業者等への照会、ⅱ同分野の著作者団体等への照会、の両方）、ウ）広く一般に対して情報提供を求めること、をすべて行ったうえで、②①によって取得した情報に基づいて権利者との連絡を取ること、が求められています。また、過去に裁定を受けた著作物等については、文化庁の Web サイトに掲載された過去に裁定を受けた著作物等のデータベースでの検索で足りることになりました（著作権法施行令 7 条の 5、および平成 21 年文化庁告示第 26 号）。詳細については、文化庁長官官房著作権課作成の「裁定の手引き～権利者が不明な著作物等の利用について～」(令和 2 年 2 月)をご覧ください。

そして、この「**相当な努力**」を払っても著作権者と連絡が取れない場合には、「文化庁長官の裁定を受け」、かつ、「通常の使用料の額に相当するものとして、文化庁長官が定める額の補償金」を「著作権者のために供託して、その裁定に係る利用方法により利用することができる。」とされています（67 条 1 項）。裁定による利用の可否が決定されるまでの標準処理期間は約 2 カ月とされています（上記「裁定の手引き」より）。

さらに、裁定申請した著作物等の利用申請を行って**担保金**を供託すれば、裁定が出るまで著作物等の利用をすることができます（**申請中利用**（67 条の 2））。ただし、この場合でも、裁定の結果、利用不可となった場合には、その時点で利用を停止しなければなりません。

また、平成 30 年著作権法改正により、国、地方公共団体、独立行政法人、国立大学法人等、地方独立行政法人、日本放送協会は、補償金の供託が不要となり、著作権者等が判明した際に支払えば足りることになりました（67 条 2 項、67 条の 2 第 2 項、著作権法施行令 7 条の 6）。

事後的な許諾には要注意

ご質問の場合のように、雑誌での情報提供の呼びかけだけでは、上記「相当な努力」の要件を具備しておりませんので、著作権法上適正な手続きであるとはいえません。単に、著作権者が著作権を主張しないかぎり、写真を掲載しても実際上クレームがつかないということです。そこで、雑誌社の判断で、著作権者あるいは著作者が名乗り出てきた場合には、著作権使用料を支払うことによって、事後的に使用を許諾してもらうつもりではないでしょうか。しかし、損害賠償の代わりに著作権使用料を払おうという意図であっても、**差止請求権**を行使される可能性があることに注意してください。無断使用により差止めを請求された場合には、当該写真を掲載した雑誌の頒布ができなくなりますので、使用料を支払うだけで済むとは限りません。また、無断使用による損害賠償請求の金額についても簡単に決着がつかない場合もあるでしょう。

その他

未公表の日記の出版

Q101 廃品回収をしていたところ、廃屋からだれかの日記帳を見つけました。昭和20年（1945年）のものでした。著者も著者の当時の年齢も不明です。

内容が当時を偲ぶ大変貴重なものなので、著者や文中に記載してある人に配慮し、一部修正して出版したいと思いますが、何か問題はあるでしょうか。

A 日記も思想感情を創作的に表現したものですから、**著作物**（2条1項1号）に該当するものと思われます。昭和20年（1945年）の日記帳ということであれば、今（2020年）から75年前ということになります。日記の著者がだれかわからず、著者の当時の年齢も不明だということですから、すでに著作権が消滅している場合と著作権が存続している場合が考えられるでしょう。著者がすでに死亡しており、かつ、相続人がおらず著作権が国庫に帰属すべき場合には、著作権は消滅することになります（62条1項1号）。また、著作者が生存、あるいは死亡していても相続人がいる場合には、著作者の死亡後70年が経過するまで著作権は存続します（51条2項）。

公表権・同一性保持権の問題

もっとも、この日記は**未公表の著作物**になると思われますから、出版するには**公表権**（18条）についても検討しなければなりません。さらに、一部修正して出版するのであれば、**同一性保持権**（20条）も問題になる可能性があります。公表権および同一性保持権は**著作者人格権**として**一身専属**であるため（59条）、著作者が亡くなった際には消滅しますが、遺族（配偶者、子、父母、孫、祖父母または兄弟姉妹（116条1項））あるいは、遺言での指定者（同条3項）は著作者が生存していればその著作者人格権を侵害する行為に対し、**差止め**、および謝罪広告等の**名誉回復のための措置**が請求できます（116条、60条、112条、115条）。

ただし、著作者死亡後は著作者人格権侵害に該当する行為であっても、その行為の性質・程度、社会的事情の変動その他により客観的に見て、その行為が著作者の意を害しないと認められる場合には、人格的利益を侵害しないとされています（60条但書）。公表を予定していない日記を第三者が勝手に公表することは、著作者生存中は公表権の侵害になるでしょう。

しかし、時代の経過とともに、日記の内容が守秘性を失い、歴史的意味を有するものになった場合には、人格的利益を侵害しないことになるものと思われます。

ご質問の場合、日記が書かれてから75年が経過し、かつ、プライバシーにも配慮して出版するということなので、微妙な事案であると思いますが、まだ日記の関係者が生存している場合も考えられますので、第三者が勝手に出版することは、著作者死亡後の人格的利益を侵害することになり、遺族は、出版の差止め等の措置を請求することができるのではないでしょうか。また、日記を一部修正することについては、プライバシー等の配慮のために必要な行為である場合には、**やむを得ない改変**（20条2項4号）であって人格的利益を侵害しないと解される可能性もありますが、一般的にはやむを得ない改変とまではいえず、やはりその著者が生存していた場合には著作者人格権を侵害する行為に該当し、遺族はその行為に対し差止め等請求することができるのではないかと思われます。

67条の裁定で出版できるか

ご質問の場合、まず、だれが著者であるかを捜すことが必要です。捜しても不明の場合、**著作者等不明の著作物**として67条に規定する**裁定**により出版することはできるでしょうか。裁定手続の対象は、「公表された著作物又は相当期間にわたり公衆に提供され、若しくは提示されている事実が明らかである著作物」（同条）と規定されており、公表権（18条）に配慮したものといわれています。本件の場合、対象が未公表の日記ですから、この裁定手続を利用することは難しいものと思われ、**著作権の消滅**（相続人不存在により著作権が国庫に帰属すべき場合、あるいは著作者死亡から70年が経過していること）が明らかにならなければ、出版することは困難だと思われます。なお、遺族が判明した場合、遺族には、先に述べた人格的利益保護の措置が請求できる場合があることにも注意してください。

日記の記載内容や発見時の経緯等から著者が判明した場合、著者が生存していれば、著者が複製権（21条）、公表権（18条）、同一性保持権（20条）を有していますから、著者から出版の許諾を得る必要があります。

著者が亡くなっていても、死後70年を経過しておらず、相続人が判明した場合には、その相続人が著作権を相続しているので、やはり出版の許諾を得ることが必要になります。なお、相続人が複数いる場合には、著作権を共有して相続したのか、それともだれか1人が単独で著作権を相続したのか確認する必要があります。

また、すでに述べたとおり、遺族は死者の人格的利益の保護のための措置として、著作者人格権相当の侵害の差止めが可能でありますから、遺族から公表、修正の同意を得ておく必要があります。

その他

著作物の管理と許諾

Q102 懇意の演奏家のリサイタルで、私の作曲した作品集を取り上げてもらうことになりました。お礼に著作権料は無償としたいと考えていたところ、私の著作権は信託契約によって管理団体に管理委託しているため、私の希望どおりにはならないといわれました。この管理委託とは、どういうことなのでしょうか。

A 音楽の著作物の場合、演奏、放送、録音、貸与、インターネット配信等、その使用態様の種類が多いだけでなく、使われる量も非常に多いため、著作権者自らがそのつど著作権を行使することは、非常に困難です。また、利用者側としても、多数の音楽の著作物を利用することが多いため、いちいち個別の著作権者に許諾を得ることは煩雑です。

著作権等管理事業法による管理委託

この音楽の著作物のような利用態様の場合には、著作権者にとっても利用者にとっても、個別に権利者から使用許諾を受けるよりも、権利を集中的に管理する機関があったほうがはるかに利便的であるといえます。ただし、著作権等を集中的に管理する場合には、管理をする事業者や使用料の決定等について一定の規制が必要であるため、平成12年にこれらを規定した**著作権等管理事業法**が成立しました。

この著作権等管理事業法が成立する以前は、昭和14年に成立した「**著作権に関する仲介業務に関する法律**」（通称「**仲介業務法**」）により、文化庁長官の許可を得た者のみが勅令によって規定された「小説、脚本、楽曲を伴う歌詞、楽曲」に限り仲介を行うことが可能でした。また、許可を得ていた団体も、社団法人日本文芸著作権保護同盟（現・公益社団法人日本文藝家協会）、一般社団法人日本音楽著作権協会（JASRAC）、協同組合日本脚本家連盟、協同組合日本シナリオ作家協会の4団体しかありませんでした。しかし、近年、上記4つの著作物以外の著作物、あるいは実演、レコード、放送または有線放送の円滑な利用を求める声が強まるとともに、著作権等の権利者が自ら管理事業者や管理方法を選択できることが望ましいという声が強まり、すでに述べたとおり著作権等管理事業法が成立し、これによって仲介業務法は廃止されました。

著作権等管理事業法は、仲介業務法が4つの著作物のみを対象としていたのに対し、「著作物、実演、レコード、放送又は有線放送」に対象を広げています。また、仲介業務法では公益性が重視され、事実上社団法人等だけが許可を受けておりましたが、著作権等管理事業法では、社団法人に限らず株式会社等法人であれば、原則として登録を受けることができます（令和元年7月現在、30の管理事業者が登録され、1事業者が管理事業の開始準備中とされています）。著作権等管理事業法の対象となる**管理委託契約**とは、委託者が自らの意思で使用料の額を決定するもの以外で、かつ、①信託契約、あるいは②許諾の取次または代理をさせ、あわせて取次または代理に伴う著作権等の管理を目的とする委任契約、の2種類の契約をいいます（著作権等管理事業法2条1項）。

著作権等管理事業法の成立後、JASRAC以外にも株式会社NexToneその他音楽の著作権を管理する事業者が登録されています。

JASRACの管理委託契約のしくみ

ここでは、音楽の著作権の管理事業者として最大であるJASRACの管理委託契約を見ていきましょう。

JASRACの管理委託契約は、**信託契約**になっています。信託契約では、委託者が受託者に財産を移転させることに特徴があり、JASRACの管理委託契約約款では、作詞家・作曲家等著作権者（委託者）がJASRAC（受託者）に自己の有するすべての著作物および将来取得するすべての著作権を信託財産として移転し、受託者は、委託者のためにその著作権を管理し、管理によって得た著作物使用料等を受益者に分配することになっています。また、管理委託範囲については、支分権（演奏権、録音権等）や利用形態（広告目的で行う複製、インタラクティブ配信など）ごとに選ぶことができ、この範囲は変更することもできます。

信託契約の場合、受託者（JASRAC）が自己の名で著作権の侵害者に対し訴訟を提起することができるというメリットがあります。

ご質問の場合、あなたの作品であっても信託契約によって管理団体に著作権が移転されており、管理団体が管理していますので、あなたの一存で第三者に対する使用料を免除することはできません。

ただし、現在のJASRACの管理委託契約約款では、委託者（著作者）が自身の作品を自分で使用する場合（事前の届け出が必要）、あるいは、CM音楽、劇場用映画・放送番組・演劇のテーマ音楽やBGM、ゲーム用音楽、社歌・校歌などであって、依頼を受けて創作した作品について依頼主が依頼目的の範囲内で使用する場合等一定の場合には、JASRACの管理を制限し使用料の請求等信託著作権を行使させないことができるとされています（JASRAC管理委託契約約款17条（受託者の管理に対する制限））。

その他

著作権の相続

Q103 3カ月前、文筆家である父が死亡しました。相続人は母と私と妹の3人です。相続財産の対象に著作権も入ると聞きましたが、どのようなものでしょうか。また、著作権の相続評価額はどうなるのでしょうか。

A いわゆる狭義の著作権は**財産権**ですので、**譲渡**もできますし（61条1項）、**相続**もされます。これに対し、**著作者人格権**は、著作者の**一身専属**な権利であって、譲渡もできません（59条）し、相続もされません。

したがって、著作者が亡くなった際には、著作者が有していた著作権は相続されますが、著作者人格権は相続されないということになります。なお、著作者人格権は一身専属であるといっても、著作者の死後もその人格的利益は保護されますので、著作物を公衆に提供し、または提示する者は、当該著作者が生きているとしたならばその著作者人格権の侵害となるべき行為をすることは原則としてできません（60条）。また、著作者の遺族は、上記のような著作者人格権の侵害となる行為をする者に対し、その行為の差止めを求めることができます（116条）。

しかし、この116条は**差止請求権**のみが認められているものであり、著作者の遺族には著作者人格権そのものがありませんので、著作者人格権侵害による損害賠償請求権は認められません。もっとも、遺族が作品に対する愛着を有していることを考慮して、遺族固有の**慰謝料請求**を認めた事例がいくつか存在します（「暖簾事件」東京地裁平成4年11月25日判決等）。なお、同条の差止請求権の行使は、配偶者、子、父母、孫、祖父母または兄弟姉妹の順に行う（同条1項および2項）と規定されており、民法の相続人とぴったり一致するものではありません。

著作権の相続の内容

それでは、著作者が死亡した場合の著作権はどのように相続されるのでしょうか。

著作権も財産権であるため、不動産や現金預金等と同様、**相続財産**に含まれます。この相続は、民法882条以下の相続の規定に従うことになります。妻や子どもたちのように、相続人が複数存在する場合には、他の相続財産と同様、相続人間でその著作権を共有するか、あるいは相続人の中でだれかが単独で相続するかを協議して決めることになるでしょう。

また、著作者が**遺言**で著作権を相続する者を指定することもできます。

ご質問の場合、お父様が遺言で著作権の相続人を指定していなかったのであれば、妻、子2人の間で**遺産分割協議**を行い、その相続人を定めることになるでしょう。なお、平成30年の相続法の改正にあわせて、著作権の相続による移転の場合も法定相続分を超える部分については登録しなければ、第三者に対抗することはできなくなりました（民法899条の2第1項、著作権法77条1号）。

著作権の相続評価額の評価方法

次に、相続財産であれば、相続税の対象となるため、**著作権の相続評価額**が問題となります。これについて、国税庁は**財産評価基本通達**によって、著作権の評価方法を決めています。

基本通達によると、「著作権の価額は、著作者の別に一括して次の算式によって計算した金額によって評価する。ただし、個々の著作物に係る著作権について評価する場合には、その著作権ごとに次の算式によって計算した金額によって評価する。」（同通達148）と規定されています。その算式とは、

「年平均印税収入の額× 0.5 ×評価倍率」

です。

ここでいう「年平均印税収入の額」とは、「課税時期の属する年の前年以前3年間の印税収入の額の年平均額とする。ただし、個々の著作物に係る著作権について評価する場合には、その著作物に係る課税時期の属する年の前年以前3年間の印税収入の額の年平均額とする。」（同通達148）と規定されています。すなわち、前年以前の3年間の印税収入額の平均額となるのです。これは、3年間の平均額をとることにより、印税金額を平準化するためです。

さらに、それに、0.5をかけた後、問題となるのが、「評価倍率」です。これは、「著作物に関し精通している者の意見等を基として推算したその印税収入期間に応ずる基準年利率による複利年金現価率」と規定されています。相続による著作権の印税額を算出するには、その著作物が利用され、印税が入ってくる期間を予想しなければなりません。著作権は著作者の死後70年存続しますが（51条2項）、70年間継続して利用され印税が入ってくる著作物は、むしろ稀（まれ）でしょう。ここでいう、「著作物に関し精通している者」の具体的な定義はありませんが、当該著作物の利用に精通している者として、たとえば、小説等であれば、出版社等がそれに該当するのではないでしょうか。

寄贈を受けた著作物の廃棄と著作権

Q104 30～40年前、当市出身の彫刻家の石造彫刻作品を、彫刻家の支援者である作品購入者から寄贈を受けて市民会館の広場に展示していました。

ところが、最近、石造彫刻の磨耗が激しく見学者に危険でもあるため、先月これを撤去し廃棄処分としました。会館報で石造彫刻を撤去したことを発表したところ、彫刻家の唯一の相続人であるご子息から作品を返却してほしいとの申し出を受けました。ご子息には廃棄したことは伝えていませんでしたが、市としては法律上何らかの責任があるのでしょうか。

なお、昔のことなので、市と寄贈者との間で、作品の展示や処分等について取り決めがあったかどうかはわかりません。

A 市への石造の寄贈者は、石造の彫刻家（著作権者）の支援者であり、作品を購入した者ということですから、その寄贈者は石造の所有権を有していたことになります。そして、その石造の所有者から市が当該石造を寄贈されたということであれば、市は石造の所有権を贈与によって取得したことになるでしょう。

ご質問の内容だけでは、石造の彫刻家から寄贈者および寄贈者から市との間で、石造の著作権の移転（譲渡）があったかは明らかではありませんが、一般的には、単に石造の所有権の譲渡があったものにすぎず、著作権は石造の作者に残っていると思われます。もっとも、その場合でも、市は石造彫刻という著作物の原作品の所有者として、石造を公に展示することができます（45条1項）ので、市民会館の広場に展示していたことは問題ありません。

それでは、磨耗により見学者に危険が生じる可能性がある場合に、その石造を廃棄する行為は法的にどう評価されるでしょうか。

民法206条は、「所有者は、法令の制限内において、自由にその所有物の使用、収益及び処分をする権利を有する。」と規定しています。よって、市が所有権に基づいて、当該石造を処分することはできますので、廃棄することも可能です。たとえ、磨耗ではなく単に置き場所がなくなって処分することになっても所有権の観点からは同様です。

ただし、所有権は石造という物に関する権利ですが、これとは別に、石造彫刻に関する**著作権**および**著作者人格権**を検討する必要があるでしょう。

著作権は譲渡することができますが、著作者人格権は著作者の一身専属であるため、譲渡することも相続することもできません（59条）。

前述のとおり、石造の所有権が移転しても通常は著作権の移転はないことが多いので、石造の彫刻家が著作権をそのまま保有して、唯一の相続人であるご子息がその著作権を相続されたのではないかと考えられます。もっとも、著作権者は著作物の複製（21条）・翻案（27条）・展示（25条）・公衆送信（23条）等、著作権法に規定されている権利は有するものの、廃棄を阻止する権利や著作物を取り戻す権利はありません。したがって、著作権者としては市へ責任追及することはできないでしょう。

廃棄と著作者人格権

次に、著作者人格権の点ではどうでしょうか。すでに述べたとおり、著作者人格権は相続されませんが、著作者の死後であれば何を行ってもいいわけではありません。60条は、「著作物を公衆に提供し、又は提示する者は、（中略）著作者が存しているとしたならばその著作者人格権の侵害となるべき行為をしてはならない。ただし、その行為の性質及び程度、社会的事情の変動その他によりその行為が当該著作者の意を害しないと認められる場合は、この限りでない。」と規定しています。そして、著作者の遺族は60条違反を行う者に対し、差止請求または名誉回復等の措置を請求することができます（116条、115条）。

さて、石造の廃棄は著作者人格権の侵害になるでしょうか。著作者人格権のうちの**同一性保持権**（20条1項）は、意に反する変更、切除その他の改変を禁止しています。廃棄は著作物に加えられる改変の最も激しい行為であって、同一性保持権の侵害になるという考え方もないわけではありませんが、一般には、著作者人格権は著作物という無体物に関する権利であって、作品という有体物の廃棄という行為には及ばないと解されています（加戸守行『著作権法逐条講義（六訂新版）』（CRIC、2013）178頁）。

もっとも、その廃棄の態様が、名誉または声望を害する方法により著作物を利用するといえるような場合には、113条7項に該当することも考えられないことはありませんが、ご質問のように磨耗による危険が生じうるような状況において、通常の方法でその石造を廃棄した場合には、同項に該当しないものと思われます。

なお、廃棄行為が民法上の**不法行為**（民法710条）に該当するかどうかについては、その態様によるところが大きいと思われますが、著作権法の保護法益以外の権利を侵害したといえるような特段の事情がないかぎり、不法行為にも該当しないのではないでしょうか。

その他

喫茶店での書籍の閲覧・貸与

Q105 喫茶店を営んでいます。主に常連客が持ち寄った小説や漫画本などを店の隅に設けた書棚に置き、客が無償で自由に閲覧したり、借り受けたりできるようにしています。借受持ち出しの場合は、ノートに書名、借受者名、返却予定日など最小限の記載をしてもらいますが、原則、店が関与するという趣旨ではなく、客の自主的な管理です。店に来る客はほとんど常連客なので、借りるのも常連客になっています。このような場合でも、著作権の手続きは必要でしょうか。

また、ゆくゆくは電子書籍を購入し、端末も設置して客に楽しんでもらうことも考えています。

A ご質問の場合の行為の主体が、喫茶店の店主なのか、客であるのかが問題となります。店主が呼びかけたわけではなく、常連客が自発的に書籍を持ち込み、これを別の常連客が借り受けるのであれば、客どうしの行為という見方もあるかもしれません。

しかし、喫茶店という閉鎖的な場所の管理は喫茶店の店主が行っており、店内の一角に書棚を設置して常連客の書籍の持ち込みおよび書籍の配置を許容し、他の常連客が書棚から書籍を借りることを許容しているのですから、これらの行為の管理支配を行っているのは、店主であると考えられるでしょう。したがって、本件行為を客の行為であるとすることは困難であり、店主が**行為主体**であると考えられます。

貸与権が及ぶか？

このように、喫茶店の店主が店内の書籍の貸し借りの主体と考えられますので、本件行為は著作権法上の**貸与権**（26条の3）が及ぶか否かが問題となります。

貸与権が働くには、**「公衆」への貸与**である必要があります。本件は、常連客中心の利用のようですが、常連客に限らずだれもが客として自由に入ることができる喫茶店における書籍の貸し借りである場合には、喫茶店店主から見て不特定という「公衆」の要件に該当するものと思われます（「まねきTV事件」最高裁平成23年1月18日判決等）。

次に、**非営利かつ無料の貸与**は著作権法の貸与権が制限されます（38条4項）が、本件では、無料での貸与ではあるものの、喫茶店で客に書籍を貸与することは、喫茶店という営利企業において客のサービスのために行っていると考えられるため、非営利とはいえないと思われます。したがって、ご質問の場合、著作権法上、貸与権が働くことになるでしょう。

それでは、喫茶店から書籍の持ち出しを認めず、喫茶店内で客が持ち寄った書籍を他の客が自由に読む場合はどうでしょうか。著作権法の効力が及ぶ行為は、あくまでも複製や貸与といった、著作権法において支分権が規定されたものに限ります。本を読むという行為自体には、著作権法上の支分権は規定されていません。したがって、喫茶店内に備え付けられた書籍を客が読むだけであれば、たとえ多数の客が出入りするような場合であっても、著作権の侵害にはならないでしょう。

なお、漫画喫茶でコミックスを置き、客に自由に閲覧させる行為については、一般社団法人日本複合カフェ協会(JCCA / Japan Complex Cafe Association)と「21世紀のコミック作家の著作権を考える会」(現・「21世紀のコミック作家の会」)および社団法人(現・一般社団法人)日本雑誌協会の間で2003年に暫定合意が成立していますが、抜本的な解決には至っていないようです。

電子書籍での閲覧は上映権が問題

次に、喫茶店内に電子書籍の端末を設置して、客に無料で電子書籍の閲覧をさせることは著作権法上何か問題が生じるでしょうか。喫茶店内での閲覧という点では、通常の書籍の閲覧と変わりがないと評価できるかもしれません。しかし、電子書籍の場合、複製権(21条)、上映権(22条の2)の適用が問題となります。

上映権とは、著作物を公に上映する権利です。ここでいう**上映**(2条1項17号)とは、「著作物(公衆送信されるものを除く。)を映写幕その他の物に映写することをいい(後略)」と規定されています。そして、「映写幕その他の物に映写する」には、パソコンのディスプレー等に映し出す行為も含まれるものと解されています。そこで、電子書籍を端末上の小さなディスプレー上に表示する行為が、この「映写幕その他の物に映写する」に該当するかが問題となります。裁判例等が見当たらないため、断定することはできませんが、2条1項17号の条文上ディスプレーの大きさの限定がないため、明確に除外できるとはいえないものと思われます。

また、喫茶店での電子書籍の閲覧は、すでに述べたとおり、その主体は喫茶店の店主であり、不特定への閲覧は「公」に該当するでしょう。

そうなると、喫茶店内で客に電子書籍を閲覧させる行為は、公衆送信された著作物(電子書籍)を端末に蓄積し、これを「映写幕その他の物に映写する」行為と解されることになり、上映権の侵害になる可能性があると思われます。

その他

海外からのオークションPRのための送信

Q106 海外のオークションエージェントが、日本国内で開催するオークションのPRの一環として、出品作品の一部の画像を海外のサイトからネット配信するとのことです。その際、そこに保護期間内の美術の著作物が含まれている場合には、日本の公衆送信権に触れますか。

A 本件では、日本の裁判所で裁判ができるか（国際裁判管轄）、どこの国の法律が適用になるか（準拠法）を検討する必要があります。

これらを決めるには、著作権者の所在地、著作権侵害者の所在地、サーバーの所在地、アップロードした行為地、受信地などを検討することになります。この問題は、世界的にも統一したルールがなく、日本でもいまだにいろいろと議論が分かれています。

国際裁判管轄

まず、日本の裁判所で裁判ができるか（**国際裁判管轄**）について検討してみましょう。日本の裁判所では、当事者間の公平の観点から、被告の住所地が日本にある場合には日本での裁判管轄を認めますが、不法行為地にも原則として裁判管轄を認めています（民事訴訟法3条の3第8号）。ここでの**不法行為地**とは、一般に、加害行為地または結果発生地と考えられています。

ところで、海外からのネット配信の場合、**加害行為地**はサーバーにアップロードした行為地なのか、あるいはサーバーの所在地なのかという問題があります。また、**結果発生地**とは、受信地である日本なのか、それとも送信行為地であるサーバーがある海外なのかという問題もあります。本件の場合、日本国内で行われるオークションのためにネット配信されるのであれば、主に日本国内向けでしょうから、結果発生地として日本の裁判所における裁判が認められるのではないかと思われます。

準拠法

次に、どの国の法律が適用になる（**準拠法**）のでしょうか。裁判例では、著作権侵害のうち差止請求権と損害賠償請求権とを分け、**差止請求権**についてはベルヌ条約5条(2)項3文に基づき保護国法によると解するものが多いといわれています。他方、**損害賠償請求権**については、不法行為による損害賠償であるから、法の適用に関する通則法17条本文により結果発生地法によると解する裁判例が多いようです（「中国詩引用小説事件」東京地裁平成16年5月31日判決等)。

海外から日本へのインターネットによる著作物利用の場合、**「公衆送信権」**(23条)の結果発生地はサーバー所在地またはアップロード地になるのか、もしくはサーバーにアクセスして送信された受信地である日本国内とするのかが問題となります。結果発生を重視すると日本となりそうですが、日本の公衆送信権は、送信行為を侵害と捉えており、欧米のような受信行為を基本とする公の伝達権的な構成をとっていないため、受信地である日本において侵害行為が発生したと言い切れない点があります。

もっとも、欠席判決であるため詳しい理由が示されてはいませんが、韓国のテレビジョン放送を受信したうえデータファイルに変換し、あらかじめセットトップボックスを設置していた日本在住の韓国人利用者向けに送信した行為について、加害行為の結果発生地が日本国内であるとして、準拠法を日本法とした判決があります(「韓国テレビ番組ネット配信事件」東京地裁平成26年7月16日判決)。この事案は、単に日本向けにデータを送信するだけでなく、日本国内における受信用セットトップボックスの設置等を行っているため、日本向けのインターネット送信行為とは単純に比較できないところもありますが、参考になると思われます。

ご質問について準拠法が日本法となった場合には、公衆送信権が働きますが、平成21年著作権法改正により、オークションPRのために出品作品の画像をネット配信する行為が、**47条の2**で規定している要件を満たせば著作権侵害にはなりません。

ご質問の場合は、47条の2の要件のうち、「(美術の著作物又は写真の著作物の)原作品又は複製物を譲渡し、又は貸与しようとする場合」「その申出の用に供するため」といえるでしょうか。ここでは、譲渡または貸与の申し出に限定されているため、それを超えたPR行為のための送信と判断される場合には、同条の要件を満たしません。具体的には、オークションの形態や送信内容等を総合的に判断することになるでしょう。

なお、47条の2の要件を具備するためには、著作権者の利益を不当に害しないための措置として、政令で定める措置を講じなければなりません。

現在、公衆送信は、複製防止手段を用いない場合(著作権法施行令7条の3第2号イ)は3万2400画素以下、複製防止手段を用いた場合(同号ロ)には9万画素以下、あるいは複製防止手段を用いる場合も用いない場合も、当該公衆送信を受信して行われる著作物の表示の精度が、譲渡・貸与に係る著作物の原作品・複製物の大きさや取引の態様その他の事情に照らし、当該譲渡等の申し出のために必要な最小限度かつ公正な慣行に合致するものと規定されています(著作権法施行規則4条の2第2項、同第3項)。

その他

メソッドと知的財産権

Q107 当社は自己啓発メソッドを研修する教室を運営しています。この自己啓発メソッドの教材を中心的に開発していた社員が、退職した後、同じような自己啓発メソッドをｅラーニングにて配信する研修サイトの運営を始めました。

この元社員のｅラーニング教材が、当社の自己啓発メソッドとよく似たメソッドである場合には、当社はこの元社員に対し、何か要求することができるでしょうか。

A

メソッドの保護は難しい

自己啓発メソッド自体は、「自然法則を利用した技術的思想の創作」（特許法２条１項、実用新案法２条１項）ではありませんから、特許法の「発明」や実用新案法の「考案」には該当しないでしょう。また、「方法」や「やり方」は、**アイデア**であって表現ではありませんから、メソッド自体は著作権法の対象となる著作物にはならず、著作権法では保護されません。

このように、わが国の知的財産権法上は、技術に関するアイデアや方法は、特許法あるいは実用新案法によって保護されますが、それ以外で公開されているアイデアあるいは方法を直接保護する法律はありません。「秘密として管理されている生産方法、販売方法その他の事業活動に有用な技術上又は営業上の情報であって、公然と知られていないもの」は、不正競争防止法上の**営業秘密**（同法２条６項）に該当しますので、守秘義務を負ったノウハウの場合には、これを権限なく開示すると不正競争防止法違反（同法２条１項４号ないし９号、３条および４条等）となる可能性はありますが、教室で実践されている自己啓発メソッドは公開されていると考えられますので、営業秘密のような秘密性はないと思われます。

したがって、あなたの会社の自己啓発メソッドそのものは知的財産権法上保護されないものと思われますので、退職した社員がｅラーニング研修において、そのメソッドと類似のメソッドを使用したとしても、それだけではその使用を禁止することは難しいと思われます。

退職後の競業避止義務は

なお、この元社員の退職前に、あなたの会社との間で、退職後は競合する自己啓発教室あるいはｅラーニング研修を行わないという契約を結んでいた場合は、この契約に基づき禁止することはできるでしょうか。

この場合、**職業選択の自由**（憲法22条1項）を制限するおそれがあるため、禁止期間が1年〜2年以下の短期間であり（なお、近年は禁止期間2年でも有効性が否定されている裁判例があります）、かつ、在職時に重要な秘密を有していた等の特別な条件がある場合であれば契約は有効だと思われますが（「フォセコ・ジャパン・リミテッド事件」奈良地裁昭和45年10月23日判決等）、無制限に競合する教室あるいはeラーニング研修を開かないという契約は、**公序良俗違反**（民法90条）として無効になる可能性が高いでしょう。

著作権による教材の保護

次に、退職した社員のeラーニング教材が、あなたの会社の自己啓発メソッドの教材とよく似た教材を使用していた場合はどうでしょうか。

あなたの会社の自己啓発メソッドの教材内容が、具体的にどのようなものか不明なので断定はできませんが、教材のうち、自己啓発メソッドを記述している文章は**言語の著作物**（10条1項1号）になるでしょうし、イラストがあれば、**美術の著作物**（同項4号）になるでしょう。また、音楽やビデオも同様に、**音楽の著作物**（同項2号）、**映画の著作物**（同項7号）になるものと思われます。

したがって、これら教材の文章やイラスト、音楽、ビデオといった具体的表現は、著作権法の対象となる場合が多いでしょう。

ところで、退職した社員はあなたの会社でこの教材を中心的に開発していたということですが、この教材の文章やイラストを退職した社員が作成したのであれば、作成した元社員が著作者となるのでしょうか。

①法人その他使用者の発意に基づき、②その業務に従事する者が、③職務上作成する著作物、④法人等の名義で公表、⑤契約、勤務規則で別の定めがないこと、の要件がすべて具備されていれば**法人著作**（15条1項）となり、たとえ、元社員が在職中、実際に文章やイラストを作成していたとしても、著作者はあなたの会社になります。

したがって、元社員が配信しているeラーニング教材が、あなたの会社の自己啓発教材の文章の具体的な創作的表現、あるいはイラストの具体的な創作的表現が有形的に再製されていた場合には、**複製権**（21条）および**公衆送信権**（23条）の侵害になりますし、その具体的な創作的表現の本質的特徴が感得できるような文章やイラストあるいは動画であった場合には**翻案権**（27条）の侵害となりますので、著作権に基づき差止めや損害賠償請求を起こすことができるものと思われます。

One Point 02

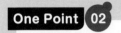

“All rights reserved.” の表記について

All rights reserved. という表記は、1910 年**ブエノスアイレス条約**に由来しています。これは、当時方式主義をとっていたアメリカ合衆国および中南米諸国がブエノスアイレスにおいて 1910 年に締結した著作権に関する条約です。同条約第 3 条は、ある国で取得された著作権は、権利が留保されている表明が著作物に表示されているかぎり、他国でも全部の権利の効力を与えられなければならないと規定されており、この権利留保の表明が、英語では All rights reserved. と表記されました。

したがって、1910 年ブエノスアイレス条約に加盟していた、アメリカ合衆国および中南米諸国間では、この表記は意味があるものですが、それ以外の条約非加盟国では何ら意味も効果もありません。その後、**万国著作権条約**が制定され、さらに、1910 年ブエノスアイレス条約に加盟していたアメリカ合衆国および中南米諸国すべてが**ベルヌ条約**に加盟した現在において、この All rights reserved. という表記は、権利保護に必要なものではなくなりました。

日本は 1910 年ブエノスアイレス条約とは何ら関係がありませんので、この表記の意味はもともとありません。それにもかかわらず、日本国内で印刷販売されている書籍においても、この All rights reserved. という表記が奥付や扉に見受けられることがあるのは、アメリカ合衆国内で製造されていた書籍に © 表示とともに All rights reserved. という表記がなされていたものを、そのまままねたのではないかと思われます。

One Point 03

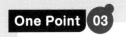

"Printed in Japan" の表記について

Printed in Japanという表記は、**製造条項**であり、日本で印刷製造されたことを示しています。1976年アメリカ合衆国著作権法は、アメリカ合衆国内の出版産業を保護するため、合衆国内またはカナダで製造、印刷した場合以外は、アメリカ合衆国国民著作者の英語による言語著作物をアメリカ合衆国に輸入・頒布することを禁止していました。もっとも、1986年7月1日以降は製造条項が廃止されましたので、この製造条項の適用があるのは、1986年7月1日より前の行為となります（米国著作権法601条(a)項)。

対象となるのは、「**英語による非演劇的言語著作物**」であるため、英語以外の言語である場合には無関係です。また、「非演劇的言語著作物」ですから、写真、絵画等は対象になりません。著作者がアメリカ合衆国の国民もしくは住民以外の場合にも、この製造条項は適用されません（同条(b)(1)項)。

したがって、日本人が日本語で書いた書籍をアメリカ合衆国に輸入する際にもこの規定は対象となりませんし、日本在住の日本人の書籍を英訳してアメリカ合衆国に輸入する際にも、この規定は対象になりません。さらに、上記のとおり、1986年7月1日以降の輸入・頒布行為には、この規定の適用はありませんので、著作権法的には、現在はこの表記の意味はないものといえます。

もっとも、**原産地表示**として、日本で印刷製造されたということを示す意味はありますので、この表記を偽った場合には、原産地虚偽表示として、不正競争防止法・景品表示法・関税法等に抵触する可能性はあるでしょう。

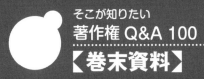

そこが知りたい
著作権 Q&A 100

【巻末資料】

関係法令・判例一覧｜236
関連団体・組織一覧｜251

関係法令・判例一覧

（注）判例の事件名は、通称あるいは便宜的に呼ばれているものを掲載している。

そこが知りたい著作権 Q&A 100【応用編】

設問No.	題名	関係法令	関係判例
ホームページ・インターネット			
Q1 (p.14)	ホームページの著作権	著作権法 2 条、10 条、12 条、15 条、20 条、21 条、23 条	
Q2 (p.16)	ホームページの著作権侵害	著作権法 2 条、21 条、27 条	「江差追分事件」最高裁平成 13 年 6 月 28 日判決
Q3 (p.18)	歌詞のホームページへの掲載	著作権法 10 条、32 条、48 条	「パロディ・モンタージュ写真事件」最高裁昭和 55 年 3 月 28 日判決 「藤田嗣治美術全集事件」東京高裁昭和 60 年 10 月 17 日判決 「絶対音感事件」東京高裁平成 14 年 4 月 11 日判決 「中国詩引用小説事件」東京地裁平成 16 年 5 月 31 日判決
Q4 (p.20)	広報誌のホームページへの掲載	著作権法 2 条、15 条、17 条	
Q5 (p.22)	商品画像のホームページへの掲載	著作権法 21 条、23 条、32 条、47 条の 2	「たいやきくん事件」東京地裁昭和 52 年 3 月 30 日判決 「キン肉マン事件」東京地裁昭和 61 年 9 月 19 日判決
Q6 (p.24)	ぬり絵サイトからダウンロードして作った作品のホームページへの掲載	著作権法 2 条、10 条、23 条、28 条	
Q7 (p.26)	Web のイラスト素材の体育祭での利用とホームページへの掲載	著作権法 10 条、21 条、23 条、35 条、48 条 憲法 21 条	「著作権フリー写真事件」東京地裁平成 27 年 4 月 15 日判決
Q8 (p.28)	インターネット放送	著作権法 2 条、23 条、38 条、100 条、100 条の 5	

Q9 (p.30)	**違法録音・録画物のダウンロード**	著作権法2条、21条、23条、30条、112条、114条、119条、123条、124条 民法709条	「TVブレイク事件」知財高裁平成22年9月8日判決

言語・出版

Q10 (p.32)	**出版の許諾と著作権の譲渡**	著作権法63条、63条の2、79条、80条、88条、112条 特許法99条 実用新案法19条 意匠法28条 商標法31条	
Q11 (p.34)	**ノンフィクションの類似**	著作権法2条、21条、27条	「ワン・レイニー・ナイト・イン・トーキョー事件」最高裁昭和53年9月7日判決 「江差追分事件」最高裁平成13年6月28日判決 「箱根富士屋ホテル物語事件」知財高裁平成22年7月14日判決
Q12 (p.36)	**絵本の読み聞かせ**	著作権法2条、10条、20条、21条、24条、27条、30条、38条	
Q13 (p.38)	**哲学書の朗読CDの権利**	著作権法2条、22条、24条、51条、60条、96条、96条の2、97条、97条の2、97条の3、116条	
Q14 (p.40)	**印刷データの権利**	著作権法2条、21条、23条	「柴田是真 下絵・写生集事件」大阪地裁平成29年1月12日判決
Q15 (p.42)	**出版物の撤回**	著作権法21条、23条、84条	
Q16 (p.44)	**電子書籍と著作権**	著作権法2条、20条、21条、23条、30条、80条	「自炊代行事件」知財高裁平成26年10月22日判決

翻案・翻訳・改変

Q17 (p.46)	脚本と小説の上演、二次的著作物	著作権法 2 条、20 条、21 条、22 条、27 条、28 条、38 条	
Q18 (p.48)	原作からイメージしたキャラクターの利用	著作権法 2 条、27 条	「在宅介護事件」東京高裁平成 10 年 11 月 26 日判決 「キャンディ・キャンディ事件」最高裁平成 13 年 10 月 25 日判決
Q19 (p.50)	続編と著作権	著作権法 20 条、21 条、27 条	「ワン・レイニー・ナイト・イン・トーキョー事件」最高裁昭和 53 年 9 月 7 日判決 「ポパイ事件」最高裁平成 9 年 7 月 17 日判決 「江差追分事件」最高裁平成 13 年 6 月 28 日判決
Q20 (p.52)	オマージュと著作権	著作権法 2 条、21 条、25 条、27 条、28 条	「ワン・レイニー・ナイト・イン・トーキョー事件」最高裁昭和 53 年 9 月 7 日判決 「江差追分事件」最高裁平成 13 年 6 月 28 日判決

美術・写真

Q21 (p.54)	デザインと著作権	著作権法 2 条 不正競争防止法 2 条	「仏壇彫刻事件」神戸地裁姫路支部昭和 54 年 7 月 9 日判決 「木目化粧紙事件」東京高裁平成 3 年 12 月 17 日判決
Q22 (p.56)	ファッションデザインの保護	著作権法 2 条 意匠法 2 条、20 条、23 条 不正競争防止法 2 条、19 条	「プリーツ・プリーズ事件」東京地裁平成 11 年 6 月 29 日判決 「マンホール用足掛具事件」東京地裁平成 17 年 5 月 24 日判決 「チョコエッグ事件」大阪高裁平成 17 年 7 月 28 日判決 「TRIPP TRAPP 事件」知財高裁平成 27 年 4 月 14 日判決 「婦人服デザイン事件」大阪地裁平成 29 年 1 月 19 日判決

Q23 (p.58)	**寄贈された絵画作品と写り込み**	著作権法 2 条、20 条、21 条、25 条、30 条の 2、45 条 民法 206 条	「ワン・レイニー・ナイト・イン・トーキョー事件」最高裁昭和 53 年 9 月 7 日判決 「雪月花事件」東京高裁平成 14 年 2 月 18 日判決
Q24 (p.60)	**インターネット取引における美術品の紹介**	著作権法 21 条、23 条、32 条、47 条の 2、48 条、49 条 著作権法施行令 7 条の 3 著作権法施行規則 4 条の 2	
Q25 (p.62)	**公開の美術の著作物の利用**	著作権法 10 条、45 条、46 条、112 条、113 条 民法 710 条	
Q26 (p.64)	**著作権が消滅した絵画の利用**	著作権法 112 条、114 条 民法 206 条、709 条 商標法 3 条、4 条	「顔真卿自書建中告身帖事件」最高裁昭和 59 年 1 月 20 日判決
Q27 (p.66)	**写真の著作物の創作性**	著作権法 2 条、10 条	「ワン・レイニー・ナイト・イン・トーキョー事件」最高裁昭和 53 年 9 月 7 日判決 「版画写真事件」東京地裁平成 10 年 11 月 30 日判決 「西瓜写真事件」東京高裁平成 13 年 6 月 21 日判決 「グルニエ・ダイン事件」大阪地裁平成 15 年 10 月 30 日判決 「東京アウトサイダーズ事件」東京地裁平成 18 年 12 月 21 日判決 「廃墟写真事件」東京地裁平成 22 年 12 月 21 日判決
Q28 (p.68)	**絵画展での写真撮影**	著作権法 2 条、20 条、21 条、27 条、112 条 民法 415 条、709 条	

キャラクター

Q29 (p.70)	**キャラクターの保護**	著作権法 17 条、51 条 商標法 2 条、3 条、5 条、19 条 意匠法 2 条、3 条、21 条	「たいやきくん事件」東京地裁昭和 52 年 3 月 30 日判決 「ポパイ事件」最高裁平成 9 年 7 月 17 日判決
Q30 (p.72)	**キャラクターの切り貼り**	著作権法 2 条、10 条、20 条、21 条、25 条、27 条、30 条、30 条の 2、49 条	「アンダーカバー事件」東京地裁平成 26 年 5 月 27 日判決
Q31 (p.74)	**イラストと著作権、商標権**	著作権法 2 条、10 条 商標法 4 条、29 条、46 条	「たいやきくん事件」東京地裁昭和 52 年 3 月 30 日判決 「アメリカ T シャツ事件」東京地裁昭和 56 年 4 月 20 日判決
Q32 (p.76)	**キャラクター生地のハンドメイド作品の販売**	著作権法 2 条、10 条、20 条、21 条、23 条、26 条の 2、32 条、47 条の 2 不正競争防止法 2 条	

音楽

Q33 (p.78)	**楽曲の類似**	著作権法 2 条、21 条、27 条	「ワン・レイニー・ナイト・イン・トーキョー事件」東京地裁昭和 43 年 5 月 13 日判決、同最高裁昭和 53 年 9 月 7 日判決 「江差追分事件」最高裁平成 13 年 6 月 28 日判決 「記念樹事件」東京高裁平成 14 年 9 月 6 日判決
Q34 (p.80)	**替え歌と著作権**	著作権法 2 条、20 条、27 条、113 条	「江差追分事件」最高裁平成 13 年 6 月 28 日判決
Q35 (p.82)	**店舗における音楽の利用**	著作権法 2 条、21 条、22 条、23 条、38 条、附則 14 条	
Q36 (p.84)	**文化祭でのミュージカル上演**	著作権法 20 条、21 条、22 条、27 条、35 条、38 条、47 条の 6、50 条、91 条、96 条、102 条	

Q37 (p.86)	**卒業式で歌唱した歌詞の利用**	著作権法35条、38条	

映画・映像

Q38 (p.88)	**映画の著作物の著作物性**	著作権法2条、16条、26条、26条の2、26条の3、29条、51条、53条、54条	「パックマン事件」東京地裁昭和59年9月28日判決 「三國志III事件」東京高裁平成11年3月18日判決
Q39 (p.90)	**委託製作のビデオの著作権**	著作権法2条、15条、16条、20条、27条、29条、61条 会計法29条の3	
Q40 (p.92)	**アニメの中の風景描写**	著作権法2条、10条、21条、27条、30条の2、46条	「江差追分事件」最高裁平成13年6月28日判決 「雪月花事件」東京高裁平成14年2月18日判決 「グルニエ・ダイン事件」大阪地裁平成15年10月30日判決 「ギャロップレーサー事件」最高裁平成16年2月13日判決 「ログハウス調木造住宅事件」東京地裁平成26年10月17日判決
Q41 (p.94)	**映画製作会社の倒産**	著作権法16条、20条、29条、62条、67条	「スウィートホーム事件」東京高裁平成10年7月13日判決

放送

Q42 (p.96)	**スポーツ競技の放映権**	著作権法2条	
Q43 (p.98)	**スポーツ中継と伝達権**	著作権法2条、23条、38条、100条	「全米女子オープン事件」東京地裁平成6年3月30日判決、東京高裁平成9年9月25日判決 「総合格闘技“UFC”動画アップロード事件」東京地裁平成25年5月17日判決
Q44 (p.100)	**学校教育でのTV録画番組の上映**	著作権法20条、33条、33条の2、34条、35条、38条、47条の6、50条	

Q45 (p.102)	**テレビ番組のスタイル、ノウハウをまねる**	著作権法 10 条、27 条 民法 709 条 不正競争防止法 2 条、3 条、4 条	「北朝鮮映画事件」最高裁平成 23 年 12 月 8 日判決

建築

Q46 (p.104)	**建築の著作物の著作権**	著作権法 2 条、10 条、20 条、21 条、22 条の 2、23 条、46 条	「グルニエ・ダイン事件」大阪地裁平成 15 年 10 月 30 日判決
Q47 (p.106)	**建築物の内部仕様の変更**	著作権法 2 条、10 条、20 条 旧著作権法 1 条、52 条	「ノグチ・ルーム移築事件」東京地裁平成 15 年 6 月 11 日決定 「グルニエ・ダイン事件」大阪高裁平成 16 年 9 月 29 日判決

図面・図表・地図

Q48 (p.108)	**図面の著作物の著作物性**	著作権法 2 条、10 条、21 条、23 条	「スモーキングスタンド等設計図事件」東京地裁平成 9 年 4 月 25 日判決
Q49 (p.110)	**図面、図表の著作物の利用**	著作権法 2 条、10 条	
Q50 (p.112)	**型紙と作品**	著作権法 2 条、10 条、30 条	
Q51 (p.114)	**地図の利用**	著作権法 10 条、21 条、27 条 旧著作権法 6 条 測量法 1 条、29 条、附則 5 項 ベルヌ条約 2 条	「富山市住宅地図事件」富山地裁昭和 53 年 9 月 22 日判決 「新撰組史跡ガイドブック事件」東京地裁平成 13 年 1 月 23 日判決

プログラム

Q52 (p.116)	**プログラムの登録**	著作権法 10 条、15 条、17 条、51 条、75 条、76 条、76 条の 2、77 条、78 条 特許法 35 条、79 条	
Q53 (p.118)	**他社が開発したプログラムのバージョンアップ**	著作権法 20 条、27 条、28 条、47 条の 3、59 条	

データベース

Q54 (p.120)	**学術文献のデータベース化**	著作権法 2 条、21 条、23 条、27 条、30 条	
Q55 (p.122)	**編集物とデータベース**	著作権法 2 条、12 条、12 条の 2 民法 709 条	「翼システム事件」東京地裁平成 13 年 5 月 25 日中間判決、同平成 14 年 3 月 28 日終局判決

実演

Q56 (p.124)	**録音物に関する実演家の権利**	著作権法 2 条、91 条、96 条、112 条	
Q57 (p.126)	**実演家人格権と著作者人格権の違い**	著作権法 19 条、20 条、59 条、60 条、90 条の 2、90 条の 3、101 条の 2、101 条の 3 旧著作権法 18 条 ベルヌ条約 6 条の 2	
Q58 (p.128)	**ものまねと実演家の権利**	著作権法 2 条、10 条、21 条、 22 条、23 条、27 条、90 条の 2、 90 条の 3、91 条、92 条、92 条の 2、95 条、95 条の 2、95 条の 3 民法 710 条	

肖像権・パブリシティ権

Q59 (p.130)	**肖像権とパブリシティ権**	憲法 13 条	「京都府学連事件」最高裁昭和 44 年 12 月 24 日判決 「マーク・レスター事件」東京地裁昭和 51 年 6 月 29 日判決 「ギャロップレーサー事件」最高裁平成 16 年 2 月 13 日判決 「和歌山毒物混入カレー事件」最高裁平成 17 年 11 月 10 日判決 「ピンク・レディー事件」最高裁平成 24 年 2 月 2 日判決
Q60 (p.132)	**アイドルの肖像写真の利用と肖像権、パブリシティ権**	憲法 13 条	「和歌山毒物混入カレー事件」最高裁平成 17 年 11 月 10 日判決 「ピンク・レディー事件」最高裁平成 24 年 2 月 2 日判決

Q61 (p.134)	**乗り物のイラスト画、写真の利用**	著作権法 10 条、21 条、27 条 意匠法 2 条、20 条 商標法 2 条 不正競争防止法 2 条	「**ギャロップレーサー事件**」最高裁平成 16 年 2 月 13 日判決
One Point 01 (p.136)	**©（マルシーマーク）について**	著作権法 14 条、17 条 ベルヌ条約 5 条 万国著作権条約 3 条	

そこが知りたい著作権 Q&A 100【基礎編】

設問 No.	題名	関係法令	関係判例
著作物			
Q62 (p.138)	アイデアと表現	著作権法 2 条、10 条、21 条、27 条 不正競争防止法 2 条、3 条、4 条	「**江差追分事件**」最高裁平成 13 年 6 月 28 日判決
Q63 (p.140)	アイコンの著作物性	著作権法 2 条、21 条 民法 709 条	「**タイプフェイス事件**」最高裁平成 12 年 9 月 7 日判決 「**ビジネスソフト事件**」東京地裁平成 14 年 9 月 5 日判決 「**北朝鮮映画事件**」最高裁平成 23 年 12 月 8 日判決
Q64 (p.142)	新聞記事の見出し・キャッチフレーズと著作権	著作権法 2 条、10 条 民法 709 条	「**ラストメッセージ事件**」東京地裁平成 7 年 12 月 18 日判決 「**古文単語語呂合わせ事件**」東京地裁平成 11 年 1 月 29 日判決、東京高裁平成 11 年 9 月 30 日判決 「**交通標語事件**」東京地裁平成 13 年 5 月 30 日判決、東京高裁平成 13 年 10 月 30 日判決 「**記事見出し事件**」東京地裁平成 16 年 3 月 24 日判決、知財高裁平成 17 年 10 月 6 日判決 「**北朝鮮映画事件**」最高裁平成 23 年 12 月 8 日判決 「**キャッチフレーズ事件**」知財高裁平成 27 年 11 月 10 日判決

Q65 (p.144)	キャッチフレーズの保護	著作権法 2 条 不正競争防止法 2 条 商標法 3 条 民法 709 条	「北朝鮮映画事件」最高裁平成 23 年 12 月 8 日判決 「キャッチフレーズ事件」知財高裁平成 27 年 11 月 10 日判決
Q66 (p.146)	題号、名称の利用	著作権法 20 条 商標法 5 条、14 条、15 条、16 条、18 条、37 条 不正競争防止法 2 条	「『父よ母よ！』事件」東京地裁平成 9 年 1 月 22 日判決 「ラ ヴォーグ南青山事件」東京地裁平成 16 年 7 月 2 日判決
Q67 (p.148)	フォントの利用	著作権法 23 条 民法 709 条	「Asahi 書体事件」東京高裁平成 8 年 1 月 25 日判決 「タイプフェイス事件」最高裁平成 12 年 9 月 7 日判決 「ギャロップレーサー事件」最高裁平成 16 年 2 月 13 日判決 「北朝鮮映画事件」最高裁平成 23 年 12 月 8 日判決 「ディスプレイフォント事件」大阪高裁平成 26 年 9 月 26 日判決
Q68 (p.150)	広告チラシの著作物性	著作権法 21 条、27 条	「スメルゲット事件」知財高裁平成 18 年 3 月 29 日判決
Q69 (p.152)	手芸品と著作物	著作権法 2 条、10 条、21 条、27 条、30 条	
Q70 (p.154)	ジオラマと著作権	著作権法 2 条、10 条、21 条、27 条、46 条、51 条、53 条	「江差追分事件」最高裁平成 13 年 6 月 28 日判決 「雪月花事件」東京高裁平成 14 年 2 月 18 日判決 「グルニエ・ダイン事件」大阪地裁平成 15 年 10 月 30 日判決 「新梅田シティ事件」大阪地裁平成 25 年 9 月 6 日決定 「ログハウス調木造住宅事件」東京地裁平成 26 年 10 月 17 日判決
Q71 (p.156)	人工知能（AI）と著作権	著作権法 2 条	
Q72 (p.158)	音声読み上げソフトと著作者、実演家の権利	著作権法 2 条、22 条、24 条	

Q73 (p.160)	振付の著作物	著作権法 2 条、10 条 ベルヌ条約 2 条	「ベジャール事件」東京地裁平成 10 年 11 月 20 日判決 「『Shall we ダンス？』事件」東京地裁平成 24 年 2 月 28 日判決 「フラダンス振付事件」大阪地裁平成 30 年 9 月 20 日判決

著作者・著作権者

Q74 (p.162)	複数人が関与した著作物の著作者	著作権法 2 条、28 条、64 条、65 条	
Q75 (p.164)	共同で執筆した研究報告書の公表	著作権法 2 条、15 条、21 条、23 条、65 条 民事執行法 174 条	「戦後日本経済の 50 年史事件」東京地裁平成 12 年 9 月 28 日判決
Q76 (p.166)	職務著作と外部への依頼	著作権法 15 条	「RGB アドベンチャー事件」最高裁平成 15 年 4 月 11 日判決
Q77 (p.168)	インタビュー記事の著作者	著作権法 2 条、10 条、15 条	「SMAP インタビュー記事事件」東京地裁平成 10 年 10 月 29 日判決 「江差追分事件」最高裁平成 13 年 6 月 28 日判決 「RGB アドベンチャー事件」最高裁平成 15 年 4 月 11 日判決

著作物の保護期間

Q78 (p.170)	保護期間経過後の著作物等の利用	著作権法 2 条	「顔真卿自書建中告身帖事件」最高裁昭和 59 年 1 月 20 日判決 「版画写真事件」東京地裁平成 10 年 11 月 30 日判決 「スメルゲット事件」知財高裁平成 18 年 3 月 29 日判決
Q79 (p.172)	保護期間経過後の映画の一場面の複製と実演家の権利	著作権法 2 条、20 条、21 条、90 条の 2、90 条の 3、91 条 民法 709 条、710 条	「ピンク・レディー事件」最高裁平成 24 年 2 月 2 日判決
Q80 (p.174)	写真の著作物の保護期間変遷の経緯	著作権法 51 条、55 条、附則 2 条 旧著作権法 3 条、23 条	

Q81 (p.176)	著作者人格権の存続期間	著作権法 15 条、20 条、59 条、60 条、116 条、120 条	「三島由紀夫手紙事件」東京高裁平成 12 年 5 月 23 日判決
Q82 (p.178)	著作権と時効	著作権法 51 条〜58 条、59 条 民法 145 条、162 条、163 条、166 条、724 条	「ポパイ事件」最高裁平成 9 年 7 月 17 日判決

著作物の自由利用(権利制限)

Q83 (p.180)	記録媒体の移し替え	著作権法 2 条、21 条、30 条、49 条、113 条	「自炊代行事件」知財高裁平成 26 年 10 月 22 日判決
Q84 (p.182)	表現に含まれた「思想又は感情の享受を目的としない利用」	著作権法 2 条、22 条、30 条の 4	「音楽教室 vs JASRAC 事件」東京地裁令和 2 年 2 月 28 日判決
Q85 (p.184)	図書館資料の複製	著作権法 21 条、30 条、31 条、附則 5 条の 2	
Q86 (p.186)	図書館資料の複製割合と著作物	著作権法 20 条、31 条	
Q87 (p.188)	講演会での資料の利用	著作権法 2 条、13 条、21 条、22 条の 2、32 条、38 条、48 条、51 条〜 54 条	「記事見出し事件」知財高裁平成 17 年 10 月 6 日判決
Q88 (p.190)	官公庁発行の資料の利用	著作権法 32 条、48 条 旧著作権法 11 条	「龍渓書舎事件」東京高裁昭和 57 年 4 月 22 日判決
Q89 (p.192)	試験問題と著作権	著作権法 35 条、36 条	
Q90 (p.194)	点字サークルにおける点字作業等	著作権法 30 条、30 条の 3、37 条、47 条の 7	
Q91 (p.196)	政治上の演説と内国民待遇	著作権法 6 条、40 条 米国著作権法 101 条、105 条 ベルヌ条約 5 条 万国著作権条約 2 条 TRIPs 協定 3 条	

Q92 (p.198)	時事の事件の報道	著作権法 21 条、25 条、32 条、41 条、45 条	「ビデオ山口組五代目継承式事件」大阪地裁平成 5 年 3 月 23 日判決 「バーンズコレクション事件」東京地裁平成 10 年 2 月 20 日判決 「映画『いちげんさん』週刊現代事件」東京地裁平成 13 年 11 月 8 日判決
Q93 (p.200)	図書館等の複写と 42 条（他の制限規定）との関係	著作権法 31 条、42 条	「多摩市立図書館事件」東京地裁平成 7 年 4 月 28 日判決
Q94 (p.202)	特許公報のイントラネット掲載	著作権法 2 条、13 条、21 条、30 条、32 条、42 条 特許法 64 条、66 条、193 条	「サライ掲載写真事件」東京地裁平成 19 年 5 月 30 日判決

著作権侵害

Q95 (p.204)	著作権侵害の救済および法的手続	著作権法 112 条、114 条、114 条の 2、114 条の 3、114 条の 5、115 条、119 条、124 条 民法 703 条、704 条、709 条、710 条 民事保全法 14 条 関税法 69 条の 11、69 条の 13、69 条の 15	
Q96 (p.208)	社内 LAN と記事の掲載	著作権法 2 条、21 条、22 条、22 条の 2、23 条、27 条、30 条、113 条	
Q97 (p.210)	ライセンスと無権限者	著作権法 17 条、23 条 特許法 66 条	

Q98 (p.212)	複製の主体	著作権法 10 条、21 条、30 条、附則 14 条	「クラブ・キャッツアイ事件」最高裁昭和 63 年 3 月 15 日判決 「ファイルローグ事件」東京高裁平成 17 年 3 月 31 日判決 「TV ブレイク事件」知財高裁平成 22 年 9 月 8 日判決 「ロクラク II 事件」最高裁平成 23 年 1 月 20 日判決
Q99 (p.214)	記事の名義と著作権侵害	著作権法 2 条、14 条、15 条、21 条、23 条、65 条	

その他

Q100 (p.216)	著作権者不明の場合の著作物の利用	著作権法 18 条、67 条、67 条の 2、103 条 著作権法施行令 7 条の 5、7 条の 6	
Q101 (p.218)	未公表の日記の出版	著作権法 2 条、18 条、19 条、20 条、21 条、51 条、59 条、60 条、62 条、67 条、112 条、115 条、116 条	
Q102 (p.220)	著作物の管理と許諾	著作権等管理事業法 2 条	
Q103 (p.222)	著作権の相続	著作権法 51 条、59 条、60 条、61 条、77 条、116 条 民法 882 条、889 条の 2	「暖簾事件」東京地裁平成 4 年 11 月 25 日判決
Q104 (p.224)	寄贈を受けた著作物の廃棄と著作権	著作権法 20 条、21 条、23 条、25 条、27 条、45 条、59 条、60 条、113 条、115 条、116 条 民法 206 条、710 条	
Q105 (p.226)	喫茶店での書籍の閲覧・貸与	著作権法 2 条、21 条、22 条の 2、26 条の 3、38 条	「まねき TV 事件」最高裁平成 23 年 1 月 18 日判決

Q106 (p.228)	海外からのオークション PR のための送信	著作権法 23 条、47 条の 2 著作権法施行令 4 条の 2、7 条の 3 民事訴訟法 3 条の 3 法の適用に関する通則法 17 条 ベルヌ条約 5 条	「中国詩引用小説事件」東京地裁平成 16 年 5 月 31 日判決 「韓国テレビ番組ネット配信事件」東京地裁平成 26 年 7 月 16 日判決
Q107 (p.230)	メソッドと知的財産権	著作権法 10 条、15 条、21 条、23 条、27 条 特許法 2 条 実用新案法 2 条 不正競争防止法 2 条、3 条、4 条 民法 90 条 憲法 22 条	「フォセコ・ジャパン・リミテッド事件」奈良地裁昭和 45 年 10 月 23 日判決
One Point 02 (p.232)	"All rights reserved." の表記について	ブエノスアイレス条約 3 条 万国著作権条約 ベルヌ条約	
One Point 03 (p.233)	"Printed in Japan" の表記について	米国著作権法 601 条 不正競争防止法 景品表示法 関税法	

関連団体・組織一覧

名称（主たる分野）	住所・TEL/FAX・URL
小説・詩歌等 公益社団法人 日本文藝家協会	〒102 - 8559 東京都千代田区紀尾井町 3 - 23 文藝春秋ビル新館 5 階 TEL：03 - 3265 - 9658 / FAX：03 - 5213 - 5672 http://www.bungeika.or.jp
脚本・シナリオ 共同組合 日本脚本家連盟	〒106 - 0032 東京都港区六本木 6 - 1 - 20 六本木電気ビル 3 階 TEL：03 - 3401 - 2304 / FAX：03 - 3401 - 7255 http://www.writersguild.or.jp
脚本・シナリオ 共同組合 日本シナリオ作家協会	〒107 - 0052 東京都港区赤坂 5 - 4 - 16 シナリオ会館 8 階 TEL：03 - 3584 - 1901 / FAX：03 - 3584 - 1902 https://www.j-writersguild.org
書籍出版 一般社団法人 日本書籍出版協会（JBPA）	〒101 - 0051 東京都千代田区神田神保町 1 - 32 出版クラブビル 5 階 TEL：03 - 6273 - 7061 / FAX：03 - 6811 - 0959 https://www.jbpa.or.jp
雑誌出版 一般社団法人 日本雑誌協会（JMPA）	〒101 - 0051 東京都千代田区神田神保町 1 - 32 出版クラブビル 5 階 TEL：03 - 3291 - 0775 / FAX：03 - 3293 - 6239 https://www.j-magazine.or.jp
電子出版 一般社団法人 日本電子出版協会（JEPA）	〒101 - 0061 東京都千代田区神田三崎町 2 - 9 - 2 東京歯科大学南棟 4 階 TEL：03 - 3556 - 5224 / FAX：03 - 3556 - 5259 https://www.jepa.or.jp
電子出版 一般社団法人 日本電子書籍出版社協会（EBPAJ）	〒112 - 0013 東京都文京区音羽 1 - 17 - 14 音羽 YK ビル 6 階 TEL：03 - 6912 - 2091 / FAX：03 - 6912 - 2092 http://ebpaj.jp
電子出版 一般社団法人 電子出版制作・流通協議会（AEBS）	〒102 - 0082 東京都千代田区一番町 25 JCII ビル 6 階 TEL：03 - 6380 - 8207 / FAX：03 - 6380 - 8217 https://aebs.or.jp
出版物複製 公益社団法人 日本複製権センター（JRRC）	〒105 - 0002 東京都港区愛宕 1 - 3 - 4 愛宕東洋ビル 7 階 TEL：03 - 6809 - 1281 / FAX：03 - 6809 - 1283 https://jrrc.or.jp

名称（主たる分野）	住所・TEL/FAX・URL
出版物複製 一般社団法人 出版者著作権管理機構（JCOPY）	〒101 - 0051 東京都千代田区神田神保町1 - 32 出版クラブビル5階 TEL：03 - 5244 - 5088 / FAX：03 - 5244 - 5089 https://www.jcopy.or.jp
出版物複製 一般社団法人 学術著作権協会（JAC）	〒107 - 0052 東京都港区赤坂9 - 6 - 41 乃木坂ビル2階 TEL：03 - 3475 - 5618 / FAX：03 - 3475 - 5619 https://www.jaacc.org
出版物貸与 一般社団法人 出版物貸与権管理センター（RRAC）	〒101 - 0051 東京都千代田区神田神保町2 - 5 - 4 開拓社ビル5階 TEL：03 - 3222 - 5339 / FAX：03 - 3222 - 5340 http://www.taiyoken.jp
図書館 公益社団法人 日本図書館協会（JLA）	〒104 - 0033 東京都中央区新川1 - 11 - 14 TEL：03 - 3523 - 0811 / FAX：03 - 3523 - 0841 https://www.jla.or.jp
音楽 一般社団法人 日本音楽著作権協会（JASRAC）	〒151 - 8540 東京都渋谷区上原3 - 6 - 12 TEL：03 - 3481 - 2121 / FAX：03 - 3481 - 2150 https://www.jasrac.or.jp
作詩 一般社団法人 日本作詩家協会（JLA）	〒160 - 0004 東京都新宿区四谷3 - 2 TRII ビル4階 TEL：03 - 5363 - 6151 / FAX：03 - 5363 - 6154 https://jla-official.com
作曲 公益社団法人 日本作曲家協会（JACOMPA）	〒106 - 0032 東京都港区六本木3 - 4 - 7 TEL：03 - 3585 - 4970 / FAX：03 - 3585 - 7694 http://www.jacompa.or.jp
作詩・作曲 一般社団法人 日本音楽作家団体協議会（FCA）	〒151 - 8540 東京都渋谷区上原3 - 6 - 12 JASRAC内 TEL：03 - 3481 - 2121 / FAX：03 - 3481 - 2153 https://fca-rights.jp
音楽出版 一般社団法人 日本音楽出版社協会（MPA）	〒107 - 0062 東京都港区南青山2 - 31 - 8 Daiwa南青山ビル3階 TEL：03 - 3403 - 9141 / FAX：03 - 3403 - 9140 http://mpaj.or.jp
私的録音補償金 一般社団法人 私的録音補償金管理協会（sarah）	〒105 - 0021 東京都港区東新橋2 - 2 - 10 村松・共栄火災ビル5階 TEL：03 - 6453 - 0066 / FAX：03 - 6453 - 0067 http://www.sarah.or.jp

名称（主たる分野）	住所・TEL/FAX・URL
BGM 一般社団法人 日本 BGM 協会	〒162 - 0842 東京都新宿区市谷砂土原町 2-7-19 田中保全ビル 5 階 TEL：03 - 6280 - 7568 / FAX：03 - 6280 - 7569 http://www.bgm.or.jp
録音物貸与 日本コンパクトディスク・ビデオレンタル商業組合（CDVJ）	〒101 - 0051 東京都千代田区神田神保町 2 - 22 カンナビル 3 階 TEL：03 - 3234 - 8824 / FAX：03 - 3234 - 8859 http://www.cdvnet.jp
美術 一般社団法人 日本美術家連盟（JAA）	〒104 - 0061 東京都中央区銀座 3 - 10 - 19 美術家会館 5 階 TEL：03 - 3542 - 2581 / FAX：03 - 3545 - 8429 http://www.jaa-iaa.or.jp
映画 一般社団法人 日本映画製作者連盟	〒103 - 0027 東京都中央区日本橋 1 - 17 - 12 日本橋ビルディング 2 階 TEL：03 - 3243 - 9100 / FAX：03 - 3243 - 9101 http://www.eiren.org
映画 共同組合 日本映画監督協会	〒150 - 0044 東京都渋谷区円山町 3 - 2 渋谷後藤ビル 5 階 TEL：03 - 3461 - 4411 / FAX：03 - 3461 - 4457 http://www.dgj.or.jp
映像 一般社団法人 日本映像ソフト協会（JVA）	〒104 - 0045 東京都中央区築地 2 - 11 - 24 第 29 興和ビル別館 2 階 TEL：03 - 3542 - 4433 / FAX：03 - 3542 - 2535 http://jva-net.or.jp
写真 公益社団法人 日本写真家協会（JPS）	〒102 - 0082 東京都千代田区一番町 25 JCII ビル 3 階 TEL：03 - 3265 - 7451 / FAX：03 - 3265 - 7460 https://www.jps.gr.jp
写真 一般社団法人 日本写真著作権協会（JPCA）	〒102 - 0082 東京都千代田区一番町 25 JCII ビル 3 階 TEL：03 - 3221 - 6655 / FAX：03 - 3265 - 7460 https://jpca.gr.jp
プログラム 一般社団法人 コンピュータソフトウェア著作権協会（ACCS）	〒112 - 0012 東京都文京区大塚 5 - 40 - 18 友成フォーサイトビル 5 階 TEL：03 - 5976 - 5175 / FAX：03 - 5976 - 5177 https://www2.accsjp.or.jp
プログラム 一般財団法人 ソフトウェア情報センター（SOFTIC）	〒105 - 0003 東京都港区西新橋 3 - 16 - 11 愛宕イーストビル 14 階 TEL：03 - 3437 - 3071 / FAX：03 - 3437 - 3398 https://www.softic.or.jp

名称（主たる分野）	住所・TEL/FAX・URL
実演 **公益社団法人 日本芸能実演家団体協議会（芸団協）** **実演家著作隣接権センター（CPRA）**	〒163 - 1466 東京都新宿区西新宿 3 - 20 - 2 東京オペラシティタワー 11 階 TEL：03 - 5353 - 6600 / FAX：03 - 5353 - 6614 https://www.geidankyo.or.jp［**芸団協**］ https://www.cpra.jp［**CPRA**］
実演 **一般社団法人 日本音楽事業者協会（JAME）**	〒151 - 0051 東京都渋谷区千駄ヶ谷 1 - 26 - 3 TEL：03 - 3404 - 4133 / FAX：03 - 5474 - 7615 https://www.jame.or.jp
実演 **一般社団法人 日本音楽制作者連盟（FMPJ）**	〒150 - 0001 東京都渋谷区神宮前 5 - 48 - 1 神宮前和田ビル 2 階 TEL：03 - 5467 - 6851 / FAX：03 - 5467 - 6852 http://www.fmp.or.jp
肖像・パブリシティ権 **特定非営利活動法人 肖像パブリシティ権擁護監視機構（JAPRPO）**	〒160 - 8501 東京都新宿区左門町 4 四谷アネックス TEL：03 - 3226 - 0984 / FAX：03 - 3226 - 0984 http://www.japrpo.or.jp
レコード・CD **一般社団法人 日本レコード協会（RIAJ）**	〒105 - 0001 東京都港区虎ノ門 2 - 2 - 5 共同通信会館 9 階 TEL：03 - 5575 - 1301 / FAX：03 - 5575 - 1313 https://www.riaj.or.jp
放送 **日本放送協会（NHK）**	〒150 - 8001 東京都渋谷区神南 2 - 2 - 1 TEL：0570 - 066 - 066 / FAX：03 - 5453 - 4000 https://www.nhk.or.jp
放送 **一般社団法人 日本民間放送連盟（JBA）**	〒102 - 8577 東京都千代田区紀尾井町 3 - 23 TEL：03 - 5213 - 7711 / FAX：03 - 5213 - 7714 https://j-ba.or.jp
放送番組 **一般社団法人 全日本テレビ番組製作社連盟（ATP）**	〒105 - 0014 東京都港区芝 2 - 5 - 7 芝 JI ビル 6 階 TEL：03 - 6205 - 7858 / FAX：03 - 6205 - 7859 http://www.atp.or.jp
所管官庁 **文化庁著作権課**	〒100 - 8959 東京都千代田区霞が関 3 - 2 - 2 TEL：03 - 5253 - 4111 / FAX：03 - 6734 - 3813 https://www.bunka.go.jp
著作権全般 **公益社団法人 著作権情報センター（CRIC）**	〒164 - 0012 東京都中野区本町 1 - 32 - 2 ハーモニータワー 22 階 TEL：03 - 5309 - 2421 / FAX：03 - 5354 - 6435 https://www.cric.or.jp

索引

あ

アイコン……17, 140
アイデア……17, 20, 35, 51, 79, 103, 123, 138, 140, 151, 162, 169, 230
IP マルチキャスト放送……29
アブスクリプト（抄録）……120
ありふれた表現……16, 35, 36, 79, 142, 144
異時再送信……29
異時送信……193
慰謝料請求……63, 206, 222
意匠法……54, 57, 71, 134
遺著補訂……162
一身専属……119, 127, 176, 179, 218, 222, 225
委任契約……221
イラスト……17, 26, 74, 150
印刷データ……40
インターネットオークション……60
インターネット放送……28
インタビュー……168
イントラネット……202
引用……18, 22, 60, 77, 189, 198
写り込み……59, 73, 93
映画製作者……90, 94
映画の著作物……88, 90, 94, 98, 102, 172, 231
営業秘密……139, 230
営利を目的としない上演等……37, 47, 84, 86, 100
AI（人工知能）……156
NDA（秘密保持契約書）……139
絵本の読み聞かせ……36
演説……196
演奏（権）……82, 84, 183, 208
応用美術……22, 54, 56, 74, 92, 106
公（に）……36, 159, 199, 227
公の伝達（権）……28, 83, 98
All rights reserved.……232
オマージュ……52
音楽の著作物……18, 78, 231
音声読み上げソフト……158

か

海賊版サイト……30
改変……107
替え歌……80
加害行為地……228
歌詞……18, 80, 87
楽曲……80
学校その他の教育機関における複製等……26, 85, 86, 100, 193
カラオケ法理……212
仮処分……17, 204
監修……162
関税法……207
管理委託契約……221
技術的保護手段……44, 181
技術的利用制限手段……181
脚本……46
キャッチフレーズ……142, 144, 151
キャラクター……23, 24, 48, 50, 70, 72, 75, 76
旧著作権法……82, 106, 115, 174
共同著作物……48, 80, 162, 165, 168, 203, 215
クラシカル・オーサー……90
グラフィカル・ユーザー・インターフェイス（GUI）……140
刑事罰……31, 177, 207
結果発生地……228
結合著作物……49, 80
言語の著作物……14, 18, 34, 36, 168, 196, 231
原産地表示……233
建築の著作物……62, 92, 104, 106, 109, 113, 154, 171
原著作物……14, 25, 46, 48, 53, 169
権利に眠る者は保護せず……178
権利の目的とならない著作物……203
口演……38
公開の美術の著作物等の利用……62
公衆……226
公衆送信（権）……22, 25, 27, 30, 41, 42, 44, 60, 76, 83, 105, 109, 120, 149, 164, 195, 208, 210, 215, 225, 229, 231

口述（権）……36, 38, 158
公人……130
公表権……126, 216, 218
公有（パブリックドメイン）……41, 64, 114, 170, 172, 175
公立図書館における複写サービスガイドライン……186
顧客吸引力……75, 130, 132, 135
国際裁判管轄……228
国土地理院……114
コンピュータ創作物……157

さ

裁定……95, 216, 219
裁判手続等における複製……200
挿絵……49
差止請求……30, 33, 63, 64, 69, 125, 147, 173, 177, 204, 217, 222, 228
GUI（グラフィカル・ユーザー・インターフェイス）……140
ジオラマ……154
視覚障害者等のための複製等……194
試験問題……192
時効……178
死後における人格的利益の保護……127, 176
指示的抄録……121
時事の事件……198
実演……38, 96, 124, 128, 158, 160
実演家……96, 98, 124, 128, 160, 172
実演家人格権……126, 128
実用新案法……54
私的使用のための複製……31, 37, 45, 73, 113, 153, 180, 185, 195, 202, 209, 212
自動公衆送信（権）……29, 44
氏名表示権……126, 173
写真の著作物……25, 66, 150, 170, 174
社内 LAN……208
集合著作物……163, 165
周知商品等表示……147
柔軟な権利制限……182
手芸品……152
主従関係……19, 189
出所の明示……19, 27, 61, 189, 190
出版許諾契約……32, 43
出版権（の設定）……32, 42, 45
準拠法……228
純粋美術……22, 54, 56, 74, 92, 112
上映（権）……105, 189, 208, 227
上演（権）……38, 46, 84, 159, 208
商業用レコードの二次使用料請求権……39
肖像権……97, 130, 132
譲渡（権）……39, 76, 88, 195
商標法……65, 71, 75, 77, 97, 135, 145, 146
抄録（アブスクリプト）……120
職務著作……14, 21, 117, 164, 166, 169, 176
侵害主体……213
人工知能（AI）……156
親告罪……31, 177, 207
信託契約……221
図表……110
図面……104, 108, 112
製作委託契約……20, 39
製造条項……233
創作性の幅……16, 111, 141, 152
送信可能化（権）……14, 25, 30, 39, 208
相続……222
相当な努力……217
続編……50
測量法……115
損害額の推定……205
損害賠償請求……30, 64, 69, 147, 173, 177, 179, 204, 211, 217, 228
存続期間……178

た

題号……50, 146
ダイジェスト（要約）……120
タイプフェイス……141, 148
貸与（権）……39, 88, 226
ダウンロード違法化……30
地図……114, 171
仲介業務法（著作権に関する仲介業務に関する法律）……220
中間成果物……40
著作権者……18, 88, 136
著作権等管理事業法……220
著作権に関する仲介業務に関する法律（仲介業務法）……220

著作権の譲渡……15, 21, 118
著作者……20, 42, 88, 162
著作者人格権……20, 42, 63, 81, 91, 101, 119, 126, 176, 218, 222, 225
著作者の推定……136
著作物……16, 34, 41, 66, 79, 98, 110, 144, 170, 183, 188, 208, 218
著作物に表現された思想又は感情の享受を目的としない利用……182
著作隣接権……124, 126, 128, 160
著名商品等表示……147
通常の家庭用受信装置……28, 83, 99
ディープラーニング……156
定点観測カメラ……89
データベース……120, 122, 157
デザイン……54
撤回権……42
テレビジョン放送の伝達権……99
転載……190, 203
点字……194
展示（権）……53, 58, 72, 199, 225
電子書籍……44, 227
同一性保持権……15, 37, 44, 47, 50, 59, 69, 72, 76, 80, 85, 91, 94, 101, 105, 107, 119, 127, 146, 172, 177, 187, 218, 225
同時再送信……29
登録……33, 117
図書館……184, 186, 200
TRIPs 協定……197

な

内国民待遇……197
二次的著作物……14, 25, 36, 46, 48, 53, 163, 168, 215
二次的著作物の利用に関する原著作者の権利……119
ぬり絵サイト……24
ノベライズ……46

は

廃棄請求……69, 125, 204
パブリシティ権……129, 130, 132, 173
パブリックドメイン（公有）……41, 64, 114, 170, 172, 175
パロディ……52, 80
万国著作権条約……136, 197, 232
頒布（権）……88, 95
BGM……82
美術工芸品……54, 56, 152
美術の著作物……22, 24, 26, 54, 58, 62, 70, 72, 74, 76, 112, 134, 139, 141, 148, 150, 152, 155, 171, 212, 231
美術の著作物等の譲渡等の申出に伴う複製等……60
非親告罪……207
額に汗……35, 110, 142
秘密保持契約書（NDA）……139
表現……34, 123, 138, 140, 151, 230
ファッションデザイン……56
フェア・ユース……50
ブエノスアイレス条約……232
フォーマット権……102
フォント……148
付曲……49
複製（権）……14, 16, 22, 26, 31, 34, 37, 39, 41, 42, 44, 46, 51, 52, 58, 60, 67, 69, 72, 76, 78, 83, 93, 95, 104, 109, 111, 113, 114, 120, 129, 134, 139, 141, 151, 153, 155, 158, 164, 172, 181, 183, 184, 186, 189, 194, 199, 200, 202, 209, 212, 215, 219, 225, 227, 231
複製物の写り込みに関するガイドライン……187
不行使特約……15, 91, 119
付随対象著作物……59, 73, 93
不正競争防止法……55, 57, 77, 97, 135, 139, 145, 147, 230
不遡及……175
不当利得返還請求……179, 204
不法行為……55, 68, 103, 123, 141, 143, 145, 149, 205, 211, 225
不法行為地……228
舞踊または無言劇の著作物……129, 160
プライバシー権……130, 132
振付……129, 160
Printed in Japan……233
プログラムの著作物……116, 118, 166
プログラムの著作物に係る登録の特例に関する法律……117
壁画……62

ベルヌ条約……136, 197, 232
編曲……78
編集著作物……15, 122
方式主義……136
報酬請求権……128
法人著作……166, 214, 231
放送（権）……29
報知的抄録……121
法的手続……204
保護期間……18, 36, 38, 41, 49, 64, 88, 170, 172, 174, 188
補償金……192
翻案（権）……16, 23, 34, 36, 46, 49, 51, 53, 67, 69, 72, 78, 80, 84, 91, 93, 100, 103, 111, 114, 119, 121, 129, 134, 138, 151, 153, 155, 209, 225, 231
翻訳……100

ま

©（マルシーマーク）……136
無断撮影禁止……68
無方式主義……116, 136, 210, 216
名誉回復請求……177, 206, 218
名誉又は声望……63, 81, 127, 129, 173
明瞭区分……19, 189
メソッド……230
黙示の合意……41
目的外使用……181
模写……69
モダン・オーサー……90
モチーフ……53
専ら……63
元栓処理……83
物のパブリシティ（権）……93, 131, 135
ものまね……128

や

やむを得ない改変……44, 59, 76, 85, 94, 101, 219
要約（ダイジェスト）……120, 209

ら

ライセンシー……32
ライセンス契約……32, 210
リーチサイト……209
利用許諾契約……32
レイアウト……151
歴史的事実……35
レコード……39, 124
レコード製作者……39, 124
朗読……38
ロゴデザイン書体……148

わ

ワンチャンス主義……172

●著者プロフィール

早稲田 祐美子（わせだ ゆみこ）

弁護士（東京六本木法律特許事務所）。1982年司法試験合格、1983年一橋大学法学部卒、1985年弁護士登録（第二東京弁護士会）。1995～2002年文化庁著作権審議会専門委員、2001～2003年日本弁護士連合会コンピュータ委員会副委員長、2005～2009年早稲田大学大学院法学研究科非常勤講師、2010年日本弁護士連合会知財センター著作権PT座長、2015年日本弁護士連合会知財センター委員長、2016年日本弁護士連合会副会長・第二東京弁護士会会長、2020年公益財団法人日弁連法務研究財団専務理事、等

2000年5月～2020年12月現在まで、月刊コピライト（CRIC）誌上にて「読者のページ Q＆A（著作権相談から）」を連載中

その他主な著作に、
・『そこが知りたい著作権Q＆A 100』（CRIC / 2011）
・『知的財産訴訟実務』（共著 / 青林書院 / 2020）
・『毎日オークションカタログ事件』著作権研究 No.45（著作権法学会 2018）
・『著作権法コンメンタール（第2版）（全3巻）』（共著 / 勁草書房 / 2015年）
・『知的財産訴訟実務大系Ⅲ（著作隣接権に関する裁判・実務の特徴）』（共著 / 青林書院 / 2014）
・『[改訂版] 知財ライセンス契約の法律相談』青林書院（共著 / 青林書院 / 2011）
・『著作権法の実務』（共著 / 財団法人経済産業調査会 / 2010）
・『知的財産法最高裁判例評釈大系［Ⅲ］著作権法・総合判例索引』（共著 / 青林書院 / 2009）
・『パブリシティの権利をめぐる諸問題』（共著 / CRIC附属著作権研究所 / 2009）
他多数

そこが知りたい
著作権Q＆A 100 ―CRIC著作権相談室から―（第2版）

2011年3月29日　初版第1刷発行
2020年12月20日　第2版第1刷発行

著者 ―――― 早稲田 祐美子
発行所 ―――― 公益社団法人 著作権情報センター（CRIC）
〒164 - 0012　東京都中野区本町1 - 32 - 2
ハーモニータワー22階
tel：03 - 5309 - 2421 / fax：03 - 5354 - 6435
URL：https://www.cric.or.jp
印刷・製本 ―――― 株式会社 Reproduction

ISBN 978-4-88526-092-6

CRIC 著作権相談室
「著作権テレホンガイド」のご案内

【専用電話】

03 - 5333 - 0393

受付時間 **月曜日～金曜日**

10：00～12：00 / 13：00～16：00

★ 国民の祝日および年末・年始等の当センターが業務を行わない日を除きます。

★ 電子メール、FAX によるご相談、面談は受け付けておりません。

★ 相談は、「無料」です。

★ **紛争になっている、または紛争が生じる可能性のある具体的事案についてはご相談に応じかねます。**

著作権情報センター（CRIC）では、著作権制度普及事業の一環として、1996 年 2 月に「著作権相談室」を開設し、広く一般に対して著作権に関する相談事業を行っており、著作権制度全般についての質問や、著作物の利用に関する相談に、専門の著作権相談員が応じています。

公益社団法人 著作権情報センター（CRIC）